高中函数
易错问题研究

刘成龙◎著

四川大学出版社
SICHUAN UNIVERSITY PRESS

图书在版编目（CIP）数据

高中函数易错问题研究 / 刘成龙著 . — 成都 : 四
川大学出版社，2022.11
　ISBN 978-7-5690-4512-3

　Ⅰ . ①高… Ⅱ . ①刘… Ⅲ . ①高等数学课－高中－教
学参考资料 Ⅳ . ① G634.663

中国版本图书馆 CIP 数据核字（2021）第 018677 号

书　　名：高中函数易错问题研究
　　　　　Gaozhong Hanshu Yicuo Wenti Yanjiu
著　　者：刘成龙

选题策划：毕　潜
责任编辑：毕　潜
责任校对：周维彬
装帧设计：墨创文化
责任印制：王　炜

出版发行：四川大学出版社有限责任公司
　　　　　地址：成都市一环路南一段 24 号（610065）
　　　　　电话：（028）85408311（发行部）、85400276（总编室）
　　　　　电子邮箱：scupress@vip.163.com
　　　　　网址：https://press.scu.edu.cn
印前制作：四川胜翔数码印务设计有限公司
印刷装订：成都金阳印务有限责任公司

成品尺寸：185mm×260mm
印　　张：10
字　　数：256 千字

版　　次：2022 年 11 月　第 1 版
印　　次：2022 年 11 月　第 1 次印刷
定　　价：68.00 元

本社图书如有印装质量问题，请联系发行部调换

四川大学出版社
微信公众号

前　言

　　函数是现代数学中最基本的概念，是描述客观世界中变量关系和规律的数学语言和工具，在解决实际问题中发挥着重要作用. 高中数学课程内容突出函数、几何与代数、概率与统计、数学建模活动与数学探究活动四条主线. 其中，函数贯穿高中数学必修、选择性必修和选修课程的始终，在高中数学中占有非常重要的地位. 比如，必修课程共 8 学分，共计 144 课时，其中函数专题内容包括函数概念与性质、幂函数、指数函数、对数函数、三角函数和函数运用，设置了 52 学时，占到了总学时的 36.1%.

　　与初中函数相比，高中函数具有一些新的特点，如对应视角、抽象的符号语言和运用三要素刻画等，这使得函数的概念较为抽象，学生在学习函数时有较大的难度，常常存在困惑，因此，有必要对高中函数易错问题展开研究. 基于此，笔者展开了对高中函数易错问题的研究，并取得了一些成果，如对函数概念的认识、函数性质的梳理与拓展、函数图像变换的应用等. 在此基础上，形成了本书的基本框架：第一章，函数定义及表示中的易错问题；第二章，函数性质中的易错问题；第三章，函数的图像及变换中的易错问题；第四章，反函数中的易错问题；第五章，函数零点中的易错问题；第六章，函数与导数中的易错问题.

　　本书在撰写过程中力求体现以下特点：

　　（1）语言通俗易懂. 书中尽量使用通俗语言，回避生涩词语，便于学习使用.

　　（2）典型案例贯穿始终. 书中选取的案例丰富并具有典型性、示范性. 共选取案例 101 个，变式及拓展近 100 个，涉及一系列典型例题. 这些例题具有难度、深度和广度，是高中函数易错问题的范例.

　　（3）研究工具多样，如以高等数学知识为指导、几何画板为辅助等.

　　（4）研究视角新颖，富有深度.

　　（5）注重学术性. 本书吸收了发表在《中学生数学》《中学数学》《中学数学研究》《理科考试研究》《数理化学习》《福建中学数学》《数学学习与研究》《考试》等刊物的最新研究成果.

　　感谢为本书的出版提供有力支持和资助的内江师范学院数学与信息科学学院、科技与学科建设处，四川省"西部卓越中学数学教师协同培养计划"项目（ZY16001），教育部本科教学工程内江师范学院"数学与应用数学专业综合改革试点"项目（ZG0464），内江师范学院本科生教学研究能力培养模式探索与实践（YLZY201902），内江师范学院基础教育研究与实践专项"聚焦数学核心素养的大概念教学研究"（JG202125），内江师范学院数学与应用数学一流专业建设子项目"初等代数研究"慕课建设（YLZY201902）；感谢为本书的出版付出辛勤劳动的四川大学出版社的编辑们；感谢为本书的出版提供热情帮助的彭家寅、吕荣春、杨坤林等老师；对引用了其研究成果的作者致以衷心的谢意，同时也真诚感谢关心、支持本书出版的所有亲人、朋友，谢谢你们的支持和帮助.

　　由于时间和知识水平有限，本书在编写过程中难免存在一些不足之处，敬请大家批评指正.

著　者

2022 年 6 月

目　录

第一章
函数定义及表示中的易错问题

第一节　定义域中的易错问题

【案例1-1】 已知函数 $f(x)$ 的定义域为 $(0，1)$，求函数 $h(x)=f(x+m)\cdot f(x-m)$ $(m\geqslant 0)$ 的定义域.

【错解】 因为 $f(x)$ 的定义域为 $(0，1)$，所以 $\begin{cases} 0<x+m<1, \\ 0<x-m<1, \end{cases}$ 得 $\begin{cases} -m<x<1-m, \\ m<x<1+m. \end{cases}$ 又因为 $m\geqslant 0$，所以 $-m\leqslant 0$，$-m\leqslant m$.

(1)当 $m=0$ 时，$x\in(0，1)$.

(2)当 $0<m<\dfrac{1}{2}$ 时，$m<1-m$，$x\in(m，1-m)$.

(3)当 $m\geqslant\dfrac{1}{2}$ 时，$1-m\leqslant m$，x 不存在.

综上，当 $0\leqslant m<\dfrac{1}{2}$ 时，$h(x)$ 的定义域为 $(m，1-m)$；当 $m\geqslant\dfrac{1}{2}$ 时，$h(x)$ 的定义域为空集.

【错因分析】 由函数的定义可知，定义域与值域为两个非空数集. 本案例中函数 $h(x)$ 应满足定义域为非空数集这一前提，但当 $m\geqslant\dfrac{1}{2}$ 时，函数 $h(x)$ 的定义域为空集，此时函数 $h(x)$ 不存在.

【正解】 因为 $f(x)$ 的定义域为 $(0，1)$，所以 $\begin{cases} 0<x+m<1, \\ 0<x-m<1, \end{cases}$ 得 $\begin{cases} -m<x<1-m, \\ m<x<1+m. \end{cases}$ 又因为 $m\geqslant 0$，所以 $-m\leqslant 0$，$-m\leqslant m$.

由 $h(x)$ 的定义域非空，可得 $m<1-m$，解得 $m<\dfrac{1}{2}$. 又因为 $0\leqslant m$，所以 $0\leqslant m<\dfrac{1}{2}$，故 $h(x)$ 的定义域为 $(m，1-m)\left(0\leqslant m<\dfrac{1}{2}\right)$.

【案例1-2】 已知函数 $f(x)=\dfrac{ax+1}{\sqrt[3]{ax^2+4ax+3}}$ 的定义域为 **R**，求实数 a 的取值范围.

【错解】因为 $f(x)$ 的定义域为 **R**，所以 $ax^2+4ax+3\neq0$ 恒成立，即 $ax^2+4ax+3=0$ 无解．于是 $\Delta<0$，即 $(4a)^2-4a\times3<0$，解得 $0<a<\dfrac{3}{4}$，故 a 的取值范围为 $\left(0,\dfrac{3}{4}\right)$．

【错因分析】方程 $ax^2+4ax+3=0$ 的二次项系数含有参数，并非一定为一元二次方程，所以该方程无解时应分情况讨论．

【正解】因为 $f(x)$ 的定义域为 **R**，所以 $ax^2+4ax+3\neq0$ 恒成立，即 $ax^2+4ax+3=0$ 无解．

(1)当 $a=0$ 时，$3=0$ 无解，所以 $a=0$ 满足题意．

(2)当 $a\neq0$ 时，$\Delta<0$，即 $(4a)^2-4a\times3<0$，解得 $0<a<\dfrac{3}{4}$．

综上，a 的取值范围为 $\left[0,\dfrac{3}{4}\right)$．

【案例 1-3】设函数 $f(x)=\sqrt{1+5^x+a\cdot25^x}$．

(1)$f(x)$ 在 $x\in(-\infty,1]$ 上有意义，求 a 的取值范围；

(2)$f(x)$ 的定义域为 $(-\infty,1]$，求 a 的值．

【错解】(1)(2)解答方法相同．

由 $1+5^x+a\cdot25^x\geqslant0$ 恒成立，得 $a\geqslant-\left[\left(\dfrac{1}{5}\right)^{2x}+\left(\dfrac{1}{5}\right)^x\right]$，显然 $y=-\left[\left(\dfrac{1}{5}\right)^{2x}+\left(\dfrac{1}{5}\right)^x\right]$ 在 $(-\infty,1]$ 上为增函数，$y_{\max}=-\dfrac{6}{25}$，得 $a\geqslant-\dfrac{6}{25}$．

故 a 的取值范围是 $\left[-\dfrac{6}{25},+\infty\right)$．

【错因分析】[1] 函数在 A 上有意义与函数的定义域为 A 有较大差异．具体来讲，有意义指的是 $1+5^x+a\cdot25^x\geqslant0$ 在 A 上恒成立，属于不等式恒成立问题；定义域为 A 意味着不等式 $1+5^x+a\cdot25^x\geqslant0$ 的解集为 A，属于解不等式问题．因此，错解实为(1)的正解，而非(2)的正解．

【正解】(1)同上．

(2)由 $1+5^x+a\cdot25^x\geqslant0$，得 $\left[\left(\dfrac{1}{5}\right)^x\right]^2+\left(\dfrac{1}{5}\right)^x+a\geqslant0$，解得 $\left(\dfrac{1}{5}\right)^x\geqslant\dfrac{-1+\sqrt{1-4a}}{2}$ 或 $\left(\dfrac{1}{5}\right)^x\leqslant\dfrac{-1-\sqrt{1-4a}}{2}$（舍去）．由 $\left(\dfrac{1}{5}\right)^x\geqslant\dfrac{-1+\sqrt{1-4a}}{2}$，得 $x\leqslant\log_{\frac{1}{5}}\dfrac{-1+\sqrt{1-4a}}{2}$，又因为 $f(x)$ 的定义域为 $(-\infty,1]$，所以 $\log_{\frac{1}{5}}\dfrac{-1+\sqrt{1-4a}}{2}=1$，得 $a=-\dfrac{6}{25}$．

【变式 1-1】已知函数 $f(x)=\lg(-x^2-ax-19)$．

---

① 刘成龙，余小芬，赵珂誉．"形同质异"的函数问题辨析（上）[J]．理科考试研究，2017（7）：19-22．

(1)若 $f(x)$ 在 $(4,5)$ 上有意义,求实数 a 的取值范围;

(2)若 $f(x)$ 的定义域 $A \neq \varnothing$,求实数 a 的取值范围;

(3)若 $f(x) > 0$ 的解集为 $(4,5)$,求实数 a 的值.

【辨析】[①] 函数 $f(x)$ 在区间 D 上 $f(x) > A$ 恒成立 $\Leftrightarrow f(x)_{\min} > A$;函数 $f(x)$ 在区间 D 上 $f(x) > A$ 能成立 $\Leftrightarrow f(x)_{\max} > A$;函数 $f(x)$ 在区间 D 上满足 $f(x) > A$ 恰成立 $\Leftrightarrow f(x) > A$ 的解集为 D.

【正解】(1)恒成立:$f(x)$ 在 $(4,5)$ 上有意义等价于 $-x^2 - ax - 19 > 0$ 在 $(4,5)$ 上恒成立,令 $g(x) = -x^2 - ax - 19$,所以 $\begin{cases} g(4) \geqslant 0, \\ g(5) \geqslant 0, \end{cases}$ 解得 $a \in \left(-\infty, -\dfrac{44}{5}\right]$.

(2)能成立:存在实数 x,使 $-x^2 - ax - 19 > 0$ 成立,令 $g(x) = -x^2 - ax - 19$,只需要 $g(x)_{\max} > 0$,即 $g(x)_{\max} = \dfrac{a^2 - 76}{4} > 0$,解得 $a < -2\sqrt{19}$ 或 $a > 2\sqrt{19}$.

(3)恰成立:$f(x) > 0$ 的解集为 $(4,5)$ 等价于 $g(x) = -x^2 - ax - 19 > 1$ 的解集为 $(4,5)$,即方程 $-x^2 - ax - 19 - 1 = 0$ 的两根为 $4,5$,解得 $a = -9$.

【变式 1-2】已知函数 $y = \log_2(3x + \dfrac{12}{x} + a)$ 对于定义域内的一切 x,都有 $y > 4$ 恒成立,求实数 a 的取值范围.

【错解】由 $y = \log_2(3x + \dfrac{12}{x} + a) > 4$,可得 $3x + \dfrac{12}{x} + a > 16$,即 $3x + \dfrac{12}{x} > 16 - a$,又 $3x + \dfrac{12}{x} \geqslant 12$,于是 $12 > 16 - a$,得 $a > 4$.

【错因分析】设 $M = 3x + \dfrac{12}{x} + a$,当 $M > 0$ 时,相应的 x 取值在定义域内,但此时对于定义域内的某些 x,有 $y < 4$. 比如,当 $a = 16$ 时,$x = -1$ 在函数定义域内,但此时 $M = 1$,$y = 0$.

【正解】如图 1-1 所示,函数 $N = 3x + \dfrac{12}{x}$ 的图像分布在第一、三象限,两个部分,$M = 3x + \dfrac{12}{x} + a$ 的图像相当于在函数 $N = 3x + \dfrac{12}{x}$ 的基础上,向上或向下平移 a 个单位. 显然,向下平移不满足题意,而向上平移值得注意的是平移的"度":下支图像至多与 x 轴相交,不能超过 x 轴. 于是得 $M = 3x + \dfrac{12}{x} + a > 16(x > 0)$,且 $M = 3x + \dfrac{12}{x} + a \leqslant 0(x < 0)$,结合图像易得 $4 < a \leqslant 12$. 所以实数 a 的取值范围为 $(4,12]$.

---

① 刘成龙,余小芬,杨坤林."形同质异"的函数问题辨析(下)〔J〕. 理科考试研究,2017(8):13-16.

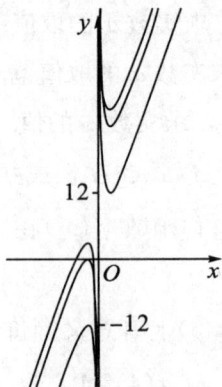

图 1—1

【案例 1—4】 定义在 $(0，+\infty)$ 上的函数 $f(x)$ 满足：(1) $f(2)=1$；(2) $f(xy)=f(x)+f(y)$；(3) 当 $x>y$ 时，有 $f(x)>f(y)$. 若 $f(x)+f(x-3)\leqslant 2$，求 x 的取值范围.

【错解】 由题意 $2=f(1)+f(1)=f(4)$，于是 $f(x)+f(x-3)\leqslant 2$ 可化为 $f[x(x-3)]\leqslant f(4)$，又当 $x>y$ 时，有 $f(x)>f(y)$，所以 $x(x-3)\leqslant 4$，解得 $-1\leqslant x\leqslant 4$.

【错因分析】 错解忽视了定义域为 $(0，+\infty)$ 这一前提.

【正解】 由题意 $2=f(1)+f(1)=f(4)$，于是 $f(x)+f(x-3)\leqslant 2$ 可化为 $f[x(x-3)]\leqslant f(4)$. 当 $x>y$ 时，有 $f(x)>f(y)$，所以 $x(x-3)\leqslant 4$，又因为函数 $f(x)$ 定义在 $(0，+\infty)$ 上，所以 $x>0$，$x-3>0$，即 $\begin{cases} x>0, \\ x-3>0, \\ x(x-3)\leqslant 4, \end{cases}$ 解得 $3<x\leqslant 4$. x 的取值范围为 $(3，4]$.

【变式 1—3】 (2006 年福建卷理科第 21 题) 已知函数 $f(x)=-x^2+8x$，$g(x)=6\ln x+m$. 是否存在实数 m，使得 $y=f(x)$ 的图像与 $y=g(x)$ 的图像有且只有三个不同的交点？若存在，求 m 的取值范围；若不存在，说明理由.

【错解】[①] 令 $F(x)=x^2-8x+6\ln x+m(x>0)$，$F'(x)=2x-8+\dfrac{6}{x}=\dfrac{2x^2-8x+6}{x}=\dfrac{2(x-1)(x-3)}{x}$，设 $h(x)=2(x-1)(x-3)$，得 $h(x)$ 的图像 (图 1—2)，易得 $F(x)$ 的极大值为 $F(1)=7-m$，极小值为 $F(3)=6\ln 3-15+m$，可得 $F(x)$ 的图像 (图 1—3). 要使 $F(x)$ 的图像与 x 轴正半轴有三个不同的交点，则 $\begin{cases} F(1)=7-m>0, \\ F(3)=6\ln 3-15+m<0, \end{cases}$ 解得 m 的取值范围为 $(7，15-6\ln 3)$.

---

① 刘成龙，余小芬，何贻勇. 函数图像交点问题的几种类型 [J]. 中学生数学，2011 (11)：31—32.

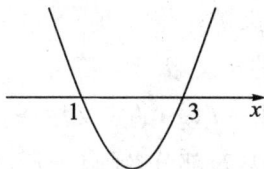
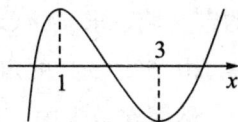

图 1-2　　　　　　　　　图 1-3

【错因分析】画 $F(x)$ 的图像时忽视了函数的定义域和函数图像的走势.

【正解】令 $F(x)=x^2-8x+6\ln x+m(x>0)$，$F'(x)=2x-8+\dfrac{6}{x}=\dfrac{2x^2-8x+6}{x}=$

$\dfrac{2(x-1)(x-3)}{x}$，设 $h(x)=2(x-1)(x-3)$，得 $h(x)$ 的图像（图 1-2），易得 $F(x)$ 的极

大值为 $F(1)=7-m$，极小值为 $F(3)=6\ln 3-15+m$. 当 x 充分接近 0 时，$F(0)\to -\infty$，

当 x 充分大时，$F(x)\to +\infty$，可得 $F(x)$ 的草图（图 1-3）. 要使 $F(x)$ 的图像与 x 轴正半

轴有三个不同的交点，则 $\begin{cases} F(1)=7-m>0, \\ F(3)=6\ln 3-15+m<0, \end{cases}$ 解得 m 的取值范围为 $(7,15-6\ln 3)$.

【案例 1-5】已知函数 $f(x)=1+\log_3 x(1\leqslant x\leqslant 27)$，求函数 $g(x)=[f(x)]^2+$
$f(x^2)+1$ 的最大值和最小值.

【错解】$g(x)=[f(x)]^2+f(x^2)+1=(1+\log_3 x)^2+2+\log_3 x^2=\log_3^2 x+4\log_3 x+3=$
$(\log_3 x+2)^2-1$. 因为 $1\leqslant x\leqslant 27$，所以 $0\leqslant \log_3 x\leqslant 3$，于是 $g(x)_{\min}=3$，$g(x)_{\max}=24$.

【错因分析】错解忽视了复合函数的定义域应满足的条件：$\begin{cases} 1\leqslant x\leqslant 27, \\ 1\leqslant x^2\leqslant 27. \end{cases}$

【正解】$g(x)=[f(x)]^2+f(x^2)+1=(1+\log_3 x)^2+2+\log_3 x^2=\log_3^2 x+4\log_3 x+3=$

$(\log_3 x+2)^2-1$. 由 $\begin{cases} 1\leqslant x\leqslant 27, \\ 1\leqslant x^2\leqslant 27, \end{cases}$ 得 $1\leqslant x\leqslant 3\sqrt{3}$，故 $0\leqslant \log_3 x\leqslant \dfrac{3}{2}$，所以 $g(x)_{\min}=3$，

$g(x)_{\max}=\dfrac{45}{4}$.

【案例 1-6】(1)若 $f(x)$ 的定义域为 $[2,4]$，求 $f(2^x)$ 的定义域；

(2)若 $f(2^x)$ 的定义域为 $[2,4]$，求 $f(x)$ 的定义域.

【错解】(1)因为 $2\leqslant x\leqslant 4$，所以 $4\leqslant 2^x\leqslant 16$，$f(2^x)$ 的定义域为 $[4,16]$；

(2)因为 $2\leqslant 2^x\leqslant 4$，所以 $1\leqslant x\leqslant 2$，$f(x)$ 的定义域为 $[1,2]$.

【辨析】[1] 本案例主要涉及复合函数的定义域问题. 一般地，复合函数的定义域问题
有以下三种基本题型：

①已知 $f(x)$ 的定义域，求 $f(g(x))$ 的定义域；

---

[1]　刘成龙，余小芬，赵珂誉. "形同质异"的函数问题辨析(上) [J]. 理科考试研究，2017 (7)：19-22.

②已知 $f(g(x))$ 的定义域，求 $f(x)$ 的定义域；

③已知 $f(g(x))$ 的定义域，求 $f(h(x))$ 的定义域.

对于③的处理办法：由 $f(g(x))$ 的定义域→$f(x)$ 的定义域→$f(h(x))$ 的定义域. 于是问题的焦点落在①②. 然而在教学中，学生甚至部分教师对①②的认识是错误的：

①$f(x)$ 的定义域为 D，即 $x\in D$，于是 f 作用的对象 x 的范围为 D，而 f 作用的对象（原像）范围不变，故 $g(x)\in D$，解得的 x 的范围即为 $f(g(x))$ 的定义域.

②$f(g(x))$ 的定义域为 D，即 $x\in D$，解得 $g(x)\in E$，于是 f 作用的对象的范围为 E，即 $f(x)$ 的定义域为 E. 这种错误的根源是没有弄清复合函数的概念：设有两函数 $y=f(u)(u\in D)(*)$，$u=g(x)(x\in E)(**)$. 记 $E^*=\{x\,|\,g(x)\in D\}\cap E(***)$. 若 $E^*\neq\varnothing$，则对每一个 $x\in E^*$，可通过函数 g 对应 D 内唯一的一个值 u，而 u 又通过函数 f 对应唯一的一个值 y. 这就确定了一个定义在 E^* 上的函数，它以 x 为自变量，y 为应变量，记作 $y=f(g(x))$，$x\in E^*$ 或 $y=(f\circ g)(x)$，$x\in E^*$，称为函数 f 和 g 的复合函数，并称 f 为外函数，g 为内函数，$(**)$ 式中 u 为中间变量.

由复合函数的定义可知，$E^*\subseteq E$，$g(E^*)\subseteq g(E)\cap D$. 于是 $g(E^*)\subseteq D$，由 E^* 不能确定 D.

不难发现，由外层函数的定义域、内层函数的定义域可以得到复合函数的定义域，即由①②可以得到③；但是由复合函数的定义域、内层函数的定义域不能确定外层函数的定义域，即由②③不能得到①.

【正解】（1）复合函数 $f(2^x)$ 的定义域为 $E^*=\{x\,|\,2\leqslant 2^x\leqslant 4$ 且 $x\in\mathbf{R}\}=[1,2]$；

（2）由题意得 $E^*=[2,4]=\{x\,|\,2^x\in D, x\in\mathbf{R}\}$，于是 $[4,16]\subseteq D$，但不能确定 D. 事实上，D 的取法有无限多种：设 $M\subseteq(-\infty,0]$，取 $D=M\cup[4,16]$ 均可. 可以得出结论：由复合函数 $f(g(x))$ 的定义域求外层函数 $f(x)$ 的定义域很多时候无意义.[①]

建议命题者回避此类试题的命制.

---

① 华东师范大学数学系. 数学分析（上）[M]. 4 版. 北京：高等教育出版社，2010.

第二节 对应关系中的易错问题

【**案例1-7**】设集合 $A = \{1, -1\}$，$B = \{1\}$，从集合 A 到集合 B 能建立多少个映射？

【**错解**】[①] 从集合 A 到集合 B 能建立无数多个映射. 因为从 A 到 B 能建立很多函数，比如：

$f_1: A \to B$

$\quad x \to x^2$；

$f_2: A \to B$

$\quad x \to |x|$；

$f_3: A \to B$

$\quad x \to 1$.

即 $f(x) = x^2$，$f(x) = |x|$，$f(x) = 1$.

可以看出，$f_1: A \to B$ 中对应关系为平方，$f_2: A \to B$ 中对应关系为取绝对值，$f_3: A \to B$ 把所有的 x 对应成 1，三种对应关系不同.

因此，三个函数不同. 我们知道函数是特殊的映射，于是得到不同的三个映射，所以从 A 到 B 至少能建立 3 个映射.

【**错因分析**】从表面上看 f_1，f_2，f_3 是三种不同的对应关系，$f(x) = x^2$，$f(x) = |x|$，$f(x) = 1$ 是三个不同的函数. 但在特定的条件 $A = \{1, -1\}$ 下，f_1，f_2，f_3 是相同的对应关系，即 $f: 1 \to 1$，$-1 \to 1$，因为三个函数满足定义域、对应关系、值域相同，所以它们是同一个函数. 不妨从图形的角度来看，如图 1-4 所示，这三个函数有相同的图像：两个点.

---

① 唐世泽，余小芬. 对一个映射问题的认识 ［J］. 中学生数学，2012（4）：44.

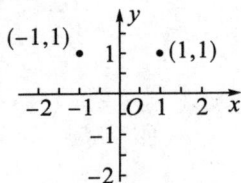

图 1-4

【正解】由于 A 中的 1，-1 只能与 B 中的 1 对应，根据映射的概念，从 A 到 B 只能建立 1 个映射.

【案例 1-8】[①] 设 $M = \{a, b, c, d\}$，$N = \{-1, 0, 1\}$，取适当的对应法则 f.

(1)求从 M 到 N 建立不同映射的个数；

(2)以 M 为定义域，N 为值域的函数有多少个？

【(1)的错解 1】从 M 到 N 建立不同映射的个数为 4^3.

【(1)的错解 2】从 M 到 N 建立不同映射的个数为 $3 \times 4 = 12$.

【(2)的错解】以 M 为定义域，N 为值域的函数有 $3^4 - 3$ 个(去掉 M 中的元素全部对 N 中的一个元素).

【辨析】函数是特殊的映射. M 到 N 的映射允许 M 中元素到 N 中元素的多对一，允许 N 中存在元素在 M 中没有原像，而以 M 为定义域，N 为值域的函数要求 N 中的每一个元素在 M 中都有元素与它对应.

【正解】(1)从 M 到 N 建立不同映射的个数为 3^4；

(2)以 M 为定义域，N 为值域的函数有 $3^4 - 3 - C_3^2(2^4 - 2)$ 个[去掉 M 中的元素全部对 N 中的一个元素 3 种，去掉 M 中的元素全部对 N 中的两个元素 $C_3^2(2^4 - 2)$ 种].

【拓展 1-1】设 $M = \{a_1, a_2, \cdots, a_m\}$，$N = \{b_1, b_2, \cdots, b_m\}$，取适当的对应法则 f.

(1)求从 M 到 N 建立不同映射的个数；

(2)以 M 为定义域，N 为值域的函数有多少个？

【变式 1-4】设 $M = \{a, b, c, d\}$，$N = \{-1, 0, 1\}$，取适当的对应法则 f. 以 M 为定义域，N 为值域，且满足 $f(a) \leqslant f(b) \leqslant f(c) \leqslant f(d)$ 的函数有多少个？

对于拓展 1-1 和变式 1-4 的解答，读者可以自行探讨.

【案例 1-9】(2006 年浙江卷理科第 10 题)函数 $f: \{1, 2, 3\} \to \{1, 2, 3\}$ 满足 $f(f(x)) = f(x)$，则这样的函数 f 共有(　　　　).

A. 1 个　　　　B. 4 个　　　　C. 8 个　　　　D. 10 个

【错解 1】由 $f(f(x)) = f(x) \Rightarrow f(x) = x$，于是 $f(1) = 1$，$f(2) = 2$，$f(3) = 3$.

---

① 刘成龙，余小芬，赵珂誉. "形同质异"的函数问题辨析(上) [J]. 理科考试研究，2017 (7)：19-22.

【错解 2】 由于 1 有三种对应方式，2 有三种对应方式，3 有三种对应方式，所以共有 3^3 个.

【错因分析】 没有弄清函数的概念.

【正解】 穷举法：
$$\begin{cases}f(1)=1,\\f(2)=1,\\f(3)=1,\end{cases}\begin{cases}f(1)=1,\\f(2)=1,\\f(3)=2,\end{cases}\begin{cases}f(1)=1,\\f(2)=1,\\f(3)=3,\end{cases}\begin{cases}f(1)=1,\\f(2)=2,\\f(3)=1,\end{cases}\begin{cases}f(1)=1,\\f(2)=2,\\f(3)=2,\end{cases}$$

$$\begin{cases}f(1)=1,\\f(2)=2,\\f(3)=3,\end{cases}\begin{cases}f(1)=1,\\f(2)=3,\\f(3)=3,\end{cases}\begin{cases}f(1)=2,\\f(2)=2,\\f(3)=3,\end{cases}\begin{cases}f(1)=3,\\f(2)=2,\\f(3)=3,\end{cases}\begin{cases}f(1)=3,\\f(2)=3,\\f(3)=3,\end{cases}$$ 故选 D.

【变式 1-5】（第十届"希望杯"全国数学邀请赛（第二试）第 5 题）设集合 $A=\{1, 2\}$，则从 A 到 A 的映射 f 中满足 $f(f(x))=f(x)$ 的映射的个数是（　　）.

A. 1　　　　　B. 2　　　　　C. 3　　　　　D. 4

【错解】 $f:\begin{matrix}1\to1\\2\to1\end{matrix}$；$f:\begin{matrix}1\to2\\2\to2\end{matrix}$；$f:\begin{matrix}1\to1\\2\to2\end{matrix}$；$f:\begin{matrix}1\to2\\2\to1\end{matrix}$　故选 D.

【错因分析】 $f:\begin{matrix}1\to2\\2\to1\end{matrix}$ 不满足题意：$f(f(1))=1$，$f(1)=2$，$f(f(1))\neq f(1)$.

【正解】 穷举法：$f:\begin{matrix}1\to1\\2\to1\end{matrix}$，即 $f(f(1))=1=f(1)$，$f(f(2))=f(1)=1=f(2)$；

$f:\begin{matrix}1\to2\\2\to2\end{matrix}$，即 $f(f(1))=2=f(2)$，$f(f(2))=f(1)=1=f(2)$；$f:\begin{matrix}1\to1\\2\to2\end{matrix}$，即 $f(f(1))=1=f(1)$，$f(f(2))=2=f(2)$. 故选 D.

【拓展 1-2】 映射 $f:\{1, 2, 3, \cdots, n\}\to\{1, 2, 3, \cdots, m\}$ 满足 $f(f(x))=f(x)$，则这样的函数 f 共有_____个.

对于拓展 1-2 的解答，读者自行探讨.

【案例 1-10】 函数 $y=f(x)$ 的图像与直线 $x=m$ 的交点的个数为_____.

【错解】 由于函数的表达式不确定，所以图像不确定，故交点个数也不确定.

【错因分析】 未充分理解函数的概念.

【正解】 根据函数的概念，交点个数为 0 或 1.

【变式 1-6】 关于直线 $y=t$ 的图像与函数 $y=f(x)$ 的图像，下列说法中正确的是（　　）.

A. 两图像上必有 1 组点关于 $y=x$ 对称

B. 两图像上必有 1 组或 2 组点关于 $y=x$ 对称

C. 两图像上至多有 1 组点关于 $y=x$ 对称

D. 两图像上有 2 组点关于 $y=x$ 对称

【错解】$y=t$ 的图像与函数 $y=f(x)$ 的图像可能有无数个交点，所以本案例没有选项.

【错因分析】审题失误，要求的是直线 $y=t$ 的图像与函数 $y=f(x)$ 的图像关于 $y=x$ 对称的点有几个.

【正解】设 $y=t$ 的图像上的点 $A(a，t)(a\in\mathbf{R})$，那么 $A(a，t)$ 关于 $y=x$ 对称的点为 $A'(t，a)$，由题意，$A'(t，a)$ 应在 $y=f(x)$ 上. 于是问题转化为 $x=t$ 与函数 $y=f(x)$ 的图像的交点的个数. 由函数的定义，可知 $x=t$ 与 $y=f(x)$ 至多有一个交点，即 $A'(t，a)$ 至多存在一个. 故选 C.

第三节　值域中的易错问题

【案例 1-11】[①] 已知 $y=\log_2(x^2-6mx+1)$.

(1)定义域为 **R**，求 m 的取值范围；

(2)值域为 **R**，求 m 的取值范围.

【错解】(1)(2)解法相同：令 $g(x)=x^2-6mx+1$，由题意得 $g(x)=x^2-6mx+1>0$ 在 **R** 上恒成立，于是 $\Delta=(-6m)^2-4<0$，解得 $-\dfrac{1}{3}<m<\dfrac{1}{3}$，故 m 的取值范围是 $\left(-\dfrac{1}{3},\ \dfrac{1}{3}\right)$.

【辨析】已知对数函数的定义域为 **R** 和值域为 **R** 求参数问题，从表面上看没有差异，实质上相差较大. 定义域为 **R** 要求真数大于零在 **R** 上恒成立，但值域为 **R** 则要求真数取遍所有正数. 要取遍所有正数，对于二次函数来讲必须要满足对应的 $\Delta\geqslant0$. 事实上，二次函数对应的 $\Delta<0$ 是取不完所有正数的. 因此，上述错解实为(1)的正解，下面给出(2)的正解.

【正解】令 $g(x)=x^2-6mx+1$，因为函数的值域为 **R**，则 $g(x)$ 应取遍所有正数，故 $\Delta=(-6m)^2-4\geqslant0$，解得 $m\leqslant-\dfrac{1}{3}$ 或 $m\geqslant\dfrac{1}{3}$，故 m 的取值范围是 $\left(-\infty,\ -\dfrac{1}{3}\right]\cup\left[\dfrac{1}{3},\ +\infty\right)$.

【变式 1-7】已知函数 $y=\sqrt{mx^2+6mx+8+m}$ 的值域为 $[0,\ +\infty)$，求 m 的取值范围.

【错解】由题意 $mx^2+6mx+8+m\geqslant0$ 恒成立.

(1)当 $m=0$ 时，$8\geqslant0$ 恒成立，满足题意；

(2)当 $m\neq0$ 时，$\begin{cases}m>0,\\ \Delta\leqslant0,\end{cases}$ 即 $\begin{cases}m>0,\\ 36m^2-4m(8+m)\leqslant0,\end{cases}$ 整理得 $\begin{cases}m>0,\\ m^2-m\leqslant0,\end{cases}$ 解得 $0<$

① 刘成龙，余小芬，赵珂誉.“形同质异”的函数问题辨析(上)[J].理科考试研究，2017(7)：19-22.

$m \leqslant 1$.

综上可知，m 的取值范围为 $[0, 1]$.

【错因分析】 函数 $y = \sqrt{mx^2 + 6mx + 8 + m}$ 的值域为 $[0, +\infty)$，则要求 $mx^2 + 6mx + 8 + m$ 取遍所有的非负数，而非 $mx^2 + 6mx + 8 + m \geqslant 0$ 恒成立.

【正解】 由题意 $\mu(x) = mx^2 + 6mx + 8 + m$ 要取遍所有非负数.

(1) 当 $m = 0$ 时，$8 \geqslant 0$ 恒成立，但不能取遍所有的非负数，不满足题意；

(2) 当 $m \neq 0$ 时，$\begin{cases} m > 0, \\ \Delta \geqslant 0, \end{cases}$ 即 $\begin{cases} m > 0, \\ 36m^2 - 4m(8 + m) \geqslant 0, \end{cases}$ 整理得 $\begin{cases} m > 0, \\ m^2 - m \geqslant 0, \end{cases}$ 解得 $m \geqslant 1$.

综上可知，m 的取值范围为 $[1, +\infty)$.

【案例 1-12】 函数 $f(x) = \sqrt{x^2 + m}$ 的值域为 $[0, +\infty)$，求 m 的取值范围.

【错解 1】 令 $x^2 + m = 0$，取 $x = 0$，则 $m = 0$.

【错解 2】 $f(x) = x^2 + m \geqslant 0$，又因为 $x^2 \geqslant 0$，所以 $m \geqslant 0$.

【错因分析】 函数 $f(x) = \sqrt{x^2 + m}$ 的值域为 $[0, +\infty)$ 意味着函数值要取遍所有非负数，而非取大于等于零的一些数.

【正解】 函数 $f(x) = \sqrt{x^2 + m}$ 的值域为 $[0, +\infty)$，即要求 $\mu(x) = x^2 + m$ 要取遍所有非负数，即 $\Delta = -4m \geqslant 0$，解得 $m \leqslant 0$.

【评注】 面对案例 1-12，一些读者有疑惑："真数""被开方数"在 $\Delta \geqslant 0$ 时可能为负数. 事实上，对数和偶次根式具有"自我保护"的功能，且会自动开启：给出对数，即限定"真数"大于零，出现偶次根式，即刻限定被开方数非负. 比如，$f(x) = \lg x$ 自动限定 $x > 0$，$f(x) = \sqrt{x^2 - 1}$ 自动限定 $x^2 - 1 \geqslant 0$.

【变式 1-8】 函数 $f(x) = \sqrt{x^2 + m}$ 的值域为 $[2, +\infty)$，求 m 的取值范围.

【错解】 $f(x) = x^2 + m \geqslant 4$，又因为 $x^2 \geqslant 0$，所以 $m \geqslant 4$.

【错因分析】 函数 $f(x) = \sqrt{x^2 + m}$ 的值域为 $[2, +\infty)$ 意味着函数值要取遍所有 $\geqslant 4$ 的数，而 $m > 4$ 不满足条件，比如，当 $m = 5$ 时，$f(x) = \sqrt{x^2 + 5}$ 的值域为 $[\sqrt{5}, +\infty)$，显然不满足值域为 $[2, +\infty)$.

【正解】 由题意 $x^2 + m$ 必须且只能取遍所有 $\geqslant 4$ 的数，要使得 $f(x) = \sqrt{x^2 + m}$ 的值域为 $[2, +\infty)$，则必须有 $x^2 + m$ 的值域为 $[4, +\infty)$，故 $(x^2 + m)_{\min} = 4$. 因为 $(x^2)_{\min} = 0$，所以 $m = 4$.

【案例 1-13】 已知函数 $y = \dfrac{6x^2 - 2kx + 30}{5x^2 - 10x + 25}$ 有最小值 1，求实数 k.

【错解】 由题意 $\dfrac{6x^2 - 2kx + 30}{5x^2 - 10x + 25} \geqslant 1$，因为 $5x^2 - 10x + 25 = 5(x-1)^2 + 20 \geqslant 20$，所以函数的定义域为 $\mathbf{R}$，由 $6x^2 - 2kx + 30 \geqslant 5x^2 - 10x + 25$ 化简得 $x^2 - (2k - 10)x + 5 \geqslant 0$，于是

$\Delta = (2k-10)^2 - 20 \leqslant 0$，解得 $5-\sqrt{5} \leqslant k \leqslant 5+\sqrt{5}$.

【错因分析】 由 $\Delta \leqslant 0$ 得到图像位于 x 轴上或上方，得到的是对应二次函数值非负，即大于零或等于零，但是题目要求最小值为 1，对应的二次函数必须取到最小值 0，也即是二次函数与 x 轴有且仅有一个交点：$\Delta = 0$.

【正解】 由题意 $\dfrac{6x^2-2kx+30}{5x^2-10x+25} \geqslant 1$，因为 $5x^2-10x+25 = 5(x-1)^2+20 \geqslant 20$，所以函数的定义域为 **R**，由 $6x^2-2kx+30 \geqslant 5x^2-10x+25$ 化简得 $x^2-(2k-10)x+5 \geqslant 0$，于是 $\Delta = (2k-10)^2-20 = 0$，解得 $k = 5 \pm \sqrt{5}$.

【案例 1-14】[①] 已知函数 $f(x) = \dfrac{ax+4}{x^2+1}$.

(1)已知 $f(x)$ 的值域为 $[-1, 5]$，求 a 的值；

(2)已知函数 $f(x)$ 对定义域内 x 恒有 $y \in [-1, 5]$，求 a 的取值范围.

【(2)的错解 1】 由 $y = \dfrac{ax+4}{x^2+1}$，得 $yx^2-ax+y-4 = 0$（ * ）.

①当 $y = 0$ 时，有 $ax = -4$，当 $a \in \mathbf{R}$ 且 $a \neq 0$ 时，方程有解；

②当 $y \neq 0$ 时，因为函数 $y = \dfrac{ax+4}{x^2+1}$ 的定义域为 **R**，所以（ * ）式有实根，故 $\Delta = a^2-4y(y-4) \geqslant 0$，即 $4y^2-16y-a^2 \leqslant 0$ 的解集为 $[-1, 5]$，所以 $-1, 5$ 是方程 $4y^2-16y-a^2 = 0$ 的两根，故 $\dfrac{a^2}{4} = 5$，解得 $a = \pm 2\sqrt{5}$.

综上，可知 $a = \pm 2\sqrt{5}$.

【(2)的错解 2】 $[-1, 5]$ 为上述解法中 $4y^2-16y-a^2 \leqslant 0$ 解集的子集，于是 $a^2 \geqslant 4y^2-16y$，当 $y \in [-1, 5]$ 时，$(4y^2-16y)_{\max} = 20$，故 $a^2 \geqslant 20$，所以 $a \leqslant -2\sqrt{5}$ 或 $a \geqslant 2\sqrt{5}$，于是 a 的取值范围为 $(-\infty, -2\sqrt{5}] \cup [2\sqrt{5}, +\infty)$.

【辨析】 值域为 A，要求取到 A 中的每一个值；函数值在 A 中，意味着不一定能取到 A 中所有值，而仅表示在 A 中变化，属于恒成立问题. 因此，上述错解 1 实为(1)的正解，下面给出(2)的正解.

【(2)的正解 1】 由题意得 $\begin{cases} \dfrac{ax+4}{x^2+1} \geqslant -1, \\ \dfrac{ax+4}{x^2+1} \leqslant 5, \end{cases}$ 化简得 $\begin{cases} x^2+ax+5 \geqslant 0, \\ 5x^2-ax+1 \geqslant 0, \end{cases}$ 解得 $-2\sqrt{5} \leqslant a \leqslant 2\sqrt{5}$.

【(2)的正解 2】 整理得 $yx^2-ax+y-4 = 0$.

①当 $y \neq 0$ 时，$\Delta = a^2-4y(y-4) \geqslant 0$，即 $4y^2-16y-a^2 \leqslant 0$，解不等式得 $2-$

---

① 刘成龙，余小芬，赵珂誉. "形同质异" 的函数问题辨析(上) [J]. 理科考试研究，2017 (7)：19-22.

$\dfrac{\sqrt{16+a^2}}{2}\leqslant y\leqslant 2+\dfrac{\sqrt{16+a^2}}{2}$，又对任意 $x\in \mathbf{R}$，有 $-1\leqslant y\leqslant 5$，所以

$$\begin{cases}2-\dfrac{\sqrt{16+a^2}}{2}\geqslant -1,\\[2mm]2+\dfrac{\sqrt{16+a^2}}{2}\leqslant 5,\end{cases}$$ 解得 $a^2\leqslant 20$，解得 $-2\sqrt{5}\leqslant a\leqslant 2\sqrt{5}$.

②当 $y=0$ 时，$ax=-4$，也满足条件.

综上，可知 $-2\sqrt{5}\leqslant a\leqslant 2\sqrt{5}$.

【变式1-9】（1）已知函数 $f(x)=\log_3\dfrac{ax^2+8x+b}{x^2+1}$ 的定义域为 $\mathbf{R}$，值域为 $[0,2]$，求 a，b；

（2）已知函数 $y=\dfrac{ax+3}{x^2+1}$ 对定义域内的 x 恒有 $-1\leqslant y\leqslant 4$，求 a 的取值范围.

【错因分析】 易混淆函数值域与不等式恒成立，值域要求能取到每一个值，但不一定能取到所有值.

【(1)的正解】 设 $m=\dfrac{ax^2+8x+b}{x^2+1}$，得 $(m-a)x^2-8x+m-b=0$，因为函数 $f(x)=\log_3\dfrac{ax^2+8x+b}{x^2+1}$ 的定义域为 $\mathbf{R}$，所以 $\Delta=64-4(m-a)(m-b)\geqslant 0$，即 $m^2-(a+b)m+(ab-16)\leqslant 0$，因为值域为 $[0,2]$，所以 $m\in[1,9]$，1，9 是方程 $m^2-(a+b)m+(ab-16)=0$ 的两根. 故 $\begin{cases}a+b=10,\\ab-16=9,\end{cases}$ 解得 $\begin{cases}a=5,\\b=5.\end{cases}$

【(2)的错解1】 $y=\dfrac{ax+3}{x^2+1}$ 变形为 $yx^2-ax+y-3=0$.

当 $y=0$ 时，$x=-\dfrac{3}{a}$；

当 $y\neq 0$ 时，因为方程有实根，所以 $\Delta=a^2-4y(y-3)\geqslant 0$，即 $4y^2-12y-a^2\leqslant 0$ 的解集为 $[-1,4]$，故 $\dfrac{a^2}{4}=4$，解得 $a=\pm 4$.

【(2)的错解2】 $[-1,4]$ 为不等式 $4y^2-12y-a^2\leqslant 0$ 解集的子集，于是 $a^2\geqslant 4y^2-12y$，当 $y\in[-1,4]$ 时，$(4y^2-12y)_{\max}=16$，故 $a^2\geqslant 16$，解得 $a\geqslant 4$ 或 $a\leqslant -4$.

【(2)的错因分析】 错解1误认为 $[-1,4]$ 为函数 $y=\dfrac{ax+3}{x^2+1}$ 的值域，错解2误认为函数 $y=\dfrac{ax+3}{x^2+1}$ 的值域为 $[-1,4]$ 的子集.

【(2)的正解】 由题意得 $\begin{cases}\dfrac{ax+3}{x^2+1}\geqslant -1,\\[2mm]\dfrac{ax+3}{x^2+1}\leqslant 4,\end{cases}$ 于是 $\begin{cases}x^2+ax+4\geqslant 0,\\4x^2+ax+1\geqslant 0,\end{cases}$ 解得 $-4\leqslant a\leqslant 4$.

【案例 1-15】[①] 已知函数 $f(x)=x^2-2x+2$.

(1)是否存在 m，$n(m<n)$，使得 $f(x)$ 的定义域为 $[m，n]$ 时，值域也为 $[m，n]$；

(2)关于 x 的不等式 $m\leqslant f(x)\leqslant n$ 的解集为 $[m，n]$，则 $m=$ _____，$n=$ _____.

【辨析】不等式 $m\leqslant f(x)\leqslant n$ 的解集为 $[m，n]$，可以理解为由 $f(x)\in[m，n]$（并不要求 $f(x)$ 取 $[m，n]$ 中的每一个数，仅要求 $f(x)$ 在 $[m，n]$ 中变化），解得 $x\in[m，n]$；函数 $f(x)$ 的定义域、值域均为 $[m，n]$ 表示 $f(x)$ 取 $[m，n]$ 中的每一个值时，解集为 $[m，n]$.

【正解】(1)$f(x)=x^2-2x+2=(x-1)^2+1\geqslant1$，故 $m\geqslant1$，又因为 $f(x)=x^2-2x+2$ 在 $[1，+\infty)$ 上为增函数，所以 $f(x)$ 在 $[m，n]$ 上为增函数，故 $\begin{cases}f(m)=m，\\ f(n)=n，\end{cases}$ 解得 $m=1$，$n=2$.

(2)当 $m>1$ 时，$n>1$，如图 1-5 所示，此时不等式的解集为 $[x_1，x_2]\cup[x_3，x_4]$ 且 $x_2\neq x_3$，显然与解集 $[m，n]$ 矛盾；当 $m\leqslant1$ 时，如图 1-6 所示，令 $x^2-2x+2=x$，解得 $x=1$ 或 $x=2$，于是 $x^2-2x+2\leqslant2$ 的解集为 $0\leqslant x\leqslant2$，此时不等式 $0\leqslant x^2-2x+2\leqslant2$ 的解集为 $[0，2]$，故 $m=0$，$n=2$.

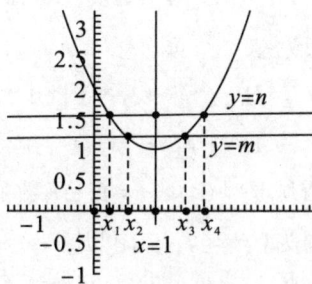 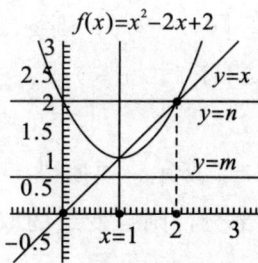

图 1-5　　　　　　　　　　　图 1-6

【变式 1-10】已知函数 $f(x)=-\dfrac{1}{2}x^2+\dfrac{1}{2}x$，$f(x)=x^2-2x+2$.

(1)是否存在 m，$n(m<n)$，使得 $f(x)$ 的定义域为 $[m，n]$ 时，值域也为 $[m，n]$；

(2)关于 x 的不等式 $m\leqslant f(x)\leqslant n$ 的解集为 $[m，n]$，则 $m=$ _____，$n=$ _____.

变式 1-10 的解答，请读者自行探讨.

【案例 1-16】设 $a>1$，若对任意 $x\in[a，2a]$，都有 $y\in[a，a^2]$ 满足方程 $\log_a x+\log_a y=3$，则 a 的取值范围是 _____.

【错解】由 $\log_a x+\log_a y=3$，得 $y=\dfrac{a^3}{x}$，又知 $y=\dfrac{a^3}{x}$ 在 $[a，2a]$ 上为减函数，所以

---

① 刘成龙，余小芬，赵珂誉.“形同质异”的函数问题辨析(上) [J]. 理科考试研究，2017（7）：19-22.

$y_{\max}=a^2$，$y_{\min}=\dfrac{a^2}{2}$，因此 $y=\dfrac{a^3}{x}$ 在 $[a，2a]$ 上的值域为 $\left[\dfrac{a^2}{2}，a^2\right]$. 因为 $y\in[a，a^2]$，所以 $\dfrac{a^2}{2}=a$，解得 $a=0$ 或 $a=2$，又 $a>1$，所以 $a=2$.

【错因分析】 错解混淆了取值范围和值域这两个概念. 对这两个概念的分析可参考案例 1-15 中的辨析.

【正解】 由 $\log_a x+\log_a y=3$，得 $y=\dfrac{a^3}{x}$，又知 $y=\dfrac{a^3}{x}$ 在 $[a，2a]$ 上为减函数，所以 $y_{\max}=a^2$，$y_{\min}=\dfrac{a^2}{2}$，因此 $y=\dfrac{a^3}{x}$ 在 $[a，2a]$ 上的值域为 $\left[\dfrac{a^2}{2}，a^2\right]$. 因为 $y\in[a，a^2]$，所以 $\left[\dfrac{a^2}{2}，a^2\right]\subseteq[a，a^2]$，得 $\dfrac{a^2}{2}\geqslant a$，解得 $a\leqslant0$ 或 $a\geqslant2$，又 $a>1$，所以 $a\geqslant2$. 故 a 的取值范围是 $[2，+\infty)$.

【变式 1-11】 设 $a>1$，若仅有一个常数 C，使得对于任意 $x\in[a，2a]$，都有 $y\in[a，a^2]$ 满足方程 $\log_a x+\log_a y=C$，这时 a 的取值范围是 _____.

变式 1-11 的解答，请读者自行探讨.

【案例 1-17】（2010 年浙江卷）设 $f(x)=\begin{cases}x^2，&|x|\geqslant1,\\x，&|x|<1,\end{cases}$ $g(x)$ 是二次函数，若 $f[g(x)]$ 的值域是 $[0，+\infty)$，则 $g(x)$ 的值域是（　　）.

A. $(-\infty，-1]\cup[1，+\infty)$　　　　B. $(-\infty，-1]\cup[0，+\infty)$

C. $[0，+\infty)$　　　　D. $[1，+\infty)$

【错解】 如图 1-7 所示，要使得 $f(x)$ 的值域是 $[0，+\infty)$，函数的图像应取与 x 轴相交及 x 轴上方的部分，则自变量的取值范围为 $(-\infty，-1]\cup[0，+\infty)$，即内层函数 $g(x)$ 的值域为 $(-\infty，-1]\cup[0，+\infty)$. 故选 B.

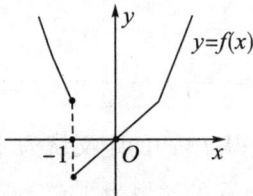

图 1-7

【错因分析】 二次函数的图形特性为二次函数的图像是一条连续曲线. 因此，二次函数的值域为一个连续区间，而不可能是多个不连续区间的并集.

【正解】[1] 如图 1-7 所示，由 $f(x)$ 的图像可知，要使 $f(u)$ 的值域是 $[0，+\infty)$，$u\in$

---

[1]　余小芬，刘成龙. 巧用图形特性解题 [J]. 数理化学习，2018（5）：19-21.

$(-\infty, -1] \cup [0, +\infty)$，而内层函数 $u=g(x)$ 为二次函数．由二次函数的值域为一个连续区间，得 $g(x)$ 的值域为 $[0, +\infty)$．故选 C.

【案例 1-18】 设 x，y 为实数，求函数 $f(x, y)=x^2+y^2+xy-2y-x$ 的最小值．

【错解 1】 函数 $f(x, y)=(x+y)^2-(x+y)-xy-y$ 要取最小值，则 $x+y=0$．将 $x=-y$ 代入 $f(x, y)$，得 $f(x, y)=\left(y-\dfrac{1}{2}\right)^2-\dfrac{1}{4}$．又 $\left(y-\dfrac{1}{2}\right)^2 \geqslant 0$，所以 $f(x, y)$ 的最小值为 $-\dfrac{1}{4}$．

【错解 2】 因为 $x^2+y^2 \geqslant 2xy$，所以 $x^2+y^2+xy-2y-x \geqslant 2xy+xy-2y-x=3xy-2y-x$（当 $x=y$ 时取等号），则当 $x=y$ 时，$3xy-2y-x=3x^2-3x=3\left(x-\dfrac{1}{2}\right)^2-\dfrac{3}{4} \geqslant -\dfrac{3}{4}$．所以 $f(x, y)$ 的最小值为 $-\dfrac{3}{4}$．

【错因分析】 错解 1、2 忽视了取等条件．

【正解 1】 $f(x, y)=x^2+(y-1)x+y^2-2y=\left(x+\dfrac{1}{2}y-\dfrac{1}{2}\right)^2+\dfrac{3}{4}(y-1)^2-1=\dfrac{1}{4}(2x+y-1)^2+\dfrac{3}{4}(y-1)^2-1$，又 $\dfrac{1}{4}(2x+y-1)^2 \geqslant 0$，$\dfrac{3}{4}(y-1)^2 \geqslant 0$，所以当 $x=0$，$y=1$ 时，$f(x, y)$ 的最小值为 -1．

【正解 2】 $f(x, y)=y^2+(x-2)y+x^2-x=\left(y+\dfrac{1}{2}x-1\right)^2+\dfrac{3}{4}x^2-1=\dfrac{1}{4}(2y+x-2)^2+\dfrac{3}{4}x^2-1$，又 $\dfrac{1}{4}(2y+x-2)^2 \geqslant 0$，$\dfrac{3}{4}x^2 \geqslant 0$，所以当 $x=0$，$y=1$ 时，$f(x, y)$ 的最小值为 -1．

【评注】 正解 1、2 采用的方法是配方法，直观地看很突兀，像是神来之笔，如波利亚所说："就像帽子里跳出来的兔子."其实这两种解法的本质是主元法的运用．下面利用主元的思想给出两种比较自然的解法．

【正解 3】 记 $f(x, y)=g(y)=y^2+(x-2)y+x^2-x$，$g(y)=y^2+(x-2)y+x^2-x$ 是关于 y 的二次函数，在对称轴 $y=-\dfrac{x-2}{2}$ 处取得最小值，即 $g(y)=y^2+(x-2)y+x^2-x \geqslant \dfrac{4x^2-4x-(x-2)^2}{4}=\dfrac{3}{4}x^2-1$．显然，当 $x=0$ 时，$\dfrac{3}{4}x^2-1 \geqslant -1$，于是当 $x=0$，$y=1$ 时，$f(x, y)$ 的最小值为 -1．

【正解 4】 记 $f(x, y)=h(x)=x^2+(y-1)x+y^2-2y$，$h(x)=x^2+(y-1)x+y^2-2y$ 是关于 x 的二次函数，在对称轴 $x=\dfrac{1-y}{2}$ 处取得最小值，即 $h(x)=x^2+(y-1)x+y^2-2y \geqslant \dfrac{4(y^2-2y)-(y-1)^2}{4}=\dfrac{3}{4}y^2-\dfrac{3}{2}y-\dfrac{1}{4}$．记 $g(y)=\dfrac{3}{4}y^2-\dfrac{3}{2}y-\dfrac{1}{4}$ 是关于 y 的

二次函数，显然，$g(y)=\dfrac{3}{4}y^2-\dfrac{3}{2}y-\dfrac{1}{4}\geqslant\dfrac{4\times\dfrac{3}{4}\times\left(-\dfrac{1}{4}\right)-\dfrac{9}{4}}{4\times\dfrac{3}{4}}=-1$，即当 $x=0$，$y=1$

时，$f(x,y)$ 的最小值为 -1.

【案例 1-19】 求 $y=\dfrac{x^2+5}{\sqrt{x^2+4}}$ 的最小值.

【错解】 $y=\dfrac{x^2+5}{\sqrt{x^2+4}}=\sqrt{x^2+4}+\dfrac{1}{\sqrt{x^2+4}}\geqslant 2$，$y_{\min}=2$.

【错因分析】 使用均值不等式时，取等条件不成立：$\sqrt{x^2+4}=\dfrac{1}{\sqrt{x^2+4}}$，即 $x^2+4=1$

无解，不能取等号.

【正解】 $y=\dfrac{x^2+5}{\sqrt{x^2+4}}=\sqrt{x^2+4}+\dfrac{1}{\sqrt{x^2+4}}$，设 $\sqrt{x^2+4}=t\geqslant 2$，则 $y=t+\dfrac{1}{t}(t\geqslant 2)$，

由双勾函数的图像，可知 $y=t+\dfrac{1}{t}$ 在 $[2,+\infty)$ 上为增函数，故 $y_{\min}=\dfrac{5}{2}$.

【拓展 1-3】 设 a，b，c，$d>0$，且 $b>\dfrac{a}{cd}$，求 $f(x)=\dfrac{a}{d\sqrt{x^2+b}}+c\sqrt{x^2+b}$ 的最

小值.

【错解】 $f(x)=\dfrac{a}{d\sqrt{x^2+b}}+c\sqrt{x^2+b}\geqslant 2\sqrt{\dfrac{ac}{d}}$，故 $f(x)_{\min}=2\sqrt{\dfrac{ac}{d}}$.

【错因分析】 使用均值不等式时，取等条件不成立：$\dfrac{a}{d\sqrt{x^2+b}}=c\sqrt{x^2+b}$，当 $a=$

$dc(x^2+b)$ 时取等号，解得 $x^2=\dfrac{a}{dc}-b<0$.

【正解】 $f(x)=\dfrac{a}{d\sqrt{x^2+b}}+c\sqrt{x^2+b}=\dfrac{a}{d\sqrt{x^2+b}}+\dfrac{\dfrac{a}{cd}\cdot c}{b}\sqrt{x^2+b}+\dfrac{\left(b-\dfrac{a}{cd}\right)\cdot c}{b}\cdot$

$\sqrt{x^2+b}\geqslant①2\sqrt{\dfrac{a}{bd}\cdot\dfrac{a}{d}}\cdot+\dfrac{\left(b-\dfrac{a}{cd}\right)\cdot c}{b}\cdot\sqrt{x^2+b}\geqslant②\dfrac{2a\sqrt{b}}{bd}+c\sqrt{b}-\dfrac{a\sqrt{b}}{bd}=\dfrac{a\sqrt{b}}{bd}+c\sqrt{b}$，

即 $f(x)\geqslant\dfrac{a\sqrt{b}}{bd}+c\sqrt{b}$. ①②处等号同时成立的条件为 $\begin{cases}\dfrac{a}{d\sqrt{x^2+b}}=\dfrac{\dfrac{a}{cd}\cdot c}{b}\sqrt{x^2+b}，\\ \sqrt{x^2+b}=\sqrt{b}，\end{cases}$ 解得

$x=0$. 故 $f(x)_{\min}=\dfrac{a\sqrt{b}}{bd}+c\sqrt{b}$.

【案例 1-20】 求函数 $f(x)=\dfrac{3}{\cos x}+\dfrac{2}{\sin x}\left(0<x<\dfrac{\pi}{2}\right)$ 的最小值.

【错解】$f(x) = \dfrac{3}{\cos x} + \dfrac{2}{\sin x} \geq 4\sqrt{\dfrac{3}{\sin 2x}} \geq 4\sqrt{3}$，故 $f(x)_{\min} = 4\sqrt{3}$.

【错因分析】两次放缩取等条件不能同时成立：$\begin{cases} \dfrac{3}{\cos x} = \dfrac{2}{\sin x}, \\ \sin 2x = 1, \end{cases}$ 解得 $\begin{cases} \tan x = \dfrac{2}{3}, \\ \sin 2x = 1 \end{cases}$ 不能同时成立.

【正解】[1] $\left(\dfrac{3}{\cos x} + \dfrac{2}{\sin x} \right) \cdot (\sin x + \lambda \cos x) = 2 + 3\lambda + \dfrac{3\sin x}{\cos x} + \dfrac{2\lambda \cos x}{\sin x} \geq_{①} 2 + 3\lambda +$

$2\sqrt{6\lambda} = (\sqrt{2} + \sqrt{3\lambda})^2 \ (\lambda > 0)$，化简得 $\dfrac{3}{\cos x} + \dfrac{2}{\sin x} \geq \dfrac{(\sqrt{2} + \sqrt{3\lambda})^2}{\sin x + \lambda \cos x} \geq_{②} \dfrac{(\sqrt{2} + \sqrt{3\lambda})^2}{\sqrt{1 + \lambda^2}}$，即

$\dfrac{3}{\cos x} + \dfrac{2}{\sin x} \geq \dfrac{(\sqrt{2} + \sqrt{3\lambda})^2}{\sqrt{1 + \lambda^2}}$ ③. ①②处等号同时成立的条件为 $\begin{cases} \dfrac{3\sin x}{\cos x} = \dfrac{2\lambda \cos x}{\sin x}, \\ \dfrac{\sin x}{\cos x} = \dfrac{1}{\lambda}, \end{cases}$ 解得 $\lambda =$

$\sqrt[3]{\dfrac{3}{2}}$，即 $\tan x = \sqrt[3]{\dfrac{2}{3}}$，代入③并化简得 $\dfrac{3}{\cos x} + \dfrac{2}{\sin x} \geq (\sqrt[3]{9} + \sqrt[3]{4})^{\frac{3}{2}}$，于是函数 $f(x) = \dfrac{3}{\cos x} +$

$\dfrac{2}{\sin x} \left(0 < x < \dfrac{\pi}{2} \right)$ 的最小值为 $(\sqrt[3]{9} + \sqrt[3]{4})^{\frac{3}{2}}$，取等条件为 $x = \arctan \sqrt[3]{\dfrac{2}{3}}$.

【评注】正解的关键是构造与 $\dfrac{3}{\cos x} + \dfrac{2}{\sin x}$ 形式"般配"的代数式，再运用均值不等式进行求解. 值得注意的是，两次放缩的取等条件必须同时成立.

运用以上方法容易研究问题"求 $f(x) = \dfrac{3}{\cos x} + \dfrac{2}{\sin x}$ 的最小值"的一般形式.

【拓展 1－4】[2] 函数 $f(x) = \dfrac{a}{\cos x} + \dfrac{b}{\sin x} \left(a, b > 0, 0 < x < \dfrac{\pi}{2} \right)$ 的最小值为

$(\sqrt[3]{a^2} + \sqrt[3]{b^2})^{\frac{3}{2}}$，等号成立的条件为 $\lambda = \sqrt[3]{\dfrac{a}{b}}$，即 $\tan x = \sqrt[3]{\dfrac{b}{a}}$，亦即 $x = \arctan \sqrt[3]{\dfrac{b}{a}}$.

【案例 1－21】若 $x \in \left(0, \dfrac{\pi}{2} \right)$，求 $f(x) = \dfrac{1}{\sin^2 x} + \dfrac{8}{\cos^2 x}$ 的最小值.

【错解 1】$f(x) = \dfrac{1}{\sin^2 x} + \dfrac{8}{\cos^2 x} \geq 2\sqrt{\dfrac{1}{\sin^2 x} \cdot \dfrac{8}{\cos^2 x}} = \dfrac{4\sqrt{2}}{\sin x \cos x} = \dfrac{8\sqrt{2}}{\sin 2x} \geq 8\sqrt{2}$. 故

$f(x)_{\min} = 8\sqrt{2}$.

【错因分析】没有考虑等号成立的条件，等号成立的条件是 $\dfrac{1}{\sin^2 x} = \dfrac{8}{\cos^2 x}$ 且 $\sin 2x = 1$，

即 $\tan x = \dfrac{\sqrt{2}}{4}$ 且 $\sin 2x = 1$ 不能同时成立. 所以 $f(x)_{\min} \neq 8\sqrt{2}$.

---

① 余小芬，刘成龙. 一道竞赛题的另证 [J]. 中学生数学(高中版)，2012 (8)：49.
② 余小芬，刘成龙. 一道竞赛题的另证 [J]. 中学生数学(高中版)，2012 (8)：49.

【错解 2】 $f(x) = \left(\dfrac{1}{\sin^2 x} + \sin^2 x\right) + \left(\dfrac{8}{\cos^2 x} + \cos^2 x\right) - 1 \geqslant 2 + 2\sqrt{8} - 1 = 4\sqrt{2} + 1.$

【错因分析】 没有考虑等号成立的条件，等号成立的条件是 $\dfrac{1}{\sin^2 x} = \sin^2 x$ 且 $\dfrac{8}{\cos^2 x} = \cos^2 x$，即 $\sin^2 x = 1$，$\cos^2 x = 2\sqrt{2}$，这是不能成立的．所以 $f(x)_{\min} \neq 4\sqrt{2} + 1.$

【正解 1】 $f(x) = \dfrac{1}{\sin^2 x} + \dfrac{8}{\cos^2 x} = \csc^2 x + 8\sec^2 x = 1 + \cot^2 x + 8(1 + \tan^2 x) = 9 + \cot^2 x + 8\tan^2 x \geqslant 9 + 2\sqrt{\cot^2 x \cdot 8\tan^2 x} = 9 + 4\sqrt{2}.$ 其中，当 $\cot^2 x = 8\tan^2 x$，即 $\tan^2 x = \dfrac{\sqrt{2}}{4}$ 时，等号成立．所以 $f(x)_{\min} = 9 + 4\sqrt{2}.$

【正解 2】 $f(x) = \left(\dfrac{1}{\sin^2 x} + \lambda \sin^2 x\right) + \left(\dfrac{8}{\cos^2 x} + \lambda \cos^2 x\right) - \lambda \geqslant 2\sqrt{\lambda} + 4\sqrt{2\lambda} - \lambda$（其中 $\lambda > 0$）．等号成立的条件是 $\dfrac{1}{\sin^2 x} = \lambda \sin^2 x$ 且 $\dfrac{8}{\cos^2 x} = \lambda \cos^2 x$，即 $\tan^2 x = \dfrac{\sqrt{2}}{4}$ 且 $\lambda = 9 + 4\sqrt{2} = (2\sqrt{2} + 1)^2$．故 $f(x) \geqslant 2\sqrt{\lambda} + 4\sqrt{2\lambda} - \lambda = 9 + 4\sqrt{2}.$ 所以 $f(x)_{\min} = 9 + 4\sqrt{2}.$

【正解 3】 $f(x) = \dfrac{1}{\sin^2 x} + \dfrac{8}{\cos^2 x} = \left(\dfrac{1}{\sin^2 x} + \dfrac{8}{\cos^2 x}\right)(\sin^2 x + \cos^2 x) = 9 + \dfrac{\cos^2 x}{\sin^2 x} + \dfrac{8\sin^2 x}{\cos^2 x} \geqslant 9 + 4\sqrt{2}.$ 当且仅当 $\dfrac{\cos^2 x}{\sin^2 x} = \dfrac{8\sin^2 x}{\cos^2 x}$，即 $\tan^2 x = \dfrac{\sqrt{2}}{4}$ 时等号成立．所以 $f(x)_{\min} = 9 + 4\sqrt{2}.$

【评注】 在运用基本不等式求最值或范围时，若多次运用基本不等式或其他不等式进行放缩，则一定要注意每次放缩过程中等号成立的条件是否一致．

【案例 1－22】 已知 $x^2 + 2xy \leqslant a(x^2 + y^2)$，对于任意的 $x, y \in \mathbf{R}^+$ 恒成立，求 a 的最小值．

【错解】 由题意 $\dfrac{x^2 + 2xy}{x^2 + y^2} \leqslant a$，当 $x = y$ 时，$a \geqslant \dfrac{3}{2}$，$a_{\min} = \dfrac{3}{2}.$

【错因分析】 滥用取等条件：本案例并非当 $x = y$ 时，取得最小值．

【正解】[①] 由 $x^2 + 2xy \leqslant a(x^2 + y^2)$，得 $\dfrac{x^2 + 2xy}{x^2 + y^2} \leqslant a$，设 $\lambda > 0$，则 $\dfrac{x^2 + 2xy}{x^2 + y^2} \leqslant$

$\dfrac{x^2 + \lambda x^2 + \dfrac{1}{\lambda}y^2}{x^2 + y^2} = \dfrac{(1+\lambda)x^2 + \dfrac{1}{\lambda}y^2}{x^2 + y^2}.$ 令 $1 + \lambda = \dfrac{1}{\lambda}$，得 $\lambda = \dfrac{\sqrt{5}-1}{2}$，于是 $\dfrac{x^2 + 2xy}{x^2 + y^2} \leqslant \dfrac{\sqrt{5}+1}{2}$，即当 $\dfrac{\sqrt{5}+1}{2}x = y$ 时，$a_{\min} = \dfrac{\sqrt{5}+1}{2}.$

【评注】 正解中用到了 $a^2 + b^2 \geqslant 2ab$ 的推广形式：$\lambda a^2 + \dfrac{1}{\lambda}b^2 \geqslant 2ab(\lambda > 0)$，当且仅当

---

① 刘成龙，唐俊，王检利．基本不等式的推广及应用［J］．中学数学研究，2016（2）：18－19．

$\lambda^2 a^2 = b^2$ 时等号成立．这样扩大了取等条件，能有效解决二元函数的最值问题.

【案例 1-23】（2013 年浙大自主招生）已知 $x^2 + 2xy - y^2 = 7(x,\ y \in \mathbf{R})$，求 $x^2 + y^2$ 的最小值.

【正解】[①] 设 $\lambda > 0$，则 $7 = x^2 + 2xy - y^2 \leqslant x^2 - y^2 + \lambda x^2 + \dfrac{1}{\lambda} y^2 = (1 + \lambda) x^2 + \left(\dfrac{1}{\lambda} - 1 \right) y^2$．令 $1 + \lambda = \dfrac{1}{\lambda} - 1$，得 $\lambda = \sqrt{2} - 1$，于是 $7 \leqslant \sqrt{2} (x^2 + y^2)$，故 $x^2 + y^2 \geqslant \dfrac{7\sqrt{2}}{2}$，即当 $(\sqrt{2} - 1)^2 x^2 = y^2$ 时，$(x^2 + y^2)_{\max} = \dfrac{7\sqrt{2}}{2}$.

【案例 1-24】 已知实数 $x,\ y,\ z,\ w \in \mathbf{R}^+$，满足 $x^3 + y^3 + z^3 + w^3 = 1$，求 $-y^3 - 3xyz - 3yzw$ 的最小值.

【错解】 由题意，当 $x = y = z = w = \dfrac{\sqrt[3]{2}}{2}$ 时，$(-y^3 - 3xyz - 3yzw)_{\min} = -\dfrac{7}{4}$.

【错因分析】 同案例 1-22，滥用取等条件.

【正解】[②] 设 $\lambda,\ \mu,\ k,\ l < 0$，则 $-y^3 - 3xyz - 3yzw \geqslant -y^3 + \left(\lambda x^3 - \dfrac{\mu}{\lambda} y^3 + \dfrac{1}{\mu} z^3 \right) + \left(k y^3 - \dfrac{l}{k} z^3 + \dfrac{1}{l} w^3 \right) = \lambda x^3 + \left(-\dfrac{\mu}{\lambda} + k - 1 \right) y^3 + \left(\dfrac{1}{\mu} - \dfrac{l}{k} \right) z^3 + \dfrac{1}{l} w^3$．令 $\lambda = -\dfrac{\mu}{\lambda} + k - 1 = \dfrac{1}{\mu} - \dfrac{l}{k} = \dfrac{1}{l}$，解得 $\begin{cases} \lambda = -2, \\ \mu = -1, \\ k = -\dfrac{1}{2}, \\ l = -\dfrac{1}{2}, \end{cases}$ 得 $-y^3 - 3xyz - 3yzw \geqslant -2$，即当 $4x^3 = y^3 = 2z^3 = 4w^3$ 时，$(-y^3 - 3xyz - 3yzw)_{\min} = -2$.

【评注】[③] 正解中用到了三元均值不等式的推广形式：设 $a,\ b,\ c \in \mathbf{R}^+$，当 $\lambda,\ \mu < 0$ 时，$\lambda a^3 - \dfrac{\mu}{\lambda} b^3 + \dfrac{1}{\mu} c^3 \leqslant -3abc$．当且仅当 $\mu \lambda^2 a^3 = -\mu^2 b^3 = \lambda c^3$ 时，等号成立．这样扩大了取等条件，能有效解决一类多元函数的最值问题.

【案例 1-25】（2011 年上海卷理科第 13 题）设 $g(x)$ 是定义在 $\mathbf{R}$ 上的以 1 为周期的函数，若 $f(x) = x + g(x)$ 在 $[3,4]$ 上的值域为 $[-2,5]$，则 $f(x)$ 在区间 $[-10,10]$ 上的值域为＿＿＿＿＿＿＿＿.

---

① 刘成龙，唐俊，王检利. 基本不等式的推广及应用 [J]. 中学数学研究，2016（2）：18-19.
② 赵凤仪，刘成龙，钟梦圆. 三元重要不等式的推广及应用 [J]. 中学数学研究，2020（7）：34-35.
③ 赵凤仪，刘成龙，钟梦圆. 三元重要不等式的推广及应用 [J]. 中学数学研究，2020（7）：34-35.

【错解】① 当 $x \in [3, 4]$ 时，$-2 \leqslant f(x) \leqslant 5$，又 $-4 \leqslant -x \leqslant -3$，故 $-6 \leqslant f(x) - x \leqslant 2$，即 $g(x)$ 在 $[3, 4]$ 上的值域为 $[-6, 2]$。又 $g(x)$ 是定义在 **R** 上的以 1 为周期的函数，故当 $x \in [n, n+1]$ 时，$g(x) \in [-6, 2]$，得 $x + g(x) = f(x) \in [n-6, n+3]$。特别地，当 $n = -10$ 时，$f(x) \in [-16, -7]$；当 $n = -9$ 时，$f(x) \in [-15, -6]$；…；当 $n = 8$ 时，$f(x) \in [2, 11]$；当 $n = 9$ 时，$f(x) \in [3, 12]$。所以 $f(x)$ 在区间 $[-10, 10]$ 上的值域为 $[-16, -7] \cup [-15, -6] \cup \cdots \cup [2, 11] \cup [3, 12] = [-16, 12]$。

【错因分析】从表面上看该解答思路正确，解法无懈可击，其实该解答是错误的。因为在解答过程中，孤立地看待了 x，$f(x)$，$g(x)$，忽视了这三者之间的联系。事实上，$f(x)$，$g(x)$ 是以 x 为自变量的函数，在 $f(x) = x + g(x)$ 中，每一部分的 x 必须取得相同的值。因此，当 $x \in [3, 4]$ 时，$-2 \leqslant f(x) \leqslant 5$，不能得到 $g(x)$ 在 $[3, 4]$ 上的值域为 $[-6, 2]$。这里可以先任意画出一个定义域为 $[3, 4]$，值域为 $[-2, 5]$ 的 $f(x)$ 函数的图像(图像情况不唯一)，再作出 $g(x)$ 的图像。显然作出的 $f(x)$ 的图像不同，得到的 $g(x)$ 的值域也有所不同，如图 1-8 所示，实线部分表示 $f(x)$ 的图像，虚线部分表示 $g(x)$ 的图像，容易看出 $g(x)$ 在区间 $[3, 4]$ 上的值域为 $[-5, 1]$。同理，"当 $x \in [n, n+1]$ 时，$g(x) \in [-6, 2]$，得 $x + g(x) = f(x) \in [n-6, n+3]$。"这样的解答也是错误的。下面利用整体代入的思想给出案例 1-25 的正确解答。

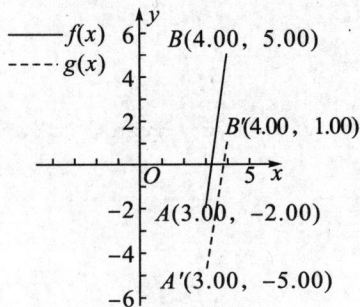

图 1-8

【正解】② 当 $x \in [-10, -9]$ 时，$x + 13 \in [3, 4]$，$f(x+13) = (x+13) + g(x+13) = x + g(x) + 13 = f(x) + 13$，得 $f(x) = f(x+13) - 13 \in [-15, -8]$；同理，当 $x \in [-9, -8]$ 时，$f(x) = f(x+12) - 12 \in [-14, -7]$；当 $x \in [-8, -7]$ 时，$f(x) = f(x+11) - 11 \in [-13, -6]$；…；当 $x \in [8, 9]$ 时，$f(x) = f(x-5) + 5 \in [3, 10]$；当 $x \in [9, 10]$ 时，$f(x) = f(x-6) + 6 \in [4, 11]$。综上，$f(x)$ 在区间 $[-10, 10]$ 上的值域为 $[-15, 11]$。

---

① 余小芬，刘成龙. 对两道分段函数题目的错解分析 [J]. 中学数学研究，2012 (3)：36-38.
② 余小芬，刘成龙. 对两道分段函数题目的错解分析 [J]. 中学数学研究，2012 (3)：36-38.

【案例1-26】 求 $y = \dfrac{x^2 - 2x + 1}{x^2 + x + 1}(0 \leqslant x \leqslant 1)$ 的值域.

【错解】 函数变形为 $(y-1)x^2 + (y+1)x + y - 1 = 0$，因为 $0 \leqslant x \leqslant 1$，所以方程有解.

(1)当 $y = 1$ 时，$2x = 0$，解得 $x = 0$，满足题意；

(2)当 $y \neq 1$ 时，由 $\Delta = (y+1)^2 - 4(y-1)^2 \geqslant 0$，解得 $\dfrac{1}{3} \leqslant y \leqslant 3$.

综上，可知 $\dfrac{1}{3} \leqslant y \leqslant 3$.

【辨析】 函数 $y = f(x)$ 在定义域 D 上的值域 $\Leftrightarrow$ 关于 x 的方程 $f(x) - y = 0$ 在区间 D 上有解的"参数" y 的范围 $\Leftrightarrow$ 函数 $h(x) = f(x) - y$ 在区间 D 上有零点的"参数" y 的范围. $(y-1)x^2 + (y+1)x + y - 1 = 0$ 有解的范围是 $0 \leqslant x \leqslant 1$，而解答中的 $\Delta \geqslant 0$ 是方程在 $\mathbf{R}$ 上有解的必要而非充分条件. $y = \dfrac{x^2 - 2x + 1}{x^2 + x + 1}(0 \leqslant x \leqslant 1)$ 的值域 $\Leftrightarrow (y-1)x^2 + (y+1)x + y - 1 = 0$ 在 $0 \leqslant x \leqslant 1$ 上有解的 y 的范围 $\Leftrightarrow$ 使函数 $h(x) = (y-1)x^2 + (y+1)x + y - 1$ 在 $0 \leqslant x \leqslant 1$ 上有零点的"参数" y 的范围.

【正解】 (1)当 $y = 1$ 时，$h(x) = 2x$ 在 $0 \leqslant x \leqslant 1$ 上有零点，满足题意.

(2)当 $y \neq 1$ 时，$h(x) = (y-1)x^2 + (y+1)x + y - 1$ 在 $0 \leqslant x \leqslant 1$ 上有零点.

①当 $\Delta = 0$ 时，$\Delta = (y+1)^2 - 4(y-1)^2 = 0$，解得 $y = \dfrac{1}{3}$ 或 $y = 3$. 当 $y = \dfrac{1}{3}$ 时，$x = 1 \in [0, 1]$，于是 $y = \dfrac{1}{3}$ 满足条件；当 $y = 3$ 时，$x = -1 \notin [0, 1]$，于是 $y = 3$ 不满足条件.

②当 $\Delta > 0$，即 $\dfrac{1}{3} \leqslant y \leqslant 3$ 时，$h(x)$ 在 $[0, 1]$ 上只有一根，有 $f(0) \cdot f(1) < 0$ 或 $f(0) = 0$ 或 $f(1) = 0$. 解得 $\dfrac{1}{3} < y < 1$，$y = \dfrac{1}{3}$ 或 $y = 1$，综合得 $\dfrac{1}{3} \leqslant y \leqslant 1$.

因为 $h(x)$ 在 $[0, 1]$ 上有两根，所以 $\begin{cases} \Delta > 0, \\ 0 < \dfrac{y+1}{2(y-1)} < 1, \\ (y-1)f(-1) \geqslant 0, \\ (y-1)f(1) \geqslant 0, \end{cases}$ 解得 $y \in \varnothing$.

综上，可知 $\dfrac{1}{3} \leqslant y \leqslant 1$.

【变式1-12】 求 $y = \dfrac{2x^2 + 2x + 3}{x^2 + x + 1}$ 的值域.

【正解】 求 $y = \dfrac{2x^2 + 2x + 3}{x^2 + x + 1}$ 的值域 $\Leftrightarrow (y-2)x^2 + (y-2)x + y - 3 = 0$ 在 $\mathbf{R}$ 上有解的"参数" y 的范围 $\Leftrightarrow$ 使函数 $h(x) = (y-2)x^2 + (y-2)x + y - 3$ 在 $\mathbf{R}$ 上有零点的"参数" y

的范围.

(1)当 $y=2$ 时，$h(x)=-1$，没有零点，于是 $y=2$ 不满足条件；

(2)当 $y\neq2$ 时，由 $\Delta=(y-2)^2-4(y-2)(y-3)\geqslant0$，解得 $y\in\left(2,\dfrac{10}{3}\right]$.

综上，可知 $y\in\left(2,\dfrac{10}{3}\right]$. 故值域为 $\left(2,\dfrac{10}{3}\right]$.

【变式1-13】求 $y=\dfrac{x^2-1}{x^2-2x-3}$ 的值域.

【正解】$(y-1)x^2+(1-2y)x+1-3y=0$.

(1)当 $y=1$ 时，解得 $x=-2$，满足条件；

(2)当 $y\neq1$ 时，原问题$\Leftrightarrow$求使 $(y-1)x^2+(1-2y)x+1-3y=0$ 在 **R** 上有解的"参数" y 的范围$\Leftrightarrow$求函数 $h(x)=(y-1)x^2+(1-2y)x+1-3y$ 在 **R** 上有零点的"参数" y 的范围.

由 $\Delta=(1-2y)^2-4(y-1)(1-3y)\geqslant0$，解得 $y\in\left(-\infty,\dfrac{5-\sqrt5}{8}\right]\cup\left[\dfrac{5+\sqrt5}{8},1\right)\cup(1,+\infty)$.

综上，可知 $y\in\left(-\infty,\dfrac{5-\sqrt5}{8}\right]\cup\left(\dfrac{5+\sqrt5}{8},+\infty\right)$. 故值域为 $\left(-\infty,\dfrac{5-\sqrt5}{8}\right]\cup\left(\dfrac{5+\sqrt5}{8},+\infty\right)$.

【案例1-27】已知二次函数 $f(x)=ax^2+bx$，满足 $2\leqslant f(1)\leqslant4$，$-2\leqslant f(-1)\leqslant3$，则 $f(3)$ 的范围是_____.

【错解】由题意 $2\leqslant a+b\leqslant4$①，$-2\leqslant a-b\leqslant3$②. ①+②：$0\leqslant a\leqslant\dfrac{7}{2}$；①-②：$-\dfrac{1}{2}\leqslant b\leqslant3$. $f(3)=9a+3b$，因为 $0\leqslant9a\leqslant\dfrac{63}{2}$，$-\dfrac{3}{2}\leqslant3b\leqslant9$，所以 $-\dfrac{3}{2}\leqslant9a+3b\leqslant\dfrac{81}{2}$.

【错因分析】a,b 是具有关联的两个变量，不能简单通过加减确定各自的范围. 比如，当 $a=\dfrac{7}{2}$，$b=3$ 时，$a+b=\dfrac{13}{2}$，显然超过了 $a+b\leqslant4$ 的限制.

【正解】设 $f(3)=\lambda f(1)+\mu f(-1)$，即 $9a+3b=\lambda(a+b)+\mu(a-b)$，故 $\begin{cases}\lambda+\mu=9\\\lambda-\mu=3\end{cases}$，得 $\begin{cases}\lambda=6\\\mu=3\end{cases}$，所以 $f(3)=6f(1)+3f(-1)$. 又 $12\leqslant6f(1)\leqslant24$，$-6\leqslant3f(-1)\leqslant9$，于是 $6\leqslant6f(1)+3f(-1)\leqslant33$，即 $6\leqslant f(3)\leqslant33$.

【变式1-14】已知 $1\leqslant x+y\leqslant\dfrac{5}{3}$，$-1\leqslant x-y\leqslant-\dfrac{2}{3}$，则 $3x-2y$ 的范围是_____.

【错解】记 $1\leqslant x+y\leqslant\dfrac{5}{3}$①，$-1\leqslant x-y\leqslant-\dfrac{2}{3}$②. 由①+②，有 $0\leqslant2x\leqslant1$，得 $0\leqslant$

$x \leqslant \dfrac{1}{2}$，于是 $0 \leqslant 3x \leqslant \dfrac{3}{2}$．由②得 $\dfrac{2}{3} \leqslant y-x \leqslant 1$③．由①+③，有 $\dfrac{5}{3} \leqslant 2y \leqslant \dfrac{8}{3}$，得 $-\dfrac{8}{3} \leqslant$

$-2y \leqslant -\dfrac{5}{3}$，所以 $-\dfrac{8}{3} \leqslant 3x-2y \leqslant -\dfrac{1}{6}$．故 $3x-2y$ 的范围是 $\left[-\dfrac{8}{3}, -\dfrac{1}{6}\right]$．

【错因分析】同案例 $1-27$．

【正解 1】设 $3x-2y=m(x+y)+n(x-y)$，即 $3x-2y=(m+n)x+(m-n)y$，故

$\begin{cases} m+n=3, \\ m-n=-2, \end{cases}$ 得 $\begin{cases} m=\dfrac{1}{2}, \\ n=\dfrac{5}{2}, \end{cases}$ 所以 $3x-2y=\dfrac{1}{2}(x+y)+\dfrac{5}{2}(x-y)$．因为 $1 \leqslant x+y \leqslant \dfrac{5}{3}$，

$-1 \leqslant x-y \leqslant -\dfrac{2}{3}$，所以 $\dfrac{1}{2} \leqslant \dfrac{1}{2}(x+y) \leqslant \dfrac{5}{6}$，$-\dfrac{5}{2} \leqslant \dfrac{5}{2}(x-y) \leqslant -\dfrac{5}{3}$，因此 $-2 \leqslant$

$\dfrac{1}{2}(x+y)+\dfrac{5}{2}(x-y) \leqslant -\dfrac{5}{6}$，即 $-2 \leqslant 3x-2y \leqslant -\dfrac{5}{6}$．故 $3x-2y$ 的范围

是 $\left[-2, -\dfrac{5}{6}\right]$．

【正解 2】设目标函数为 $z=3x-2y$，画出 $\begin{cases} 1 \leqslant x+y \leqslant \dfrac{5}{3}, \\ -1 \leqslant x-y \leqslant -\dfrac{2}{3} \end{cases}$ 所表示的线性区域，如

图 $1-9$ 所示，易求得 $A\left(\dfrac{1}{6}, \dfrac{5}{6}\right)$，$B\left(\dfrac{1}{3}, \dfrac{4}{3}\right)$，$C(0, 1)$，$D\left(\dfrac{1}{2}, \dfrac{7}{6}\right)$．当直线经过点

C 时，$z=3x-2y$ 取最小值，为 -2；当直线经过点 D 时，$z=3x-2y$ 取最大值，为

$-\dfrac{5}{6}$．故 $3x-2y$ 的范围是 $\left[-2, -\dfrac{5}{6}\right]$．

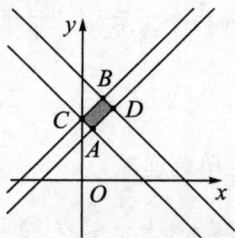

图 $1-9$

【变式 $1-15$】（2009 年大纲卷 Ⅰ 理科第 22 题）设函数 $f(x)=x^3+2bx^2+3cx$ 有两个

极值点 x_1，x_2，且 $x_1 \in [-1, 0]$，$x_2 \in [1, 2]$．

（Ⅰ）求 b，c 满足的约束条件，并在下面的坐标平面内画出满足这些条件的点 (b, c)

的区域；

（Ⅱ）证明：$-10 \leqslant f(x_2) \leqslant -\dfrac{1}{2}$．

【（Ⅰ）的正解】 $f'(x)=3x^2+6bx+3c$，由题意知方程 $f'(x)=0$ 有两个根 x_1，x_2，

且 $x_1 \in [-1, 0]$，$x_2 \in [1, 2]$，则有 $\begin{cases} f'(-1) \geqslant 0, \\ f'(0) \leqslant 0, \\ f'(1) \leqslant 0, \\ f'(2) \geqslant 0, \end{cases}$ 即 $\begin{cases} 2b-c-1 \leqslant 0, \\ c \leqslant 0, \\ 2b+c+1 \leqslant 0, \\ 4b+c+4 \geqslant 0. \end{cases}$ 由线性规划知识，

可知图 1—10 中阴影部分即是满足这些条件的点 (b, c) 的区域.

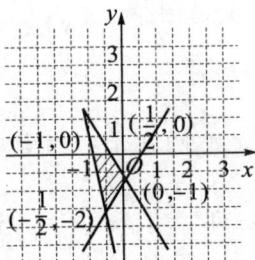

图 1—10

【（Ⅱ）的错解】 由（Ⅰ）可知 $b \in [-1, 0]$，$c \in [-2, 0]$. 由题意 $f'(x_2)=3x_2^2+6bx_2+3c=0$，于是 $c=-x_2^2-2bx_2$，代入 $f(x_2)=x_2^3+2bx_2^2+3cx_2$，得 $f(x_2)=-2x_2^3-3bx_2^2$. 因为 $x_2 \in [1, 2]$，所以 $-2x_2^3 \in [-16, -2]$，$x_2^2 \in [1, 4]$，$-3bx^2 \in [0, 12]$，所以 $-2x_2^3-3bx^2 \in [-16, 10]$，即 $-16 \leqslant f(x_2) \leqslant 10$.

【错因分析】 同案例 1—27.

【（Ⅱ）的正解 1】 由 $f'(x_2)=3x_2^2+6bx_2+3c=0$，得 $3bx_2=-\dfrac{3x_2^2-3c}{2}$，故 $f(x_2)=$

$x_2^3+3bx_2^2+3cx_2=x_2^3+3bx_2 \cdot x_2+3cx_2=-\dfrac{1}{2}x_2^3+\dfrac{3c}{2}x_2$.

令 $g(x)=-\dfrac{1}{2}x^3+\dfrac{3c}{2}x$，$x \in [1, 2]$，$c \in [-2, 0]$，得 $g'(x)=-\dfrac{3}{2}x^2+\dfrac{3c}{2}$，显

然 $g'(x)<0$，即 $g(x)$ 在 $[1, 2]$ 上单调递减，$g(2) \leqslant g(x) \leqslant g(1)$，即 $-4+3c \leqslant g(x) \leqslant$

$-\dfrac{1}{2}+\dfrac{3c}{2}$，又 $-2 \leqslant c \leqslant 0$，所以 $-10 \leqslant -4+3c \leqslant g(x) < -\dfrac{1}{2}+\dfrac{3c}{2} \leqslant -\dfrac{1}{2}$.

所以 $-10 \leqslant f(x_2) \leqslant -\dfrac{1}{2}$.

【（Ⅱ）的正解 2】[①] 易得 $x_1+x_2=-2b$，$x_1x_2=c$，代入 $f(x_2)$，得 $f(x_2)=-\dfrac{1}{2}x_2^3+$

$\dfrac{3}{2}x_2^2x_1$. 令 $g(x)=-\dfrac{1}{2}x_2^3+\dfrac{3}{2}x_2^2x_1$，则 $g(x_1)$ 是关于 x_1 的一次函数且为单调递增函数，

---

① 郭明领，张青. 全国卷Ⅰ（理）第 22 题别解 [J]. 中学数学月刊，2009(8)：13.

故有 $-\dfrac{1}{2}x_2^3-\dfrac{3}{2}x_2^2=g(-1)\leqslant f(x_2)\leqslant g(0)=-\dfrac{1}{2}x_2^3$. 而 $x_2\in[1,2]$，$-\dfrac{1}{2}x_2^3$ 的最大值是 $-\dfrac{1}{2}$，$-\dfrac{1}{2}x_2^3-\dfrac{3}{2}x_2^2$ 的最小值是 -10，所以 $-10\leqslant f(x_2)\leqslant-\dfrac{1}{2}$.

【（Ⅱ）的正解 3】[①] 将 $f(x_2)=x_2^3+3bx_2^2+3cx_2$ 视为关于 (b,c) 的线性函数．令 $g(b,c)=x_2^3+3bx_2^2+3cx_2$ 表示一条直线，其斜率为 $-x_2\in[-2,-1]$．由（Ⅰ）及线性规划，并注意到 $f'(x_2)=3x_2^2+6bx_2+3c=0$，$g(b,c)=x_2^3+3bx_2^2+3cx_2$ 在点 $\left(-\dfrac{1}{2},0\right)$ 处取得最大值，所以 $h(x_2)=x_2^3-\dfrac{3}{2}x_2^2$．由 $f'(x_2)=0$ 知此时 $x_2=1$，故最大值为 $h(1)=-\dfrac{1}{2}$．同理，$g(b,c)=x_2^3+3bx_2^2+3cx_2$ 在点 $\left(-\dfrac{1}{2},-2\right)$ 处取得最小值 -10．

所以 $-10\leqslant f(x_2)\leqslant-\dfrac{1}{2}$.

【（Ⅱ）的正解 4】 对任意固定的 $x_2\in[1,2]$，将 $g(b,c)=x_2^3+3bx_2^2+3cx_2$ 视为关于 (b,c) 的线性函数，在（Ⅰ）中 b，c 满足的约束条件下，在可行域的四个顶点处取得最大值或最小值，$f'(x_2)=3x_2^2+6bx_2+3c=0$.

当 $(b,c)=(-1,0)$ 时，可求得 $x_2=2$，此时 $f(x_2)=x_2^3+3bx_2^2+cx_2=-4$；

当 $(b,c)=\left(-\dfrac{1}{2},0\right)$ 时，可求得 $x_2=1$，此时 $f(x_2)=-\dfrac{1}{2}$；

当 $(b,c)=\left(-\dfrac{1}{2},-2\right)$ 时，可求得 $x_2=2$，此时 $f(x_2)=-10$；

当 $(b,c)=(0,-1)$ 时，可求得 $x_2=1$，此时 $f(x_2)=-2$.

所以 $-10\leqslant f(x_2)\leqslant-\dfrac{1}{2}$.

【变式 1-16】（2007 年大纲卷 Ⅱ 文科第 22 题）已知函数 $f(x)=\dfrac{1}{3}ax^3-bx^2+(2-b)x+1$ 在 $x=x_1$ 处取得极大值，在 $x=x_2$ 处取得极小值，且 $0<x_1<1<x_2<2$.

（Ⅰ）证明：$a>0$；

（Ⅱ）求 $z=a+2b$ 的取值范围．

【解析】（Ⅰ）由函数 $f(x)$ 在 $x=x_1$ 处取得极大值，在 $x=x_2$ 处取得极小值，知 x_1，x_2 是 $f'(x)=0$ 的两个根，所以 $f'(x)=a(x-x_1)(x-x_2)$．当 $x<x_1$ 时，$f(x)$ 为单调递增函数，$f'(x)>0$，由 $x-x_1<0$，$x-x_2<0$，得 $a>0$.

（Ⅱ）由题意，$0<x_1<1<x_2<2$ 等价于 $\begin{cases}f'(0)>0,\\f'(1)<0,\\f'(2)>0,\end{cases}$ 即 $\begin{cases}2-b>0,\\a-2b+2-b<0,\\4a-4b+2-b>0,\end{cases}$ 化简得

[①] 郭明领，张青. 全国卷 Ⅰ（理）第 22 题别解［J］. 中学数学月刊，2009(8)：13.

$$\begin{cases} 2-b<0, \\ a-3b+2<0, \\ 4a-5b+2>0, \end{cases}$$ 如图 1-11 所示，此不等式组表示的区域为平面 aOb 上三条直线 $2-b=$

0，$a-3b+2=0$，$4a-5b+2=0$ 所围成的 $\triangle ABC$ 的内部，且 $\triangle ABC$ 的三个顶点分别为 $A\left(\dfrac{4}{7},\dfrac{6}{7}\right)$，$B(2,2)$，$C(4,2)$．$z$ 在这三点的值依次为 $\dfrac{16}{7}$，6，8，所以 $z\in\left(\dfrac{16}{7},8\right)$．

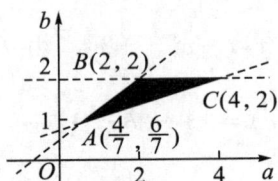

图 1-11

【案例 1-28】求函数 $f(x)=\sqrt{x^2-2x+5}+\sqrt{x^2-10x+26}$ 的值域．

【解析】$f(x)=\sqrt{x^2-2x+5}+\sqrt{x^2-10x+26}=\sqrt{(x-1)^2+(0-2)^2}+$ $\sqrt{(x-5)^2+(0-1)^2}$，易知 $f(x)$ 表示的几何意义是点 $P(x,y)$ 到点 $A(1,2)$ 的距离与点 $P(x,y)$ 到点 $B(5,1)$ 的距离和．如图 1-12 所示，作点 $A(1,2)$ 关于 x 轴的对称点 $A'(1,-2)$，连接 $A'B$ 与 x 轴交于点 P_0，则 $(|PA|+|PB|)_{\min}=|P_0A|+|P_0B|=$ $|P_0A'|+|P_0B|=|A'B|=\sqrt{(5-1)^2+(1+2)^2}=5$，所以 $f(x)$ 有最小值 5．

易知当点 P 向 x 轴两端无限运动时，$(|PA|+|PB|)\to+\infty$，即 $f(x)$ 不存在最大值，故函数值域为 $[5,+\infty)$．

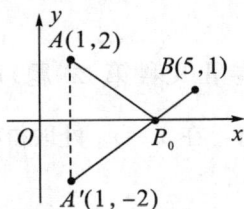

图 1-12

【变式 1-17】求函数 $f(x)=\sqrt{x^2+2x+5}-\sqrt{x^2-2x+10}$ 的值域．

【解析】由 $f(x)=\sqrt{(x+1)^2+2^2}-\sqrt{(x-1)^2+3^2}$，可知 $f(x)$ 的几何意义是动点 $P(x,0)$ 到定点 $A(-1,2)$ 的距离与到定点 $B(1,3)$ 的距离的差．

如图 1-13 所示，作线段 AB 的中垂线 l 交 x 轴于点 C，易求得点 $C\left(\dfrac{5}{4},0\right)$．当 $x=$ $\dfrac{5}{4}$，即点 $P(x,0)$ 与点 $C\left(\dfrac{5}{4},0\right)$ 重合时，$PA=PB$，此时 $f(x)=0$；当 $x<\dfrac{5}{4}$ 时，点

$P(x, 0)$ 在点 $C\left(\dfrac{5}{4}, 0\right)$ 的左边，$PA < PB$，$PB - PA \leqslant AB = \sqrt{5}$，于是 $-\sqrt{5} \leqslant PA - PB < 0$；当 $x > \dfrac{5}{4}$ 时，点 $P(x, 0)$ 在点 $C\left(\dfrac{5}{4}, 0\right)$ 的右边，$PA > PB$，$f(x) > 0$，且 $PA - PB$ 随点 $P(x, 0)$ 离开点 $C\left(\dfrac{5}{4}, 0\right)$ 的距离增大而逐渐增大，当 $PC \to +\infty$ 时，$x \to +\infty$，$y = \lim\limits_{x \to +\infty}(\sqrt{x^2 + 2x + 5} - \sqrt{x^2 - 2x + 2}) = \lim\limits_{x \to +\infty}\left(\dfrac{4x + 3}{\sqrt{x^2 + 2x + 5} + \sqrt{x^2 - 2x + 2}}\right) = 2$，即 $0 < y < 2$，得 $[-\sqrt{5}, 2)$.

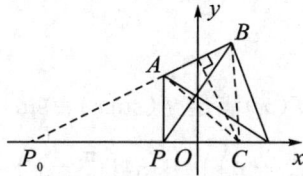

图 1-13

第四节　表达式中的易错问题

【案例 1-29】已知函数 $y=f(x)$ 满足 $f(\sin x)=\sin 4x$，则 $f(\cos x)=$ _____.

【正解 1】$f(\cos x)=f\left(\sin\left(\dfrac{\pi}{2}-x\right)\right)=\sin 4\left(\dfrac{\pi}{2}-x\right)=\sin(2\pi-4x)=-\sin 4x.$

【正解 2】$f(\cos x)=f\left(\sin\left(\dfrac{\pi}{2}+x\right)\right)=\sin 4\left(\dfrac{\pi}{2}+x\right)=\sin(2\pi+4x)=\sin 4x.$

本案例出现了两种不同的答案，这是为什么呢？不难发现，$f\left(\sin\dfrac{\pi}{3}\right)=\sin\dfrac{4\pi}{3}=-\dfrac{\sqrt{3}}{2}$，$f\left(\sin\dfrac{2\pi}{3}\right)=\sin\dfrac{8\pi}{3}=\sin\dfrac{2\pi}{3}=\dfrac{\sqrt{3}}{2}$，而 $\sin\dfrac{\pi}{3}=\sin\dfrac{2\pi}{3}=\dfrac{\sqrt{3}}{2}$，$f:\dfrac{\sqrt{3}}{2}\to\pm\dfrac{\sqrt{3}}{2}$，即 $\dfrac{\sqrt{3}}{2}$ 在 f 作用下有两个象 $\dfrac{\sqrt{3}}{2}$ 或 $-\dfrac{\sqrt{3}}{2}$，显然 $y=f(x)$ 不构成函数. 这是一道错题，读者可对其进行优化.

【案例 1-30】已知 $f(x+y)=f(x)+5(x-y+1)$，且 $f(0)=2$，求 $f(x)$ 的解析式.

【正解 1】取 $y=0$，得 $f(x)=f(0)+5(x+1)$，即 $f(x)=f(0)+5(x+1)$，因为 $f(0)=2$，所以 $f(x)=5x+7.$

【正解 2】取 $x=0$，得 $f(y)=f(0)+5(0-y+1)$，即 $f(y)=f(0)+5(-y+1)$，因为 $f(0)=2$，所以 $f(y)=-5y+7$，故 $f(x)=-5x+7.$

本案例出现了两种不同的答案，这是为什么呢？不难发现，对于 $f(x)=5x+7$，有 $f(0)=7\neq2$；对于 $f(x)=-5x+7$，有 $f(0)=7\neq2$. 显然，这是一道错题，$f(0)=2$ 是一个错误的条件.

【案例 1-31】(2014 年潍坊二模数学理科第 10 题)已知定义在 $\mathbf{R}$ 上的函数 $y=f(x)$ 对任意的 x 满足 $f(x+1)=-f(x)$，当 $-1\leqslant x\leqslant1$ 时，$f(x)=x^3$. 函数 $g(x)=\begin{cases}|\log_a x|,\ x>0,\\ -\dfrac{1}{x},\ x<0.\end{cases}$ 若函数 $h(x)=f(x)-g(x)$ 在 $[6,+\infty)$ 上有 6 个零点，则实数 a 的取值范围是(　　).

A. $\left(0,\ \dfrac{1}{7}\right)\cup(7,\ +\infty)$　　　　　　　B. $\left[\dfrac{1}{9},\ \dfrac{1}{7}\right)\cup(7,\ 9]$

C. $\left[\dfrac{1}{9},\ 1\right)\cup(1,\ 9]$　　　　　　　　D. $\left(\dfrac{1}{9},\ \dfrac{1}{7}\right]\cup[7,\ 9)$

【分析】这是一个错题，因为若取 $x=0$，由 $f(x+1)=-f(x)$，得 $f(1)=-f(0)$，又当 $-1\leqslant x\leqslant 1$ 时，$f(x)=x^3$，即 $f(0)=0$，所以 $f(1)=-f(0)=0$，而 $f(1)=1^3=1$，矛盾.

对于本案例的修正，读者可以尝试.

【案例 1-32】设函数 $f(x)=\ln(1+x)$，$g(x)=xf'(x)$，$x\geqslant 0$，其中 $f'(x)$ 是 $f(x)$ 的导函数. 令 $g_1(x)=g(x)$，$g_{n+1}(x)=g(g_n(x))$，$n\in\mathbf{N}^*$，求 $g_n(x)$ 的表达式.

【错解】由题意得 $g(x)=\dfrac{x}{1+x}\ (x\geqslant 0)$，故 $g_1(x)=\dfrac{x}{1+x}$，$g_2(x)=g(g_1(x))=$

$\dfrac{\dfrac{x}{1+x}}{1+\dfrac{x}{1+x}}=\dfrac{x}{1+2x}$，$g_3(x)=\dfrac{x}{1+3x}$，…，于是 $g_n(x)=\dfrac{x}{1+nx}$.

【错因分析】错解中用的方法是不完全归纳法，属于合情推理，其结果具有偶然性，结果可能正确，也可能错误，需要对结果加以证明.

【正解】由题意得 $g(x)=\dfrac{x}{1+x}\ (x\geqslant 0)$，故 $g_1(x)=\dfrac{x}{1+x}$，$g_2(x)=g(g_1(x))=$

$\dfrac{\dfrac{x}{1+x}}{1+\dfrac{x}{1+x}}=\dfrac{x}{1+2x}$，$g_3(x)=\dfrac{x}{1+3x}$，…，于是猜想：$g_n(x)=\dfrac{x}{1+nx}$.

下面用数学归纳法证明：

①当 $n=1$ 时，$g_1(x)=\dfrac{x}{1+x}$，结论成立.

②假设当 $n=k$ 时，结论成立，即 $g_k(x)=\dfrac{x}{1+kx}$，那么，当 $n=k+1$ 时，$g_{k+1}(x)=$

$g(g_k(x))=g\left(\dfrac{x}{1+kx}\right)=\dfrac{\dfrac{x}{1+kx}}{1+\dfrac{x}{1+kx}}=\dfrac{x}{1+(k+1)x}$，结论成立.

综合①②，$g_n(x)=\dfrac{x}{1+nx}$ 对任意 $n\in\mathbf{N}^*$ 成立.

第二章
函数性质中的易错问题

第一节　单调性中的易错问题

【**案例 2-1**】求 $f(x)=\dfrac{1}{x}$ 的单调区间.

【**错解**】$f(x)$ 的单调递减区间为 $(-\infty,\,0)\cup(0,\,+\infty)$.

【**错因分析**】多个单调区间用"或"或","连接,一般不用"$\cup$".这是因为单调性是一个局部概念,即在定义域的某个小区间上定义增函数或减函数.函数在各个小区间单调递增(或单调递减),但在小区间并起来的大范围上未必单调递增(或单调递减).当然,如果在并起来的大范围上函数还是单调递增(或单调递减),这个时候也可以把各个区间用"$\cup$"连接.本案例中函数在 $(-\infty,\,0)$ 和 $(0,\,+\infty)$ 上单调递减,但是在并起来的大范围 $(-\infty,\,0)\cup(0,\,+\infty)$ 上,$f(x)=\dfrac{1}{x}$ 并不是单调递减的,比如,取 $x_1=-1$,$x_2=1$,有 $x_1<x_2$,但是 $f(x_1)=-1<f(x_2)=1$,这与函数单调递减相矛盾.

【**正解**】$f(x)$ 的单调递减区间为 $(-\infty,\,0)$,$(0,\,+\infty)$.

【**案例 2-2**】求 $f(x)=\log_{\frac{1}{2}}(-2x^2+5x+3)$ 的单调区间.

【**错解**】令 $\mu(x)=-2x^2+5x+3$,则 $y=\log_{\frac{1}{2}}\mu(x)$,根据复合函数单调区间的求解法则可知,求 $f(x)$ 的单调递减区间,需求 $\mu(x)$ 的单调递增区间.因为 $\mu(x)$ 的单调递增区间为 $\left(-\infty,\,\dfrac{5}{2}\right]$,所以 $f(x)$ 的单调递减区间为 $\left(-\infty,\,\dfrac{5}{2}\right]$.

【**错因分析**】错解忽视了 $\mu(x)$ 的取值范围,$\mu(x)$ 处于真数的位置,必须要求 $\mu(x)>0$.

【**正解**】令 $\mu(x)=-2x^2+5x+3$,则 $y=\log_{\frac{1}{2}}\mu(x)$,要求 $f(x)$ 的单调递减区间,则需求 $\mu(x)$ 的单调递增区间,易得 $\mu(x)$ 的单调递增区间为 $\left(-\infty,\,\dfrac{5}{2}\right]$.又因为 $\mu(x)$ 的"身份"是真数,所以 $\mu(x)>0$,即 $-2x^2+5x+3>0$,解得 $-\dfrac{1}{2}<x<3$.综合起来,$f(x)$ 的单调递减区间为 $\left(-\dfrac{1}{2},\,\dfrac{5}{2}\right]$.

【变式2-1】 已知 $f(x)=\lg[x^2+(a-1)x+1]$ 在 $(-\infty,-1]$ 上是单调递减函数，求 a 的取值范围.

【错解】 令 $\mu(x)=x^2+(a-1)x+1$，则 $y=\lg\mu(x)$ 在 $(-\infty,-1]$ 上是单调递减函数，故 $\mu(x)$ 在 $(-\infty,1]$ 上是单调递减函数，所以 $\frac{1-a}{2}\geqslant-1$，解得 $a\leqslant3$，所以 a 的取值范围为 $(-\infty,3]$.

【错因分析】 同案例2-2.

【正解】 令 $\mu(x)=x^2+(a-1)x+1$，则 $y=\lg\mu(x)$ 在 $(-\infty,-1]$ 上是单调递减函数，故 $\mu(x)$ 在 $(-\infty,-1]$ 上是单调递减函数，所以 $\frac{1-a}{2}\geqslant-1$，解得 $a\leqslant3$，所以 a 的取值范围为 $(-\infty,3]$. 又因为 $\mu(x)$ 的"身份"是真数，所以在 $(-\infty,-1]$ 上恒有 $\mu(x)>0$，于是 $\mu(x)_{\min}>0$. 由题意有 $\mu(-1)_{\min}>0$，即 $1-a+1+1>0$，解得 $a<3$. 综合起来，$f(x)$ 的单调递减区间为 $(-\infty,3)$.

【案例2-3】 已知函数 $f(x)=ax^3+3x^2-x+1$ 在 $\mathbf{R}$ 上是减函数，求 a 的取值范围.

【错解】 由题意得 $f'(x)<0$，即 $3ax^2+6x-1<0$ 在 $\mathbf{R}$ 上恒成立，故 $\begin{cases}a<0,\\\Delta<0,\end{cases}$ 即 $\begin{cases}a<0,\\36+12a<0,\end{cases}$ 解得 $a<-3$.

【错因分析】 当 $f'(x)<0$ 时，$f(x)$ 是减函数，但反之并不尽然. 也就是说，$f'(x)<0$ 仅为 $f(x)$ 是减函数的充分不必要条件，比如，$f(x)=-x^3$ 是 $\mathbf{R}$ 上的减函数，但 $f'(x)=-3x^2$ 并不恒小于 0，而是 $f'(x)\leqslant0$.

【正解】 易得 $f'(x)=3ax^2+6x-1$.

(1)当 $a<-3$ 时，由 $f'(x)<0$ 对 $x\in\mathbf{R}$ 恒成立，可知 $f(x)$ 在 $\mathbf{R}$ 上是减函数.

(2)当 $a=-3$ 时，$f(x)=-3x^3+3x^2-x+1=-3\left(x-\frac{1}{3}\right)^3+\frac{8}{9}$. $f'(x)=-9x^2+6x-1=-(3x-1)^2\leqslant0$，所以 $f(x)$ 在 $\mathbf{R}$ 上是减函数.

综上，a 的取值范围为 $(-\infty,-3]$.

【案例2-4】 已知 $f(x)=\begin{cases}(3a-1)x+4a,&x<1,\\\log_ax,&x\geqslant1\end{cases}$ 在 $(-\infty,+\infty)$ 上是减函数，那么 a 的取值范围是（　　）.

A.$(0,1)$ 　　　B.$\left(0,\frac{1}{3}\right)$ 　　　C.$\left[\frac{1}{7},\frac{1}{3}\right)$ 　　　D.$\left[\frac{1}{7},1\right)$

【错解】 由题意得 $y=(3a-1)x+4a\,(x<1)$ 为减函数，且 $y=\log_ax\,(x\geqslant1)$ 为减函数，所以 $3a-1<0$ 且 $0<a<1$，解得 $0<a<\frac{1}{3}$. 故选 B.

【错因分析】 分段函数为减函数应该满足两个条件：①每一段函数在各自定义域中为

减函数；②第一段函数的最小值大于等于第二段函数的最大值. 本案例中错解仅仅考虑了第一个条件，忽视了第二个条件.

【正解】由题意得 $\begin{cases}(3a-1)<0,\\0<a<\dfrac{1}{3},\\(3a-1)\times 1+4a\geqslant\log_a 1,\end{cases}$ 解得 $\dfrac{1}{7}\leqslant a<\dfrac{1}{3}$. 故选 C.

【变式 2-2】已知函数 $f(x)=\begin{cases}e^{x+a}+a,\ x<0,\\3x^2-2ax+1,\ x\geqslant 0\end{cases}$（e 为自然对数的底数）. 若函数 $f(x)$ 在定义域上单调递增，求实数 a 的取值范围.

【错解】因为 $y=3x^2-2ax+1(x\geqslant 0)$ 在定义域上单调递增，所以 $\dfrac{a}{3}\leqslant 0$，得 $a\leqslant 0$. 又因为 $y=e^{x+a}+a(x<0)$ 在定义域上单调递增，所以 $a\leqslant 0$. 要使得函数 $f(x)$ 在定义域上单调递增，需要满足 $e^{0+a}+a<3\times 0^2-2a\times 0+1$，解得 $a<0$.

综上，实数 a 的取值范围为 $(-\infty,0)$.

【错因分析】第一段函数的最小值应大于等于第二段函数的最大值. 错解中仅仅考虑了第一段函数的最小值大于第二段函数的最大值.

【正解】因为 $y=3x^2-2ax+1(x\geqslant 0)$ 在定义域上单调递增，所以 $\dfrac{a}{3}\leqslant 0$，得 $a\leqslant 0$. 又因为 $y=e^{x+a}+a(x<0)$ 在定义域上单调递增，所以 $a\leqslant 0$. 要使得函数 $f(x)$ 在定义域上单调递增，需要满足 $e^{0+a}+a\leqslant 3\times 0^2-2a\times 0+1$，解得 $a\leqslant 0$.

综上，实数 a 的取值范围为 $(-\infty,0]$.

【变式 2-3】已知函数 $f(x)=\begin{cases}x^3+16x,\ x\geqslant 0,\\16x-x^2,\ x<0.\end{cases}$ 若 $f(3-m^2)>f(2m)$，则实数 m 的取值范围是（ ）.

A. $(-\infty,-3)\cup(1,+\infty)$ B. $(-3,1)$
C. $(-1,3)$ D. $(-\infty,-1)\cup(3,+\infty)$

【易错方法分析】（1）当 $\begin{cases}3-m^2>2m,\\2m\geqslant 0\end{cases}$ 时，由 $f(3-m^2)>f(2m)$，得 $(3-m)^3+16(3-m)>(2m)^3+16\times 2m$.

（2）当 $\begin{cases}3-m^2\geqslant 0,\\2m<0\end{cases}$ 时，由 $f(3-m^2)>f(2m)$，得 $(3-m)^3+16(3-m)>16\times 2m-(2m)^2$.

（3）当 $\begin{cases}3-m^2<0,\\2m\geqslant 0\end{cases}$ 时，由 $f(3-m^2)>f(2m)$，得 $16\times(3-m^2)-(3-m^2)^2>(2m)^3+16\times 2m$.

(4) 当 $\begin{cases} 3-m^2 < 0, \\ 2m < 0 \end{cases}$ 时，由 $f(3-m^2) > f(2m)$，得 $16 \times (3-m^2) - (3-m^2)^2 > 16 \times 2m - (2m)^2$.

【易错原因】分类过多，计算烦琐.

【解析】如图 2-1 所示，$f(x)$ 在 **R** 上单调递增，又由 $f(3-m^2) > f(2m)$，得 $3-m^2 > 2m$，解得 $-3 < m < 1$. 故选 B.

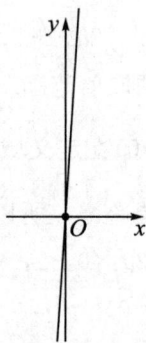

图 2-1

【变式 2-4】已知 $f(x) = \begin{cases} \log_3 x, & x > 0, \\ \log_{\frac{1}{3}}(-x), & x < 0, \end{cases}$ 若 $f(m) > f(-m)$，求 m 的取值范围.

【错解】$y = \log_3 x$ 为 $(0, +\infty)$ 上的增函数，$y = \log_{\frac{1}{3}}(-x)$ 为 $(-\infty, 0)$ 上的增函数，所以 $f(x)$ 在 **R** 上单调递增，故 $m > -m$，解得 $m > 0$.

【易错原因】$y = \log_3 x$ 为 $(0, +\infty)$ 上的增函数，$y = \log_{\frac{1}{3}}(-x)$ 为 $(-\infty, 0)$ 上的增函数，但 $f(x)$ 在 **R** 上未必单调递增.

【解析】当 $m > 0$ 时，由 $f(m) > f(-m)$，得 $\log_3 m > \log_{\frac{1}{3}} m$，解得 $m > 1$；

当 $m < 0$ 时，由 $f(m) > f(-m)$，得 $\log_3(-m) < \log_{\frac{1}{3}}(-m)$，解得 $m < -1$.

【案例 2-5】[①] (1) 已知 $f(x) = \begin{cases} (3-a)x, & x \leqslant 3, \\ a^{x-2}, & x > 3, \end{cases}$ 若对 $\forall x, y \in \mathbf{R}\,(x \neq y)$ 都有 $\dfrac{f(x)-f(y)}{x-y} > 0$，求 a 的取值范围；

(2) 已知数列 $\{a_n\}$ 满足 $a_n = \begin{cases} (3-a)n, & n \leqslant 3, \\ a^{n-2}, & n > 3 \end{cases}$ $(n \in \mathbf{N}^+)$，且对 $\forall m, n \in \mathbf{N}^+\,(m \neq n)$ 都有 $\dfrac{a_n - a_m}{n - m} > 0$，求 a 的取值范围.

【辨析】数列是特殊的函数，即自变量为正整数，图像为一些孤立的散点. 数列的独

---

① 刘成龙，余小芬，杨坤林. "形同质异" 的函数问题辨析（下）[J]. 理科考试研究，2017（8）：13-16.

特性使得数列的单调性与函数的单调性有较大差异. 分段函数为递增函数需要满足：①左支、右支均为递增函数；②左支的最大值小于等于右支的最小值. 而分段数列为递增数列需要满足：①左支、右支均为递增数列；②左支的最大项小于右支的最小项.

【正解】(1)由题意 $f(x)$ 为递增函数，故 $\begin{cases} 3-a>0, \\ a>1, \\ 3(3-a)\leqslant a^{3-2}, \end{cases}$ 解得 $a\in\left[\dfrac{9}{4},\ 3\right)$.

(2)由题意数列 $\{a_n\}$ 为递增数列，故 $\begin{cases} 3-a>0, \\ a>1, \\ a_3<a_4, \end{cases}$ 即 $\begin{cases} 3-a>0, \\ a>1, \\ 3(3-a)<a^{4-2}, \end{cases}$ 解得

$a\in\left(1,\ \dfrac{-3+3\sqrt{5}}{2}\right)$.

【案例 2-6】[1] 已知 $f(x)=x^2-2(a-1)x+2$.

(1)若 $f(x)$ 在 $(-\infty,\ -4]$ 上单调递减，求 a 的取值范围；

(2)若 $f(x)$ 的单调递减区间为 $(-\infty,\ -4]$，求 a 的值.

【辨析】$f(x)$ 的单调递减(单调递增)区间为 M 指 $f(x)$ 所有递减(递增)区间的并集为 M，即最大的递减(递增)区间为 M，$f(x)$ 在 M 的任意子区间都是递减(单调递增)函数；$f(x)$ 在区间 N 上单调递减(单调递增)仅仅表示 N 为最大递减(递增)区间 M 的一个子集，即 $N\subseteq M$.

【正解】$f(x)=x^2-2(a-1)x+2$ 的对称轴为 $x=a-1$，得 $f(x)$ 的减区间为 $(-\infty,\ a-1]$.

(1)由题意得 $(-\infty,\ -4]\subseteq(-\infty,\ a-1]$，故 $-4\leqslant a-1$，解得 $a\in[-3,\ +\infty)$；

(2)由题意得 $(-\infty,\ -4]=(-\infty,\ a-1]$，故 $-4=a-1$，解得 $a=-3$.

【变式 2-5】(1)设 $f(x)=x^2-(3a-1)x+a^2$ 在 $[1,\ +\infty)$ 上为单调递增函数，求 a 的取值范围.

(2)设 $f(x)=x^2-(3a-1)x+a^2$ 的单调区间为 $[1,\ +\infty)$，求 a 的值.

【错解】由(1)(2)题意得 $\dfrac{3a-1}{2}\leqslant 1$，解得 $a\leqslant 1$，故 a 的取值范围为 $(-\infty,\ 1]$.

【错因分析】(2)的解答是错误的，错误的原因是混淆了单调区间和在区间上单调这两个概念.

【正解】$\dfrac{3a-1}{2}=1$，则 $a=1$.

【案例 2-7】[2] (1)若函数 $g(x)=\dfrac{e^x}{x^2+k}$ 在区间 $(2,3)$ 上不单调，求 k 的取值范围；

① 刘成龙，余小芬，杨坤林. "形同质异"的函数问题辨析(下)[J]. 理科考试研究，2017 (8)：13-16.
② 刘成龙，余小芬，杨坤林. "形同质异"的函数问题辨析(下)[J]. 理科考试研究，2017 (8)：13-16.

(2)若定义在区间$(2,3)$上的函数$g(x)=\dfrac{\mathrm{e}^x}{x^2+k}$不单调，求$k$的取值范围.

【辨析】函数在区间A上不单调可以理解为：①函数在区间A的每点处都没有定义或函数在区间A的一些点处没有定义，即区间A上存在一些间断点，此时函数在区间A上不单调；②函数在区间A上有定义，但不单调. 定义在区间A上的函数不单调是指函数在区间A上有定义，但不单调.

【正解】(1)①若$x^2+k=0$，即$k=-x^2\in(-9,-4)$时，函数在$(2,3)$上不单调，符合题意；

②若$x^2+k\neq0$，即$k\neq-x^2\in(-9,-4)$时，$g'(x)=\dfrac{\mathrm{e}^x(x^2-2x+k)}{(x^2+k)^2}$，因为$g(x)=\dfrac{\mathrm{e}^x}{x^2+k}$在区间$(2,3)$上不单调，故$g'(x)=\dfrac{\mathrm{e}^x(x^2-2x+k)}{(x^2+k)^2}=0$在区间$(2,3)$内有根，且不能有两个相等的根，令$x^2-2x+k=0$，则$\begin{cases}2-4+k<0,\\9-6+k>0,\end{cases}$解得$-3<k<0$.

综合①②，得$k\in(-9,-4)\cup(-3,0)$.

(2)$g'(x)=\dfrac{\mathrm{e}^x(x^2-2x+k)}{(x^2+k)^2}$，因为函数$g(x)=\dfrac{\mathrm{e}^x}{x^2+k}$在区间$(2,3)$上不单调，故$g'(x)=\dfrac{\mathrm{e}^x(x^2-2x+k)}{(x^2+k)^2}$在区间$(2,3)$内有根，且不能有两个相等的根. 令$g'(x)=\dfrac{\mathrm{e}^x(x^2-2x+k)}{(x^2+k)^2}=0$，有$x^2-2x+k=0$，则$\begin{cases}2-4+k<0,\\9-6+k>0,\end{cases}$解得$-3<k<0$. 故$k\in(-3,0)$.

【案例2-8】设函数$f(x)=\dfrac{ax+2}{x+3a}$在区间$(-2,+\infty)$上是增函数，求实数a的取值范围.

【错解】由题意$f'(x)=\dfrac{3a^2-2}{(x+3a)^2}\geqslant0$在$(-2,+\infty)$上恒成立，解得$a\geqslant\dfrac{\sqrt{6}}{3}$或$a\leqslant-\dfrac{\sqrt{6}}{3}$.

【错因分析】错解忽视了分母在$(-2,+\infty)$恒不为0.

【正解】由题意$f'(x)=\dfrac{3a^2-2}{(x+3a)^2}\geqslant0$在$(-2,+\infty)$上恒成立，解得$a\geqslant\dfrac{\sqrt{6}}{3}$或$a\leqslant-\dfrac{\sqrt{6}}{3}$. 又因为$x+3a$在$(-2,+\infty)$上恒不为0，且$y=x+3a$在$(-2,+\infty)$上为增函数，故$-2+3a\geqslant0$，得$a\geqslant\dfrac{2}{3}$.

综上，可得$a\geqslant\dfrac{\sqrt{6}}{3}$.

【案例 2－9】函数 $f(x)=\log_{(3-x)}(2+x)$，那么以下哪一个区间是它的递减区间？（　　）

A. $(-\infty,\ -2)$ B. $(2,\ 3)$ C. $(-\infty,\ 2)$ D. $(-2,\ +\infty)$

【错解】令 $\mu(x)=2+x$，$\lambda(x)=3-x$，显然 $\mu(x)$ 为增函数，要使得 $f(x)$ 为减函数，则只需 $0<3-x<1$，即 $2<x<3$，故选 B.

【错因分析】错解中使用了复合函数的单调性，但复合函数 $f(x)=\log_{\lambda(x)}\mu(x)$ 并非"对数函数"，不适用于对数函数的增减性法则.

【正解】$f(x)=\log_{(3-x)}(2+x)$ 的定义域为 $(-2,\ 2)\cup(2,\ 3)$，令 $f(x)=\dfrac{\ln(2+x)}{\ln(3-x)}$，则 $f'(x)=\dfrac{(3-x)\ln(3-x)+(2+x)\ln(2+x)}{(2+x)(3-x)\ln^2(3-x)}$，显然 $(2+x)(3-x)\ln^2(3-x)>0$，令 $\mu(x)=(3-x)\ln(3-x)+(2+x)\ln(2+x)$，下面讨论 $\mu(x)$ 在不同区间上的正负，$\mu'(x)=\ln(2+x)-\ln(3-x)=\ln\dfrac{2+x}{3-x}$.

(1)当 $x\in(2,\ 3)$ 时，$\mu'(x)=\ln\dfrac{2+x}{3-x}>0$，$\mu(x)$ 在 $(2,\ 3)$ 上为增函数，有 $\mu(x)>\mu(2)=\ln4>0$，于是 $f(x)$ 在 $(2,\ 3)$ 上为增函数.

(2)当 $x\in\left(\dfrac{1}{2},\ 2\right)$ 时，$\dfrac{2+x}{3-x}>1$，有 $\mu'(x)=\ln\dfrac{2+x}{3-x}>0$，$\mu(x)$ 在 $\left(\dfrac{1}{2},\ 2\right)$ 上为增函数，有 $\mu(x)>\mu\left(\dfrac{1}{2}\right)=\ln1=0$，于是 $f(x)$ 在 $\left(\dfrac{1}{2},\ 2\right)$ 上为增函数.

(3)当 $x\in\left(-2,\ \dfrac{1}{2}\right)$ 时，$0<\dfrac{2+x}{3-x}<1$，有 $\mu'(x)=\ln\dfrac{2+x}{3-x}<0$，$\mu(x)$ 在 $\left(-2,\ \dfrac{1}{2}\right)$ 上为减函数，有 $\mu(x)>\mu\left(\dfrac{1}{2}\right)=\ln1=0$，于是 $f(x)$ 在 $\left(-2,\ \dfrac{1}{2}\right)$ 上为增函数.

综上，$f(x)=\log_{(3-x)}(1+x)$ 在 $(-2,\ 2)$ 和 $(2,\ 3)$ 上均为增函数.

显然，本案例无选项，是一个错题.

第二节　奇偶性中的易错问题

【案例 2-10】判断 $f(x)=\dfrac{\sqrt{1-x^2}}{|x+2|-2}$ 的奇偶性.

【错解】因为 $f(-x)=\dfrac{\sqrt{1-x^2}}{|-x+2|-2}\neq\dfrac{\sqrt{1-x^2}}{|x+2|-2}=f(x)$，$f(-x)=\dfrac{\sqrt{1-x^2}}{|-x+2|-2}\neq$

$-\dfrac{\sqrt{1-x^2}}{|x+2|-2}=-f(x)$，所以 $f(x)$ 为非奇非偶函数.

【错因分析】错解忽视了定义域优先原则，且直观感觉 $f(-x)\neq f(x)$，$f(-x)\neq$ $-f(x)$.

【正解】由题意 $\begin{cases}1-x^2\geqslant 0,\\ |x+2|-2\neq 0,\end{cases}$ 解得 $x\notin[-1,0)\cup(0,1]$. 于是 $f(x)=$

$\dfrac{\sqrt{1-x^2}}{|x+2|-2}=\dfrac{\sqrt{1-x^2}}{x+2-2}=\dfrac{\sqrt{1-x^2}}{x}$，$f(-x)=\dfrac{\sqrt{1-x^2}}{|-x+2|-2}=\dfrac{\sqrt{1-x^2}}{-x+2-2}=\dfrac{\sqrt{1-x^2}}{-x}$. 所以

$f(-x)=f(x)$，故 $f(x)$ 为奇函数.

【变式 2-6】判断函数 $f(x)=\sqrt{2-x}+\sqrt{x-2}$ 的奇偶性.

【错解】因为 $\begin{cases}2-x\geqslant 0,\\ x-2\geqslant 0,\end{cases}$ 解得 $x=2$，所以 $f(x)=0$，故 $f(x)=\sqrt{2-x}+\sqrt{x-2}$ 既是

奇函数，又是偶函数.

【错因分析】错解忽视了定义域优先原则.

【正解】因为 $\begin{cases}2-x\geqslant 0,\\ x-2\geqslant 0,\end{cases}$ 解得 $x=2$，所以 $f(x)=0(x=2)$. 显然，定义域不关于原点

对称，所以 $f(x)=\sqrt{2-x}+\sqrt{x-2}$ 为非奇非偶函数.

【变式 2-7】判断函数 $f(x)=\sqrt{4-x^2}+\sqrt{x^2-4}$ 的奇偶性.

【案例 2-11】已知 $D(x)=\begin{cases}1,\ x\ \text{为有理数},\\ 0,\ x\ \text{为无理数},\end{cases}$ 则 $D(x)($　　　$)$.

A. 是奇函数　　　　　　　　　　　B. 是偶函数

C. 是非奇非偶函数　　　　　　　　D. 既是奇函数，又是偶函数

【错解】 因为 $D(x)$ 是不连续函数，所以 $D(x)$ 是非奇非偶函数. 故选 C.

【错因分析】 定义理解不到位. 函数的奇偶性是一个整体概念，非局部概念：对定义域内任意一个 x，都有 $f(x)=f(-x)$，则称 $f(x)$ 为偶函数；对定义域内任意一个 x，都有 $f(x)=-f(-x)$，则称 $f(x)$ 为奇函数；既不是奇函数又不是偶函数的函数，称为非奇非偶函数. 定义并未要求函数是否连续.

【正解】 若 x 为有理数，则 $-x$ 为有理数，得 $D(x)=1=D(-x)$；若 x 为无理数，则 $-x$ 为无理数，得 $D(x)=0=D(-x)$.

综上，$\forall x \in \mathbf{R}$ 均有 $D(x)=D(-x)$，所以 $D(x)$ 是偶函数. 故选 B.

【案例 2−12】 已知函数 $f(x)$ 的定义域为 $\mathbf{R}$，且对于定义域内的任意一个 x，都有 $|f(x)|=|f(-x)|$，则函数 $f(x)$（　　　）.

A. 必为奇函数　　　　　　　　　　B. 为偶函数

C. 要么是奇函数，要么是偶函数　　D. 不一定是奇函数，也不一定是偶函数

【错解】 由 $|f(x)|=|f(-x)|$，得 $f(x)=f(-x)$ 或 $f(x)=-f(-x)$，故选 C.

【错因分析】 同案例 2−11.

【正解】 由 $|f(x)|=|f(-x)|$，得 $f(x)=f(-x)$ 或 $f(x)=-f(-x)$，"或"包含三层含义：① $f(x)=f(-x)$；② $f(x)=-f(-x)$；③一些 x 满足 $f(x)=f(-x)$，一些 x 满足 $f(x)=-f(-x)$. 故 $f(x)$ 不一定是奇函数，也不一定是偶函数. 故选 D.

【案例 2−13】 若函数 $\mu(x)$ 的定义域为 $(-a,a)$，则必存在 $(-a,a)$ 上的偶函数 $f(x)$ 和奇函数 $g(x)$，使得 $\mu(x)=f(x)+g(x)$.

【分析】 假设 $f(x)$ 和 $g(x)$ 存在，且使得 $\mu(x)=f(x)+g(x)$ ①成立. 由函数的奇偶性，$f(-x)=f(x)$，$g(-x)=-g(x)$.

于是 $\mu(-x)=f(-x)+g(-x)=f(x)-g(x)$ ②. 联立①②两式，可得 $f(x)=\dfrac{1}{2}[h(x)+h(-x)]$，$g(x)=\dfrac{1}{2}[h(x)-h(-x)]$，由此可构造这样的偶函数 $f(x)$ 和奇函数 $g(x)$.

【案例 2−14】 对 $\forall x,y \in \mathbf{R}$，有 $f(x+y)=f(x)+f(y)$，证明：$f(x)$ 为奇函数.

【错解】 令 $f(x)=kx$，对 $\forall x,y \in \mathbf{R}$，$f(x+y)=k(x+y)=kx+ky=f(x)+f(y)$，所以 $f(x)$ 为奇函数.

【错因分析】 以偏概全，用特殊的例子代表一般性的结论.

【正解】 取 $x=y=0$，有 $f(0+0)=f(0)+f(0)$，得 $f(0)=0$，取 $y=-x$，得 $f(0)=f(x)+f(-x)$，即 $f(x)+f(-x)=0$，所以 $f(x)$ 为奇函数.

【评注】 错解中取 $f(x)=kx$ 犯了以偏概全的错误，但往往正是所取的特殊函数为破

解试题隐含信息指明了方向. 因此, 寻求能满足已知关系的特殊函数很多时候非常有必要. 下面给出一些常见的"模型".

【模型 1】 正比例函数 $f(x)=kx(k\neq0)$, 适用于 $f(x+y)=f(x)+f(y)$ 或 $f(x-y)=f(x)-f(y)$.

【模型 2】 一次函数 $f(x)=kx-b(k\neq0)$, 适用于 $f(x+y)=f(x)+f(y)+b$; 一次函数 $f(x)=kx+b(k\neq0)$, 适用于 $f(x+y)=f(x)+f(y)-b$.

【模型 3】 指数函数 $f(x)=a^x(a>0, a\neq1)$, 适用于 $f(x+y)=f(x)f(y)$ 或 $f(x-y)=\dfrac{f(x)}{f(y)}$.

【模型 4】 对数函数 $f(x)=\log_a x(a>0, a\neq1)$, 适用于 $f(xy)=f(x)+f(y)$ 或 $f(x)-f(y)=f\left(\dfrac{x}{y}\right)$ 或 $f(x^m)=mf(x)$.

【模型 5】 幂函数 $f(x)=x^a(x>0, x\neq1)$, 适用于 $f(xy)=f(x)f(y)$ 或 $f\left(\dfrac{x}{y}\right)=\dfrac{f(x)}{f(y)}$.

【模型 6】 正切函数 $f(x)=\tan x$, 适用于 $f(x+y)=\dfrac{f(x)+f(y)}{1-f(x)f(y)}$ 或 $f(x-y)=\dfrac{f(x)-f(y)}{1+f(x)f(y)}$.

【模型 7】 二次函数 $f(x)=m(x-a)^2+n(m\neq0)$, 适用于 $f(x+a)=f(a-x)$.

【模型 8】 余弦函数 $f(x)=\cos x$, 适用于 $f(x+y)+f(x-y)=2f(x)f(y)$.

【变式 2-8】 定义在 **R** 上的 $f(x)$ 满足: 任意 $x_1, x_2\in\mathbf{R}$, 都有 $f(x_1+x_2)=f(x_1)+f(x_2)+1$, 则一定正确的是(　　).

A. $f(x)$ 为奇函数　　　　　　B. $f(x)$ 为偶函数

C. $f(x)+1$ 为奇函数　　　　　D. $f(x)+1$ 为偶函数

【分析】 本变式作为选择题, 可通过选取特殊函数对选项进行排除. 比如, 令 $f(x)=x-1$, 有 $f(x_1+x_2)=x_1+x_2-1$, $f(x_1)+f(x_2)=x_1+x_2-2$, $f(x_1+x_2)=f(x_1)+f(x_2)+1$. 因为 $f(x)=x-1$, 所以 $f(x)+1=x$ 为奇函数. 故选 C.

【案例 2-15】[①] (1)若 $f(x)$ 为奇函数, 则 $f(x+a)=$_____.

(2)若 $f(x+a)$ 为奇函数, 则 $f(x+a)=$_____.

(3)若 $f(x)$ 为偶函数, 则 $f(x+a)=$_____.

(4)若 $f(x+a)$ 为偶函数, 则 $f(x+a)=$_____.

【错解】 (1)$f(x+a)=-f(-x+a)$.

① 刘成龙, 余小芬, 杨坤林. "形同质异"的函数问题辨析(下) [J]. 理科考试研究, 2017 (8): 13-16.

(2)$f(x+a)=-f(-x-a)$.

(3)$f(x+a)=f(-x+a)$.

(4)$f(x+a)=f(-x-a)$.

【错因分析】可以上升为更一般的问题：

(1)若 $f(x)$ 为奇函数，则 $f(g(x))=$ _____.

(2)若 $f(g(x))$ 为奇函数，则 $f(g(x))=$ _____.

(3)若 $f(x)$ 为偶函数，则 $f(g(x))=$ _____.

(4)若 $f(g(x))$ 为偶函数，则 $f(g(x))=$ _____.

【错解】(1)$f(g(-x))=-f(g(x))$.

(2)$f(g(-x))=-f(g(x))$.

(3)$f(g(-x))=f(g(x))$.

(4)$f(-g(x))=f(g(x))$.

【错因分析】复合函数的奇偶性与外层函数的奇偶性联系紧密.

(1)若 $f(x)$ 为奇函数，可得 $f(-x)=-f(x)$，令 $t=g(x)$，于是有 $f(-t)=-f(t)$，即可得 $f(-g(x))=-f(g(x))$，可以理解为：$f(x)$ 为奇函数，互为相反数的两个自变量在 f 作用下函数值互为相反数；若 $f(x)$ 为偶函数，可得 $f(-x)=f(x)$，令 $t=g(x)$，于是有 $f(-t)=f(t)$，即可得 $f(-g(x))=f(g(x))$，可以理解为：$f(x)$ 为偶函数，互为相反数的两个自变量在 f 作用下函数值相等.

(2)令 $F(x)=f(g(x))$，若 $f(g(x))$ 为奇函数，则 $F(x)$ 为奇函数，可得 $F(-x)=-F(x)$，即 $f(g(-x))=-f(g(x))$；令 $F(x)=f(g(x))$，由 $F(x)$ 为偶函数可得 $F(-x)=-F(x)$，即 $f(g(-x))=f(g(x))$.

【正解】(1)若 $f(x)$ 为奇函数，则 $f(-g(x))=-f(g(x))$.

(2)若 $f(g(x))$ 为奇函数，则 $f(g(-x))=-f(g(x))$.

(3)若 $f(x)$ 为偶函数，则 $f(g(x))=f(-g(x))$.

(4)若 $f(g(x))$ 为偶函数，则 $f(g(x))=f(g(-x))$.

特别地：

(1)若 $f(x)$ 为奇函数，则 $f(-x-a)=-f(x+a)$.

(2)若 $f(x+a)$ 为奇函数，则 $f(-x+a)=-f(x+a)$.

(3)若 $f(x)$ 为偶函数，则 $f(x+a)=f(-x-a)$.

(4)若 $f(x+a)$ 为偶函数，则 $f(x+a)=f(-x+a)$.

【变式 2-9】(2009 年大纲卷 I 理科第 11 题)函数 $f(x)$ 的定义域为 **R**，若 $f(x+1)$ 与 $f(x-1)$ 都是奇函数，则（　　）.

A. $f(x)$ 是偶函数　　　　　　　　　B. $f(x)$ 是奇函数

C. $f(x)=f(x+2)$　　　　　　　　　D. $f(x+3)$ 是奇函数

【正解 1】由 $f(x+1)$ 与 $f(x-1)$ 都是奇函数,可得 $f(-x+1)=-f(x+1)$①,$f(-x-1)=-f(x-1)$②,由①得 $f(x)=-f(-x+2)$③,由②得 $f(x)=-f(-x-2)$④,由③④得 $f(-x+2)=f(-x-2)$,进一步得 $f(x+2)=f(x-2)$,所以 $f(x)$ 的周期为 4. 所以 $f(-x-1+4)=-f(x-1+4)$,$f(-x+3)=-f(x+3)$,即 $f(x+3)$ 是奇函数. 故选 D.

【正解 2】因为 $f(x+1)$ 是奇函数,则 $f(-x+1)=-f(x+1)$,故 $f(x)$ 关于点 $(1,0)$ 对称;因为 $f(x-1)$ 是奇函数,则 $f(-x-1)=-f(x-1)$,故 $f(x)$ 关于点 $(-1,0)$ 对称. 因此,$f(x)$ 是周期 $T=2[1-(-1)]=4$ 的周期函数,从而 $f(-x-1+4)=-f(x-1+4)$,即 $f(-x+3)=-f(x+3)$,得 $f(x+3)$ 是奇函数. 故选 D.

【案例 2-16】已知 $f(x)=|x-1|+|x-2|+|x-3|+\cdots+|x-2022|+|x+1|+|x+2|+|x+3|+\cdots+|x+2022|$,且 $f(a^2-3a+5)=f(a-1)$,则满足条件的所有 a 的和是_____.

【错解】因为 $f(x)=f(-x)$,所以 $f(x)$ 为偶函数. 由 $f(a^2-3a+5)=f(a-1)$,得 $|a^2-3a+5|=|a-1|$,故 $a^2-3a+5=a-1$ 或 $a^2-3a+5=-a+1$,整理得 $a^2-4a+4=0$①或 $a^2-2a+4=0$②,对于①有 $a_1+a_2=4$,对于②有 $a_3+a_4=2$,故所有 a 的和是 6.

【错因分析】错解中滥用韦达定理:①有两个相等的解,$a=2$ 只能算一次;②无解.

【正解】因为 $f(x)=f(-x)$,所以 $f(x)$ 为偶函数. 由 $f(a^2-3a+5)=f(a-1)$,得 $|a^2-3a+5|=|a-1|$,故 $a^2-3a+5=a-1$ 或 $a^2-3a+5=-a+1$,整理得 $a^2-4a+4=0$①或 $a^2-2a+4=0$②,对于①有 $a=2$,对于②无解,故所有 a 的和是 2.

【拓展 2-1】若 $f(x)$ 是偶函数,则满足 $f(x)=f(|x|)$.

【证明】当 $x\geqslant 0$ 时,$f(|x|)=f(x)$;当 $x<0$ 时,$f(|x|)=f(-x)$. 又因为 $f(x)$ 为偶函数,所以 $f(x)=f(-x)$,即 $f(|x|)=f(x)$,所以 $f(x)=f(|x|)$.

【变式 2-10】(2015 年新课标卷Ⅱ文科第 12 题)设函数 $f(x)=\ln(1+|x|)-\dfrac{1}{1+x^2}$,则使得 $f(x)>f(2x-1)$ 成立的 x 的取值范围是(　　).

A. $\left(\dfrac{1}{3},\ 1\right)$

B. $\left(-\infty,\ \dfrac{1}{3}\right)\cup(1,\ +\infty)$

C. $\left(-\dfrac{1}{3},\ \dfrac{1}{3}\right)$

D. $\left(-\infty,\ \dfrac{1}{3}\right)\cup\left(\dfrac{1}{3},\ +\infty\right)$

【正解】由 $f(x)=\ln(1+|x|)-\dfrac{1}{1+x^2}$ 可知 $f(x)$ 是偶函数,且在 $[0,\ +\infty)$ 上是增函数,所以 $f(x)>f(2x-1)\Leftrightarrow|x|>|2x-1|$,两边同时平方,得 $x^2>(2x-1)^2$,即 $3x^2-4x+1<0$,$(3x-1)(x-1)<0$,所以 $\dfrac{1}{3}<x<1$. 故选 A.

【案例 2-17】 设 $f(x) = \lg\left(\dfrac{2}{1-x} + a\right)$ 为奇函数，则使 $f(x) < 0$ 的解集是（　　）.

A. $(-1, 0)$ B. $(0, 1)$

C. $(-\infty, 0)$ D. $(-1, 0) \bigcup (1, +\infty)$

【错解】 因为 $f(x) = \lg\left(\dfrac{2}{1-x} + a\right)$ 为奇函数，所以 $f(0) = 0$，得 $a = -1$，

于是 $f(x) = \lg\left(\dfrac{2}{1-x} - 1\right) < 0 = \lg 1$，所以 $\dfrac{2}{1-x} - 1 < 1$，解得 $-1 < x < 0$. 故选 A.

【错因分析】 $f(x) = \lg\left(\dfrac{2}{1-x} + a\right)$ 的定义域中一定含有 0 吗？未必！$f(0) = 0$ 是 $f(x)$ 为奇函数的必要非充分条件.

【正解】 因为 $f(x) = \lg\left(\dfrac{2}{1-x} + a\right)$ 为奇函数，所以 $f(-x) = -f(x)$，即

$\lg\left(\dfrac{2}{1+x} + a\right) + \lg\left(\dfrac{2}{1-x} + a\right) = 0$，得 $\left(\dfrac{2}{1+x} + a\right)\left(\dfrac{2}{1-x} + a\right) = 1$，化简得 $(1-a^2)x^2 = -(3+a)(1+a)(*)$.

(1)当 $a = -1$ 时，（*）式成立，此时 $f(x) = \lg\left(\dfrac{2}{1-x} - 1\right)$，易验证 $f(x) = \lg\left(\dfrac{2}{1-x} - 1\right)$ 为奇函数，满足题意. 由 $\lg\left(\dfrac{2}{1-x} - 1\right) < 0$，解得 $-1 < x < 0$.

(2)当 $a = 1$ 时，（*）式不成立.

(3)当 $a \neq \pm 1$ 时，$(1-a^2)x^2 = -(3+a)(1+a)$ 化简为 $(a-1)x^2 = a+3$，得 $a = \dfrac{x^2+3}{x^2-1}$，此时 $f(x) = \lg\left(\dfrac{2}{1-x} + \dfrac{x^2+3}{x^2-1}\right)$，化简得 $f(x) = \lg\left(\dfrac{x^2-2x+1}{x^2-1}\right)$，易验证 $f(x) = \lg\left(\dfrac{x^2-2x+1}{x^2-1}\right)$ 为奇函数，满足题意. 由 $\lg\left(\dfrac{x^2-2x+1}{x^2-1}\right) < 0$，得 $0 < \dfrac{x^2-2x+1}{x^2-1} < 1$，解得 $x > 1$.

综上，可知 $-1 < x < 0$ 或 $x > 1$. 故选 D.

【案例 2-18】 求 a 的值，使函数 $f(x) = \dfrac{2^x - a}{2^x + 1}$ 为奇函数.

【错解】 因为 $f(x) = \dfrac{2^x - a}{2^x + 1}$ 为奇函数，所以 $f(0) = \dfrac{2^0 - a}{2^0 + 1} = 0$，得 $a = 1$.

【错因分析】 $f(0) = 0$ 是 $f(x)$ 为奇函数的必要非充分条件. 本案例还需要对充分性进行说明.

【正解】 因为 $f(x) = \dfrac{2^x - a}{2^x + 1}$ 为奇函数，所以 $f(0) = \dfrac{2^0 - a}{2^0 + 1} = 0$，得 $a = 1$.

【检验】 当 $a = 1$ 时，$f(x) = \dfrac{2^x - 1}{2^x + 1}$，有 $f(-x) = \dfrac{2^{-x} - 1}{2^{-x} + 1} = \dfrac{1 - 2^x}{2^x + 1}$，得 $f(-x) = -f(x)$，所以 $a = 1$ 满足条件.

【案例 2-19】 求 a，b，使定义在 **R** 上的函数 $f(x) = \dfrac{-2^x + b}{2^x + a}$ 为奇函数.

【错解 1】 因为 $f(x) = \dfrac{-2^x + b}{2^x + a}$ 为奇函数，所以 $f(0) = 0$，得 $b = 1$，于是 $f(x) = \dfrac{-2^x + 1}{2^x + a}$，由 $f(-1) = -f(1)$，解得 $a = 1$. 所以当 $a = 1$，$b = 1$ 时，$f(x) = \dfrac{-2^x + b}{2^x + a}$ 为奇函数.

【错解 2】 因为 $f(x) = \dfrac{-2^x + b}{2^x + a}$ 为奇函数，所以 $f(0) = 0$，得 $b = 1$，于是 $f(x) = \dfrac{-2^x + b}{2^x + a}$，由 $f(-1) = -f(1)$，解得 $a = 1$. 所以 $a = 1$，$b = 1$.

当 $a = 1$，$b = 1$ 时，$f(x) = \dfrac{-2^x + 1}{2^x + 1}$，所以 $f(-x) = \dfrac{-2^{-x} + 1}{2^{-x} + 1} = \dfrac{-1 + 2^x}{1 + 2^x} = -f(x)$.

所以当 $a = 1$，$b = 1$ 时，$f(x) = \dfrac{-2^x + b}{2^x + a}$ 为奇函数.

【错因分析】 本案例中 x 不一定取 0，且 $f(0) = 0$ 是 $f(x)$ 为奇函数的必要非充分条件.

【正解】 由题意 $f(x) + f(-x) = 0$，即 $\dfrac{b - 2^x}{2^x + a} + \dfrac{b - 2^{-x}}{2^{-x} + a} = 0$，得 $\dfrac{b - 2^x}{2^x + a} + \dfrac{b \cdot 2^x - 1}{1 + a \cdot 2^x} = 0$，于是 $\dfrac{(b - 2^x)(2^{-x} + a) + (b - 2^{-x})(2^x + a)}{(2^x + a)(2^{-x} + a)} = 0$，可得 $(b - 2^x)(2^{-x} + a) + (b - 2^{-x})(2^x + a) = 0$，化简得 $(b - a)(2^x)^2 + 2(ab - 1)2^x + b - a = 0$，所以 $\begin{cases} b - a = 0, \\ ab - 1 = 0, \end{cases}$ 得 $\begin{cases} a = 1, \\ b = 1 \end{cases}$ 或 $\begin{cases} a = -1, \\ b = -1. \end{cases}$

(1) 当 $a = 1$，$b = 1$ 时，$f(x) = \dfrac{-2^x + 1}{2^x + 1}$，所以 $f(-x) = \dfrac{-2^{-x} + 1}{2^{-x} + 1} = \dfrac{-1 + 2^x}{1 + 2^x} = -f(x)$. 所以当 $a = 1$，$b = 1$ 时，$f(x) = \dfrac{-2^x + b}{2^x + a}$ 为奇函数.

(2) 当 $a = -1$，$b = -1$ 时，$f(x) = \dfrac{-2^x - 1}{2^x - 1}$，所以 $f(-x) = \dfrac{-2^{-x} - 1}{2^{-x} - 1} = \dfrac{-1 - 2^x}{1 - 2^x} = -f(x)$. 所以当 $a = -1$，$b = -1$ 时，$f(x) = \dfrac{-2^x + b}{2^x + a}$ 为奇函数.

综上，得 $\begin{cases} a = 1, \\ b = 1 \end{cases}$ 或 $\begin{cases} a = -1, \\ b = -1. \end{cases}$

第三节 对称性中的易错问题

【案例2-20】$y=f(x)$的定义域为 **R**，则$y=f(x-1)$与$y=f(1-x)$关于(　　).

A. 直线$y=0$对称

B. 直线$x=0$对称

C. 直线$y=1$对称

D. 直线$x=1$对称

【错解】由于$\dfrac{x-1+1-x}{2}=0$，所以$y=f(x-1)$与$y=f(1-x)$关于直线$x=0$对称，故选 B.

【错因分析】本案例是两个函数间的对称关系，不能套用"若$f(x+a)=f(b-x)$，则$y=f(x)$关于直线$x=\dfrac{a+b}{2}$对称"这一结论.

【正解1】由于$y=f(x)$与$y=f(-x)$关于直线$x=0$对称，而$y=f(x-1)$与$y=f(1-x)$分别由$y=f(x)$，$y=f(-x)$向右平移一个单位得到，因此，对称轴也跟着向右平移一个单位，变为$x=1$，所以$y=f(x-1)$与$y=f(1-x)$关于直线$x=1$对称. 故选 D.

【正解2】令$x-1=t$，则$1-x=-t$，而$y=f(t)$与$y=f(-t)$关于$t=0$对称，即$y=f(x-1)$与$y=f(1-x)$关于$x-1=0$对称，所以$y=f(x-1)$与$y=f(1-x)$关于直线$x=1$对称. 故选 D.

【案例2-21】已知$y=f(x)$的定义域为 **R**.

(1)若$f(x)$满足$f(x+a)=f(b-x)$，则$y=f(x)$关于直线_____对称；

(2)若$f(x+a)+f(b-x)=2c$，则$y=f(x)$关于点_____成中心对称；

(3)$y=f(x-a)$与$y=f(b-x)$关于直线_____对称.

【辨析】$f(x+a)=f(b-x)$与$f(x+a)+f(b-x)=2c$为函数$y=f(x)$的图像自身对称问题，分别表示函数$y=f(x)$的图像关于$x=\dfrac{a+b}{2}$和点$\left(\dfrac{a+b}{2},\ c\right)$对称；而$y=f(x-a)$与$y=f(b-x)$的图像问题属于两图像间的对称问题，即图像关于$x=\dfrac{b-a}{2}$对

称. 下面给出这三个结论的证明.

(1)设 $A(x_0，y_0)$ 是 $y=f(x)$ 的图像上任意一点，则该点关于 $x=\dfrac{a+b}{2}$ 对称的点为 $A'(a+b-x_0，y_0)$，因为 $f(x+a)=f(b-x)$，所以 $f(a+b-x_0)=f[a+(b-x_0)]=f[b-(b-x_0)]=f(x_0)=y_0$，即 $f(a+b-x_0)=y_0$，所以 $A'(a+b-x_0，y_0)$ 在 $y=f(x)$ 上. 故 $y=f(x)$ 关于直线 $x=\dfrac{a+b}{2}$ 对称.

(2)设 $A(x_0，y_0)$ 是 $y=f(x)$ 的图像上任意一点，则该点关于点 $\left(\dfrac{a+b}{2}，c\right)$ 对称的点为 $A'(a+b-x_0，2c-y_0)$ 且 $y_0=f(x_0)$，因为 $y=f(x)$ 满足 $f(x+a)+f(b-x)=2c$，所以 $f(x_0+a)+f(b-x_0)=2c$，于是 $y_0=f(x_0)=f[b-(b-x_0)]=2c-f[a+(b-x_0)]$，即 $2c-y_0=f(a+b-x_0)$，所以 $A'(a+b-x_0，2c-y_0)$ 在 $y=f(x)$ 上. 故 $y=f(x)$ 关于点 $\left(\dfrac{a+b}{2}，c\right)$ 成中心对称.

(3)①设 $A(x_0，y_0)$ 是 $y=f(x+a)$ 的图像上任意一点，则 $A(x_0，y_0)$ 关于 $x=\dfrac{b-a}{2}$ 的对称点为 $A'(b-a-x_0，y_0)$ 且 $y_0=f(x_0+a)$，因为 $f[b-(b-a-x_0)]=f(a+x_0)=y_0$，所以 $A'(b-a-x_0，y_0)$ 在 $y=f(b-x)$ 的图像上.

②设 $A(x_0，y_0)$ 是 $y=f(b-x)$ 的图像上任意一点，则 $A(x_0，y_0)$ 关于 $x=\dfrac{b-a}{2}$ 的对称点为 $A'(b-a-x_0，y_0)$ 且 $y_0=f(b-x_0)$，因为 $f[a+(b-a-x_0)]=f(b-x_0)=y_0$，所以 $A'(b-a-x_0，y_0)$ 在 $y=f(x+a)$ 的图像上.

综合①②，可知 $y=f(x-a)$ 与 $y=f(b-x)$ 关于直线 $x=\dfrac{b-a}{2}$ 对称.

【正解】(1)若 $f(x)$ 满足 $f(x+a)=f(b-x)$，则 $y=f(x)$ 关于直线 $x=\dfrac{a+b}{2}$ 对称；

(2)若 $f(x+a)+f(b-x)=2c$，则 $y=f(x)$ 关于点 $\left(\dfrac{a+b}{2}，c\right)$ 成中心对称；

(3)$y=f(x-a)$ 与 $y=f(b-x)$ 关于直线 $x=\dfrac{b-a}{2}$ 对称.

【拓展 2-2】关于对称性的思考.

1. $y=f(x)$ 关于直线对称

(1)$y=f(x)$ 是偶函数 $\Leftrightarrow f(x)=f(-x)\Leftrightarrow y=f(x)$ 关于 $x=0$ 对称；

(2)$y=f(x+2)$ 是偶函数 $\Leftrightarrow f(x+2)=f(-x+2)\Leftrightarrow y=f(x)$ 关于 $x=2$ 对称；

(3)$y=f(x+a)$ 是偶函数 $\Leftrightarrow f(x+a)=f(-x+a)\Leftrightarrow y=f(x)$ 关于 $x=a$ 对称.

【结论 1】$y=f(x)$ 满足 $f(x+a)=f(-x+a)\Leftrightarrow y=f(x)$ 关于 $x=a$ 对称.

【结论 2】$y=f(x)$ 满足 $f(x+a)=f(-x+b)\Leftrightarrow y=f(x)$ 关于 $x=\dfrac{a+b}{2}$ 对称.

【证明】 由 $f(x+a)=f(-x+b)$，可得 $f\left[\left(x-\dfrac{a}{2}+\dfrac{b}{2}\right)+a\right]=f\left[-\left(x-\dfrac{a}{2}+\dfrac{b}{2}\right)+b\right]$，

即 $f\left(x+\dfrac{a}{2}+\dfrac{b}{2}\right)=f\left(-x+\dfrac{a}{2}+\dfrac{b}{2}\right)$，由结论1可得结论2成立.

2. $y=f(x)$ 关于点对称

(1)$y=f(x)$ 是奇函数 $\Leftrightarrow f(x)+f(-x)=0 \Leftrightarrow y=f(x)$ 关于 $(0,0)$ 对称；

(2)$y=f(x+a)$ 是奇函数 $\Leftrightarrow f(x+a)+f(-x+a)=0 \Leftrightarrow y=f(x)$ 关于 $(a,0)$ 对称.

【结论3】 $f(x)+f(-x)=2c \Leftrightarrow y=f(x)$ 关于 $(0,c)$ 对称.

【证明】 由 $f(x)+f(-x)=2c$，得 $[f(x)-c]+[f(-x)-c]=0$，令 $F(x)=f(x)-c$，可得 $F(x)+F(-x)=0$，显然 $F(x)$ 关于 $(0,0)$ 对称，即 $y=f(x)-c$ 关于 $(0,0)$ 对称，于是 $y=f(x)$ 关于 $(0,c)$ 对称.

推广：$f(x+a)+f(-x+a)=2c \Leftrightarrow y=f(x)$ 关于 (a,c) 对称.

【证明】 由 $f(x+a)+f(-x+a)=2c$，得 $[f(x+a)-c]+[f(-x+a)-c]=0$，令 $F(x)=f(x+a)-c$，可得 $F(x)+F(-x)=0$，显然 $F(x)$ 关于 $(0,0)$ 对称，即 $y=f(x+a)-c$ 关于 $(0,0)$ 对称，于是 $y=f(x)$ 关于 (a,c) 对称.

【结论4】 $f(x+a)+f(-x+b)=2c \Leftrightarrow y=f(x)$ 关于 $\left(\dfrac{a+b}{2},c\right)$ 对称.

【证明】 由 $f(x+a)+f(-x+a)=2c$，得 $f\left(x-\dfrac{a}{2}+\dfrac{b}{2}+a\right)+f\left[-\left(x-\dfrac{a}{2}+\dfrac{b}{2}\right)+a\right]=2c$，即 $f\left(x+\dfrac{a+b}{2}\right)+f\left(-x+\dfrac{a+b}{2}\right)=2c$，得 $\left[f\left(x+\dfrac{a+b}{2}\right)-c\right]+\left[f\left(-x+\dfrac{a+b}{2}\right)-c\right]=0$，令 $F(x)=f\left(x+\dfrac{a+b}{2}\right)-c$，可得 $F(x)+F(-x)=0$，显然 $F(x)$ 关于 $(0,0)$ 对称，即 $y=f\left(x+\dfrac{a+b}{2}\right)-c$ 关于 $(0,0)$ 对称，于是 $y=f(x)$ 关于 $\left(\dfrac{a+b}{2},c\right)$ 对称.

【评注】 基于学生已有的知识和经验展开学习和教学，是自然、合理教学的前提. 在这一过程中，应根植知识系统展开教学，同时进行数学推广.

【变式2-11】 (1)函数 $y=f(x)$ 与 $y=f(-x)$ 的图像关于_____对称；

(2)函数 $y=f(x+a)$ 与 $y=f(-x)$ 的图像关于_____对称；

(3)函数 $y=f(x)$ 与 $y=f(-x+a)$ 的图像关于_____对称；

(4)若函数 $y=f(x)$ 满足 $f(x+a)=f(-x)$，则 $y=f(x)$ 的图像关于_____对称；

(5)若函数 $y=f(x)$ 满足 $f(x)=f(-x+a)$，则 $y=f(x)$ 的图像关于_____对称；

(6)已知 $f(x)$ 满足 $f(x)+f(2a-x)=2b$，则 $y=f(x)$ 的对称中心为_____；

(7)已知 $f(x)$ 满足 $f(x+a)+f(-x)=2c$，则 $y=f(x)$ 的对称中心为_____.

【变式 2-12】 $f(x)$是定义在 **R** 上的奇函数，且 $y=f(x)$的图像关于 $x=\dfrac{1}{2}$ 对称，则 $f(1)+f(2)+f(3)+f(4)+f(5)=$ _____.

本变式读者自行探讨.

【变式 2-13】（2016 年新课标卷Ⅱ文科第 12 题）已知函数满足 $f(x)=f(2-x)$，若函数 $y=|x^2-2x-3|$ 与 $y=f(x)$ 的图像的交点为 $(x_1，y_1)$，$(x_2，y_2)$，$\cdots$，$(x_m，y_m)$，则 $\displaystyle\sum_{i=1}^{m} x_i=($　　$)$.

A. 0　　　　　　　B. m　　　　　　　C. $2m$　　　　　　　D. $4m$

【解析】 因为 $f(x)=f(2-x)$，故 $f(x)$关于直线 $x=1$ 对称. 又 $y=|x^2-2x-3|=|(x-3)(x+1)|$同样关于直线 $x=1$ 对称，所以两函数的图像的交点也关于 $x=1$ 对称，即每对对称点的横坐标之和为 2.

若 m 为偶数，则这 m 个交点坐标共有 $\dfrac{m}{2}$ 对，分别关于 $x=1$ 对称，则 $\displaystyle\sum_{i=1}^{m} x_i=2\times\dfrac{m}{2}$；若 m 为奇数，则交点中有一个横坐标为 1，其余 $\dfrac{m-1}{2}$ 对交点关于直线 $x=1$ 对称，则 $\displaystyle\sum_{i=1}^{m} x_i=1+2\times\dfrac{m-1}{2}=m$. 综上，$\displaystyle\sum_{i=1}^{m} x_i=m$.

【变式 2-14】（2016 年新课标卷Ⅱ理科第 12 题）已知函数 $f(x)$ $(x\in\mathbf{R})$满足 $f(-x)=2-f(x)$，若函数 $y=\dfrac{x+1}{x}$ 与 $f(x)$ 的图像的交点为 $(x_1，y_1)$，$(x_2，y_2)$，$\cdots$，$(x_m，y_m)$，则 $\displaystyle\sum_{i=1}^{m}(x_i+y_i)=($　　$)$.

A. 0　　　　　　　B. m　　　　　　　C. $2m$　　　　　　　D. $4m$

【解析】 因为 $f(-x)=2-f(x)$，即 $f(-x)+f(x)=2$，故 $f(x)$关于点$(0，1)$对称. 又 $y=\dfrac{x+1}{x}=1+\dfrac{1}{x}$，同样关于点$(0，1)$对称. 所以两函数的图像的交点也关于点$(0，1)$对称，即每对对称点的横坐标之和为 0，纵坐标之和为 2.

由于 $y=\dfrac{x+1}{x}$，显然 $x\neq0$，故两函数的图像的交点个数为偶数，因此，这 m 个交点的坐标共有 $\dfrac{m}{2}$ 对，故 $\displaystyle\sum_{i=1}^{m} x_i=0\times\dfrac{m}{2}=0$，$\displaystyle\sum_{i=1}^{m} y_i=2\times\dfrac{m}{2}=m$，所以 $\displaystyle\sum_{i=1}^{m}(x_i+y_i)=m$.

【变式 2-15】（2011 年新课标卷理科第 12 题）函数 $y=\dfrac{1}{1-x}$ 的图像与函数 $y=2\sin\pi x$ $(-2\leqslant x\leqslant4)$的图像的所有交点的横坐标之和等于（　　）.

A. 2　　　　　　　B. 4　　　　　　　C. 6　　　　　　　D. 8

【正解 1】 易知两函数的图像都关于点$(1，0)$对称，如图 2-2 所示，两函数的图像在$[-2，4]$上共有 8 个交点，且关于点$(1，0)$成对对称，于是每两个对称点的横坐标之和为 2，故所有交点的横坐标之和为 8.

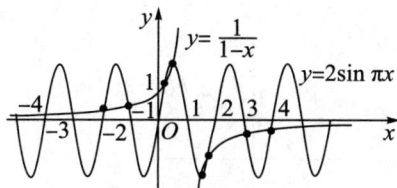

图 2-2

【正解 2】 令 $t=1-x(t\in[-3，3])$，则两个函数分别为 $y=\dfrac{1}{t}$，$y=2\sin\pi t$，显然

这两个函数均为 $[-3，3]$ 上的奇函数. 如图 2-3 所示，$y=\dfrac{1}{t}$ 与 $y=2\sin\pi t$ 的图像在

$[-3，3]$ 上共有 8 个交点，且关于原点成对对称，所以 $t_1+t_2+t_3+\cdots+t_8=0$，即 $1-$
$x_1+1-x_2+1-x_3+\cdots+1-x_8=0$，所以 $x_1+x_2+x_3+\cdots+x_8=8$.

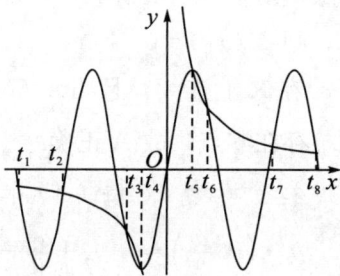

图 2-3

【变式 2-16】 (2017 年全国卷Ⅲ理科第 11 题)已知函数 $f(x)=x^2-2x+a(e^{x+1}+e^{-x+1})$ 有唯一零点，则 $a=($).

    A. $-\dfrac{1}{2}$ B. $\dfrac{1}{3}$ C. $\dfrac{1}{2}$ D. 1

【正解 1】 由 $y=x^2-2x$，$y=e^{x+1}+e^{-x+1}$ 均关于 $x=1$ 对称，得 $f(x)=x^2-2x+a(e^{x+1}+e^{-x+1})$ 关于 $x=1$ 对称，且函数 $f(x)$ 有唯一零点，所以 $x=1$ 为唯一的零点. 故 $f(1)=0$，解得 $a=\dfrac{1}{2}$. 故选 C.

【正解 2】 函数 $f(x)=x^2-2x+a(e^{x-1}-e^{-x+1})$ 有唯一零点等价于方程 $x^2-2x+a(e^{x-1}+e^{-x+1})=0$ 有唯一实数根. 令 $t=x-1$，则方程转化为 $1-t^2=a(e^t+e^{-t})$. 令 $g(t)=1-t^2$，$h(t)=a(e^t+e^{-t})$，因此原问题转化为曲线 $g(t)$，$h(t)$ 有唯一交点. 又 $y=e^t+e^{-t}$ 为偶函数，且 $y'=e^t-e^{-t}=\dfrac{e^{2t}-1}{e^t}$，当 $t>0$ 时，$y'\geqslant0$，函数 y 单调递增；当 $t<0$ 时，$y'<0$，函数 y 单调递减. 并且 $t=0$，$y=2$. 如图 2-4 所示，作出两函数的图

像，当且仅当 $a=\dfrac{1}{2}$ 时，曲线 $g(t)$，$h(t)$ 有唯一交点. 故选 C.

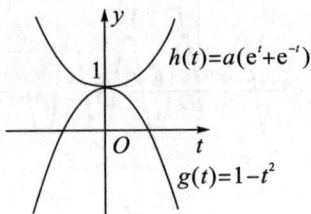

图 2-4

【案例 2-22】（2013 年新课标卷 II 文科第 11 题）已知函数 $f(x)=x^3+ax^2+bx+c$，下列结论中错误的是（　　）.

A. $\exists x_0 \in \mathbf{R}$，$f(x_0)=0$

B. 函数 $y=f(x)$ 的图像是中心对称图形

C. 若 x_0 是 $f(x)$ 的极小值点，则 $f(x)$ 在区间 $(-\infty, x_0)$ 单调递减

D. 若 x_0 是 $f(x)$ 的极值点，则 $f'(x_0)=0$

【解析】① 分析 A 选项：$f(x)$ 在 $\mathbf{R}$ 上连续，且 $\lim\limits_{x\to+\infty}f(x)=+\infty$，$\lim\limits_{x\to-\infty}f(x)=-\infty$，根据零点存在性定理，函数 $f(x)$ 存在零点. 故 A 正确.

分析 B 选项：由 $f(x)=x^3+ax^2+bx+c$，得 $f'(x)=3x^2+2ax+b$，$f''(x)=6x+2a$. 令 $f''(x)=0$，得 $x=-\dfrac{a}{3}$，故 $f\left(-\dfrac{a}{3}\right)=-\dfrac{a^3}{27}+\dfrac{a^3}{9}-\dfrac{ab}{3}+c=\dfrac{2a^3-9ab+27c}{27}$. 所以 $f(x)$ 的图像关于点 $\left(-\dfrac{a}{3}, \dfrac{2a^3-9ab+27c}{27}\right)$ 中心对称. 故 B 正确.

分析 C 选项：$f'(x)=3x^2+2ax+b$，故 $f'(x)$ 的图像开口向上，若 x_0 是 $f(x)$ 的极小值点，则 x_0 必为 $f'(x)=0$ 的较大根，设另一根为 x_1，由 $f'(x)<0$ 得 $x_1<x<x_0$，所以函数的单调递减区间为 (x_1, x_0). 故 C 错误.

分析 D 选项：因为 $f(x)$ 为连续可导函数，所以若 x_0 为函数 $f(x)$ 的极值点，则一定有 $f'(x_0)=0$. 故 D 正确.

综上，故选 C.

【拓展 2-3】三次函数 $f(x)=ax^3+bx^2+cx+d\ (a\neq 0)$ 关于点 $\left(-\dfrac{b}{3a}, \dfrac{2b^3}{27a^2}-\dfrac{bc}{3a}+d\right)$ 对称.②

【证明 1】待定系数法.

设三次函数 $f(x)=ax^3+bx^2+cx+d\ (a\neq 0)$ 的对称中心为 (m, n). 令 $P(x, y)$ 为

---

① 余小芬. 全国卷高考数学客观题解题分析［M］. 成都：四川大学出版社，2018.

② 余小芬. 全国卷高考数学客观题解题分析［M］. 成都：四川大学出版社，2018.

三次函数图像上的任意一点，则 $P(x，y)$ 关于 $(m，n)$ 的对称点 $P'(2m-x，2n-y)$ 也落在函数的图像上，即 $2n-y=f(2m-x)$，代入得 $2n-y=a(2m-x)^3+b(2m-x)^2+c(2m-x)+d$．展开合并同类项，得 $y=ax^3-(6am+b)x^2+(12am^2+4bm+c)x-(8am^3+4bm^2+2mc+d-2n)$．

因此，对应系数相等有 $\begin{cases} 6am+b=-b， \\ 12am^2+4bm+c=c， \\ 8am^3+4bm^2+2mc+d-2n=-d， \end{cases}$ 解得 $m=-\dfrac{b}{3a}$，$n=\dfrac{2b^3}{27a^2}-\dfrac{bc}{3a}+d$．

又 $f\left(-\dfrac{b}{3a}\right)=a\left(-\dfrac{b}{3a}\right)^3+b\left(-\dfrac{b}{3a}\right)^2+c\left(-\dfrac{b}{3a}\right)+d=\dfrac{2b^3}{27a^2}-\dfrac{bc}{3a}+d$，所以 $f(x)$ 的对称中心是 $M\left(-\dfrac{b}{3a}，f\left(-\dfrac{b}{3a}\right)\right)$．

【证明 2】 配方法．

$$f(x)=ax^3+bx^2+cx+d=a\left(x+\dfrac{b}{3a}\right)^3+\left(c-\dfrac{b^2}{3a}\right)\left(x+\dfrac{b}{3a}\right)-\dfrac{b^3}{27a^2}+\dfrac{b}{3a}\left(c-\dfrac{b^2}{3a}\right)+d=a\left(x+\dfrac{b}{3a}\right)^3+\left(c-\dfrac{b^2}{3a}\right)\left(x+\dfrac{b}{3a}\right)+\dfrac{2b^3}{27a^2}-\dfrac{bc}{3a}+d．$$

令函数 $h(x)=ax^3+\left(c-\dfrac{b^2}{3a}\right)x$．不难发现，$h(x)$ 是奇函数，故图像关于原点 $(0，0)$ 对称．而函数 $f(x)=h\left(x+\dfrac{b}{3a}\right)+\dfrac{2b^3}{27a^2}-\dfrac{bc}{3a}+d$ 的图像可视为将函数 $h(x)$ 的图像先水平平移 $\left|\dfrac{b}{3a}\right|$ 个单位，再竖直平移 $\left|\dfrac{2b^3}{27a^2}-\dfrac{bc}{3a}+d\right|$ 个单位所得，故 $f(x)$ 的图像的对称中心为 $M\left(-\dfrac{b}{3a}，\dfrac{2b^3}{27a^2}-\dfrac{bc}{3a}+d\right)$．

事实上，三次函数 $f(x)$ 的图像的对称中心是该函数的图像的拐点，即对称中心的横坐标 $-\dfrac{b}{3a}$ 是 $f(x)$ 二阶导数 $f''(x)$ 的零点．

【变式 2-17】（2013 年大纲卷理科第 12 题）已知函数 $f(x)=\cos x\sin 2x$，下列结论中错误的是（ ）．

A. $y=f(x)$ 的图像关于点 $(\pi，0)$ 中心对称

B. $y=f(x)$ 的图像关于直线 $x=\dfrac{\pi}{2}$ 对称

C. $f(x)$ 的最大值为 $\dfrac{\sqrt{3}}{2}$

D. $f(x)$ 既是奇函数又是周期函数

【解析】 $y=f(x)$ 的定义域为 **R**，且 $f(-x)=\cos(-x)\sin(-2x)=-\cos x\sin 2x=$

$-f(x)$，所以 $f(x)$ 是奇函数. 又 $f(x+2\pi)=\cos(x+2\pi)\sin2(x+2\pi)=\cos x\sin2x=f(x)$，所以 $f(x)$ 是周期函数. 故 D 正确.

又 $f(x)=\cos x\sin2x=2\cos^2 x\cdot\sin x=2\sin x(1-\sin^2 x)=2\sin x-2\sin^3 x$，$y=\sin x$ 关于点 $(\pi,0)$ 对称，关于直线 $x=\dfrac{\pi}{2}$ 对称，所以 $f(x)=2\sin x-2\sin^3 x$ 仍关于点 $(\pi,0)$ 对称，关于直线 $x=\dfrac{\pi}{2}$ 对称，所以 A，B 正确. 故选 C.

【评注】本题函数背景为三次函数，可利用三次函数对称中心公式和借助导数判断问题.

$f(x)=2\sin x-2\sin^3 x(x\in\mathbf{R})$，令 $t=\sin x$，且 $t\in[-1,1]$，即 $g(t)=-2t^3+2t$ 为定义在 $[-1,1]$ 上的三次函数，易知 $g(t)$ 为奇函数. 利用三次函数对称中心公式 $\left(-\dfrac{b}{3a},\dfrac{2b^3}{27a^2}-\dfrac{bc}{3a}+d\right)$，求得 $g(t)$ 的对称中心为 $(0,0)$. 又当 $\sin x=0$ 时，$x=k\pi$，$\pi\in\mathbf{Z}$，所以 $(\pi,0)$ 为 $f(x)$ 的一个对称中心.

又 $g'(t)=-6t^2+2$，令 $g'(t)=0$，解得 $t=\pm\dfrac{\sqrt{3}}{3}$. 易知当 $t\in\left[-1,-\dfrac{\sqrt{3}}{3}\right]$ 时，$g'(t)<0$，故 $g(t)$ 在 $\left[-1,-\dfrac{\sqrt{3}}{3}\right]$ 上单调递减；当 $t\in\left(-\dfrac{\sqrt{3}}{3},\dfrac{\sqrt{3}}{3}\right)$ 时，$g'(t)>0$，故 $g(t)$ 在 $\left(-\dfrac{\sqrt{3}}{3},\dfrac{\sqrt{3}}{3}\right)$ 上单调递增；当 $t\in\left[\dfrac{\sqrt{3}}{3},1\right]$ 时，$g'(t)<0$，故 $g(t)$ 在 $\left[\dfrac{\sqrt{3}}{3},1\right]$ 上单调递减.

因为 $g(1)=0$，$g(-1)=0$，如图 2-5 所示，所以 $g(t)_{\max}=g\left(\dfrac{\sqrt{3}}{3}\right)=\dfrac{4\sqrt{3}}{9}$.

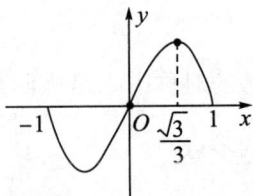

图 2-5

【变式 2-18】(2012 年四川卷文科第 12 题)设函数 $f(x)=(x-3)^3+x-1$，$\{a_n\}$ 是公差不为 0 的等差数列，$f(a_1)+f(a_2)+f(a_3)+\cdots+f(a_7)=14$，则 $a_1+a_2+a_3+\cdots+a_7=($).

A. 0   B. 7   C. 14   D. 21

【解析】$f(x)=(x-3)^3+x-1=(x-3)^3+(x-3)+2$，由 $f(a_1)+f(a_2)+f(a_3)+\cdots+f(a_7)=14$，得 $(a_1-3)^3+(a_1-3)+2+(a_2-3)^3+(a_2-3)+2+\cdots+(a_7-3)^3+2=$

14，故 $(a_1-3)^3+(a_1-3)+(a_2-3)^3+(a_2-3)+\cdots+(a_7-3)^3+(a_7-3)=0$. 令 $g(x)=(x-3)^3+(x-3)$，则 $g(a_1)+g(a_2)+\cdots+g(a_7)=0$，因为 a_1 与 a_7、a_2 与 a_6、a_3 与 a_5 关于 a_4 对称，所以 $g(x)=(x-3)^3+(x-3)$ 关于点 $(3，0)$ 对称，所以 $a_4=3$，得 $a_1+a_2+a_3+\cdots+a_7=21$. 故选 D.

第四节　周期性中的易错问题

【案例 2-23】周期函数都有最小正周期吗？

【错解】周期函数都有最小正周期.

【错因分析】常值函数是周期函数，但是没有最小正周期. 比如，$f(x)=1$ 是周期函数，但没有最小正周期.

【正解】周期函数可以没有最小正周期.

【案例 2-24】已知 $D(x)=\begin{cases} 1, & x\text{ 为有理数,} \\ 0, & x\text{ 为无理数,} \end{cases}$ 则（　　）.

A. $D(x)$ 是周期函数

B. $D(x)$ 不是周期函数

C. $D(x)$ 是有最小正周期的周期函数

D. $D(x)$ 没有最小正周期

【错解】由于 x 为有理数时，$D(x)=1$，x 为无理数时，$D(x)=0$，可知 $D(x)$ 没有周期. 故选 B.

【错因分析】概念理解不到位：对于函数 $f(x)$，如果存在一个非零常数 T，使得当 x 取定义域中的每一个值时，都有 $f(x+T)=f(x)$，那么函数 $f(x)$ 就叫作周期函数，非零常数 T 叫作这个函数的周期.

【正解】如图 2-6 所示，对于任意的有理数 a，若 x 为有理数，则 $x+a$ 为有理数，有 $D(x+a)=1=D(x)$；若 x 为无理数，则 $x+a$ 为无理数，有 $D(x+a)=0=D(x)$. 若 a 为无理数，则 $x+a$ 可能为有理数，也可能为无理数，所以 $D(x+a)$ 可能等于 0，也有可能等于 1，所以任意无理数不是 $D(x)$ 的周期.

综上，$\forall x\in\mathbf{R}$ 均有 $D(x+a)=D(x)$，所以任意的有理数 a 是 $D(x)$ 的周期. 但是有理数中没有最小正有理数，所以不存在最小正周期. 故选 D.

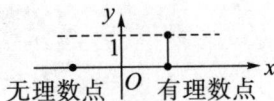

图 2-6

【变式 2－19】 常值函数是周期函数吗？只有常值函数没有最小正周期吗？

【正解】 常值函数是周期函数，但没有最小正周期．比如，$f(x)=1$，是周期函数，但没有最小正周期．

【案例 2－25】 两个周期函数之和为周期函数吗？

【错解】 两个周期函数之和为周期函数．

【错因分析】 两个周期函数之和不一定为周期函数．比如，$\sin x + \sin \pi x$ 不是周期函数．

【案例 2－26】 函数值重复出现的函数是周期函数吗？

【错解】 函数值重复出现的函数是周期函数．

【错因分析】 同案例 2－24．

【正解】 函数值重复出现的函数不一定是周期函数，比如，$f(x)=$
$$\begin{cases} 1, & x \in [0,1), \\ 0, & x \in [1,2), \\ 1, & x \in [2,3), \\ 0, & x \in [3,4), \\ \vdots \end{cases}$$
函数值 1，0 重复出现，但是对于函数 $f(x)$，不存在非零常数 T，使得

当 x 取定义域中的每一个值时，都有 $f(x+T)=f(x)$．

【案例 2－27】 (1)已知 $f(x)$ 满足 $f(x+a)=f(x-b)$，则 $y=f(x)$ 的_____．

(2)已知 $f(x)$ 满足 $f(x+a)=f(b-x)$，则 $y=f(x)$ 的_____

【错解】 (1)(2)中 $f(x)$ 的对称轴均为 $x=\dfrac{a-b}{2}$．

【错因分析】 本案例混淆了函数的对称性和周期性：$f(x+a)=f(x-b)$ 中 x 的系数相同，表示周期，其一个周期为 $a+b$；$f(x+a)=f(b-x)$ 中 x 的系数互为相反数，表示对称轴为 $x=\dfrac{a+b}{2}$，前面已作详细论述，此处略．

【正解】 由 $f(x+a)=f(x-b)$，得 $f(x+a+b)=f(x)$，则 $y=f(x)$ 的一个周期为 $T=a+b$．

常见表示函数周期的形式如下：

【拓展 2－4】 已知 $f(x)$ 满足：

(1) $f(x+a)=-f(x)$，则 $y=f(x)$ 的一个周期为 $T=2a$；

(2) $f(x+a)=\dfrac{M}{f(x)}$，则 $y=f(x)$ 的一个周期为 $T=2a$；

(3) $f(x+a)=f(-x+a)$，$f(x+b)=f(-x+b)$，则 $y=f(x)$ 的一个周期为 $T=2(a-b)$；

(4) $f(x+a)=-f(x+b)$，则 $y=f(x)$ 的一个周期为 $T=2(a-b)$；

(5) $f(x)=f(x+a)+f(x-a)$，则 $y=f(x)$ 的一个周期为 $T=6a$；

(6) $f(x+a)\cdot f(x+b)=1$，则 $y=f(x)$ 的一个周期为 $T=2(a-b)$；

(7) $f(x+a)=\dfrac{1}{1-f(x)}$，则 $y=f(x)$ 的一个周期为 $T=6a$；

(8) $f(x+a)=\dfrac{1+f(x)}{1-f(x)}$，则 $y=f(x)$ 的一个周期为 $T=4a$；

(9) $f(x+a)=\dfrac{1-f(x)}{1+f(x)}$，则 $y=f(x)$ 的一个周期为 $T=2a$.

【证明】(1) 由 $f(x+a)=-f(x)$，得 $f(x+a+a)=-f(x+a)=-(-f(x))=f(x)$，则 $y=f(x)$ 的一个周期为 $T=2a$；

(2) 由 $f(x+a)=\dfrac{M}{f(x)}$，得 $f(x+a+a)=\dfrac{M}{f(x+a)}=\dfrac{M}{\dfrac{M}{f(x)}}=f(x)$，则 $y=f(x)$ 的一个周期为 $T=2a$；

(3) 由 $f(x+a)=f(-x+a)$，得 $f(x+2a)=f(-x)$；由 $f(x+b)=f(-x+b)$，得 $f(x+2b)=f(-x)$，则 $f(x+2a)=f(x+2b)$，所以 $y=f(x)$ 的一个周期为 $T=2(a-b)$；

(4) 由 $f(x+a)=-f(x+b)$，得 $f(x+a-b)=-f(x)$，则 $y=f(x)$ 的一个周期为 $T=2(a-b)$；

(5) 由 $f(x)=f(x+a)+f(x-a)$，得 $f(x+a)=f(x)-f(x-a)$①，由①得 $f(x)=f(x-a)-f(x-2a)$②，①+②得 $f(x+a)=-f(x-2a)$，则 $y=f(x)$ 的一个周期为 $T=6a$；

(6) 由 $f(x+a)\cdot f(x+b)=1$，得 $f(x+a-b)\cdot f(x)=1$，进一步得 $f(x+a-b)=\dfrac{1}{f(x)}$，则 $y=f(x)$ 的一个周期为 $T=2(a-b)$；

(7) 由 $f(x+a)=\dfrac{1}{1-f(x)}$，得 $f(x+2a)=\dfrac{1}{1-f(x+a)}=\dfrac{1}{1-\dfrac{1}{1-f(x)}}=$

$-\dfrac{1-f(x)}{f(x)}$，即 $f(x+2a)=-\dfrac{1-f(x)}{f(x)}$，于是 $f(x+3a)=\dfrac{f(x+a)-1}{f(x+a)}=\dfrac{\dfrac{1}{1-f(x)}-1}{\dfrac{1}{1-f(x)}}=$

$\dfrac{1}{f(x)}$，则 $y=f(x)$ 的一个周期为 $T=6a$；

(8) 由 $f(x+a)=\dfrac{1+f(x)}{1-f(x)}$，得 $f(x+2a)=\dfrac{1+f(x+a)}{1-f(x+a)}=\dfrac{1+\dfrac{1+f(x)}{1-f(x)}}{1-\dfrac{1+f(x)}{1-f(x)}}=$

$$\frac{\dfrac{2}{1-f(x)}}{-\dfrac{2f(x)}{1-f(x)}}=\frac{1}{-f(x)},\text{则 }y=f(x)\text{的一个周期为 }T=4a;$$

(9)由 $f(x+a)=\dfrac{1-f(x)}{1+f(x)}$，得 $f(x+2a)=\dfrac{1-f(x+a)}{1+f(x+a)}=\dfrac{1-\dfrac{1-f(x)}{1+f(x)}}{1+\dfrac{1-f(x)}{1+f(x)}}=\dfrac{\dfrac{2f(x)}{1+f(x)}}{\dfrac{2}{1+f(x)}}=$

$f(x)$，则 $y=f(x)$ 的一个周期为 $T=2a$.

【拓展 2-5】(1)函数 $y=f(x)$ 的定义域为 **R**，它的图像分别关于 $(a,0)$，$(b,0)$ 成中心对称图形，则 $2|a-b|$ 是函数 $y=f(x)$ 的一个周期.

【证明】 因为函数 $y=f(x)$ 的图像分别关于 $(a,0)$，$(b,0)$ 成中心对称图形，所以 $f(-x+2a)=-f(x)$，$f(-x+2b)=-f(x)$，于是 $f(-x+2a)=f(-x+2b)$，所以 $f(x+2a)=f(x+2b)$，得 $f(x)=f(x+2a-2b)$，所以 $2|a-b|$ 是函数 $y=f(x)$ 的一个周期.

(2)函数 $y=f(x)$ 的定义域为 **R**，它的图像关于 $(a,0)$ 成中心对称图形，关于 $x=b$ 成轴对称，则 $4|a-b|$ 是函数 $y=f(x)$ 的一个周期(其中 $a\neq b$).

【证明】 因为函数 $y=f(x)$ 的图像关于 $(a,0)$ 成中心对称图形，所以 $f(-x+2a)=-f(x)$，因为 $y=f(x)$ 关于 $x=b$ 成轴对称，$f(-x+2b)=f(x)$，于是 $f(-x+2a)=-f(-x+2b)$，所以 $f(x+2a-2b)=-f(x)$，得 $f(x)=f(x+4a-4b)$，所以 $4|a-b|$ 是函数 $y=f(x)$ 的一个周期.

(3)函数 $y=f(x)$ 为定义在 **R** 上的奇函数，它的图像关于 $x=a$ 成轴对称图形，则 $4|a|$ 是函数 $y=f(x)$ 的一个周期.

【证明】 因为函数 $y=f(x)$ 的图像关于 $x=a$ 成轴对称图形，所以 $f(x+2a)=f(-x)$，因为函数 $y=f(x)$ 为定义在 **R** 上的奇函数，所以 $-f(x)=f(-x)$，故 $f(x+2a)=-f(x)$，得 $f(x)=f(x+4a)$，所以 $4|a|$ 是函数 $y=f(x)$ 的一个周期.

(4)函数 $y=f(x)$ 为定义在 **R** 上的偶函数，它的图像关于 $x=a$ 成轴对称图形，则 $2|a|$ 是函数 $y=f(x)$ 的一个周期.

【证明】 因为函数 $y=f(x)$ 的图像关于 $x=a$ 成轴对称图形，所以 $f(x+2a)=f(-x)$，因为函数 $y=f(x)$ 为定义在 **R** 上的偶函数，所以 $f(x)=f(-x)$，故 $f(x+2a)=f(x)$，得 $f(x)=f(x+2a)$，所以 $2|a|$ 是函数 $y=f(x)$ 的一个周期.

【案例 2-28】(2005 年福建卷理科第 12 题)$f(x)$ 是定义在 **R** 上的以 3 为周期的奇函数，且 $f(2)=0$，则方程 $f(x)=0$ 在区间 $(0,6)$ 内的解的个数的最小值是(　　).

A. 2　　　　　　B. 3　　　　　　C. 4　　　　　　D. 5

【错解】 由题意可得 $f(x)=f(x+3)$，所以 $f(2)=f(5)=0$，又因为 $f(x)$ 是 **R** 上的奇函数，所以 $f(-x)=-f(x)$，所以 $f(-2)=-f(2)=0$，于是 $f(-2)=f(1)=$

$f(4)=0$，又因为 $f(0)=0$，所以 $f(3)=f(6)=0$．故在 $(0，6)$ 内 $f(x)=0$ 的解的个数的最小值为 5．故选 D．

【辨析】[①] 该参考答案是命题组提供的，仅仅是对上述选项的一个分析．事实上，该试题无正确选项，上述参考答案存在重大缺陷，属于认识上的封闭，原因在于：因为 $f(1.5)=f(-1.5)=-f(1.5)$，所以 $f(1.5)=0$，因为 $T=3$，所以 $f(4.5)=0$．故在 $(0，6)$ 内 $f(x)=0$ 的解的个数的最小值为 7．特别指出，关于奇函数的一个重要结论：$f(x)$ 是定义在 $\mathbf{R}$ 上的周期为 T 的奇函数，有 $f\left(\dfrac{T}{2}\right)=0$．证明如下：

$$f\left(\frac{T}{2}\right)=f\left(\frac{T}{2}-T\right)=f\left(-\frac{T}{2}\right)=-f\left(\frac{T}{2}\right)，即\ f\left(\frac{T}{2}\right)=-f\left(\frac{T}{2}\right)，所以\ f\left(\frac{T}{2}\right)=0.$$

需要注意的是，定义在 $\mathbf{R}$ 上的周期为 T 的偶函数，$f\left(\dfrac{T}{2}\right)=0$ 不一定成立．比如，$f(x)=\cos x$ 是定义在 $\mathbf{R}$ 上的偶函数，$T=2\pi$，但 $f(\pi)=-1$．

【正解】由题意可得 $f(x)=f(x+3)$，所以 $f(2)=f(5)=0$，又因为 $f(x)$ 是 $\mathbf{R}$ 上的奇函数，所以 $f(-x)=-f(x)$，所以 $f(-2)=-f(2)=0$，于是 $f(-2)=f(1)=f(4)=0$，因为 $f(0)=0$，所以 $f(3)=f(6)=0$．又因为 $f(1.5)=f(-1.5)=-f(1.5)$，所以 $f(1.5)=0$，因为 $T=3$，所以 $f(4.5)=0$．故在 $(0，6)$ 内 $f(x)=0$ 的解的个数的最小值为 7．

【变式 2-20】定义在 $\mathbf{R}$ 上的函数 $f(x)$ 既是奇函数，又是周期函数，T 是它的一个正周期．若将方程 $f(x)=0$ 在闭区间 $[-T，T]$ 上的根的个数记为 n，则 n 可能为（　　）．

A．0　　　　　　B．1　　　　　　C．3　　　　　　D．5

【正解】由题意 $f(0)=0$，所以 $f(T)=0$，$f(-T)=0$．又因为 $f\left(\dfrac{T}{2}\right)=0$，所以 $f\left(-\dfrac{T}{2}\right)=0$．故选 D．

【案例 2-29】（2005 年湖南省高中数学竞赛第 4 题）对于 $x\in\mathbf{R}$，函数 $f(x)$ 满足 $f(x+2)+f(x-2)=f(x)$，则它是周期函数，这类函数的最小正周期是（　　）．

A．4　　　　　　B．6　　　　　　C．8　　　　　　D．12

【错解】由 $f(x+2)+f(x-2)=f(x)$①，可得 $f(x+4)+f(x)=f(x+2)$②，①+②得 $f(x+4)+f(x-2)=0$③，则 $f(x+4)=-f(x-2)$，于是 $f(x+6)=-f(x)$，所以 $T=12$．故选 D．

【错因分析】命题者混淆了周期和最小正周期的概念．最小正周期是指周期中最小的正周期．

【试题优化】对于 $x\in\mathbf{R}$，函数 $f(x)$ 满足 $f(x+2)+f(x-2)=f(x)$，则它是周期函

[①] 刘成龙，余小芬．参考答案仅供参考［J］．福建中学数学，2013（2）：20-22．

数，这类函数的一个正周期一定是(　　).

A. 4 　　　　　　　B. 6 　　　　　　　C. 8 　　　　　　　D. 12

【案例 2−30】(2007 年第 18 届"希望杯"高中数学竞赛高一二试)假设 $y=f(x)$ 是定义在 **R** 上的函数，且 $f(x)+\dfrac{1}{f(x+2)}=0(x\in\mathbf{R})$，那么 $f(x)$(　　).

A. 不是周期函数　　　　　　　　　B. 是最小正周期为 4 的函数

C. 是最小正周期为 8 的函数　　　　D. 是最小正周期为 16 的函数

【错解】 由 $f(x)+\dfrac{1}{f(x+2)}=0$，得 $f(x+2)=-\dfrac{1}{f(x)}$，于是 $f(x+4)=f(x)$，所以 $f(x)$ 是最小正周期为 4 的函数. 故选 B.

【错因分析】 同案例 2−33.

本案例设计上存在缺陷需要优化，请读者自行完成.

【变式 2−21】 若 $y=f(x)$ 是定义在 **R** 上的函数，且 $y=f(x+1)$ 是奇函数，$y=f(x-1)$ 是偶函数，则 $y=f(x)$(　　).

A. 不是周期函数　　　　　　　　　B. 是以 4 为最小正周期的周期函数

C. 是以 8 为最小正周期的周期函数　D. 是以 16 为最小正周期的周期函数

【案例 2−31】 已知 $f(x)$ 是定义在 **R** 上的偶函数，若 $g(x)$ 是奇函数，且 $g(x)=f(x-1)$，$g(2)=2021$，则 $f(2019)$ 的值等于(　　).

A. 2021 　　　　　　B. 2020 　　　　　　C. −2000 　　　　　　D. −2021

【解法 1】 由题意 $g(x+1)=f(x)$，又因为 $f(x)$ 是定义在 **R** 上的偶函数，所以 $g(x+1)=f(-x)=g(-x+1)$，得 $g(x+2)=g(-x)=-g(x)$，即 $g(x+2)=-g(x)$，进一步得到 $g(x)$ 的一个周期为 4，所以 $f(2019)=g(2020)=g(0)=0$. **无解.**

【解法 2】 由题意 $f(-x-1)=-f(x-1)$，进一步 $f(x+1)=-f(x-1)$，$f(x+2)=-f(x)$，所以 $f(x+4)=f(x)$，故 $f(x)$ 的一个周期为 4. 于是 $f(2019)=f(3)=f(-1)=f(1)=g(2)=2021$. 故选 A.

【解法 3】 因为 $g(x)$ 是奇函数，所以 $g(-x)=-g(x)$，即 $f(-x-1)=-f(x-1)$，又因为 $f(x)$ 是定义在 **R** 上的偶函数，所以 $f(x+1)=f(-x-1)$，于是 $f(x+1)=-f(x-1)$，所以 $f(x+2)=-f(x)$，故 $f(x)$ 的一个周期为 4. 所以 $f(3)=f(1+2)=f(-1-2)=-f(2-1)=-g(2)=-2021$. 故选 D.

【反思】 同一个题目出现了三种不同的解答，问题出在哪里呢? 解法 1 中未使用条件 $g(2)=2021$，解法 2 中使用了 $g(x)=f(x-1)$ 和 $g(2)=2021$ 这两个条件，解法 3 使用了条件 $g(x)=f(x-1)$. 那么，$g(2)=2021$ 是多余的吗? 由题意，$g(2)=f(1)=f(-1)=g(0)$，又因为 $g(x)$ 是奇函数，所以 $g(0)=0$，所以 $g(2)=0$，这与 $g(2)=2021$ 矛盾.

本案例的优化请读者自行探讨.

【案例 2-32】 定义在 **R** 上的函数 $f(x)$ 是偶函数，且 $f\left(x+\dfrac{\pi}{2}\right)=-f(x)$，当 $x\in\left[0,\dfrac{\pi}{2}\right]$ 时，$f(x)=\sin x$，求 $f\left(\dfrac{5\pi}{3}\right)$ 的值.

【错解】 取 $x=0$，则 $f\left(\dfrac{\pi}{2}\right)=-f(0)$，又 $f\left(\dfrac{\pi}{2}\right)=\sin\dfrac{\pi}{2}=1\neq-f(0)=-\sin0=0$，矛盾.

【错因分析】 由题意，$f\left(x+\dfrac{\pi}{2}\right)=-f(x)$，$f(x)=f(-x)$，所以 $f\left(x+\dfrac{\pi}{2}\right)+f(-x)=0$，所以函数关于点 $\left(\dfrac{\pi}{4},0\right)$ 对称，但是所呈现的函数"当 $x\in\left[0,\dfrac{\pi}{2}\right]$ 时，$f(x)=\sin x$"并不满足函数 $f(x)$ 是偶函数、函数关于点 $\left(\dfrac{\pi}{4},0\right)$ 对称.

【优化】 定义在 **R** 上的函数 $f(x)$ 是偶函数，且 $f\left(x+\dfrac{\pi}{2}\right)=-f(x)$，当 $x\in\left[0,\dfrac{\pi}{4}\right]$ 时，$f(x)=\sin x$，求 $f\left(\dfrac{5\pi}{3}\right)$ 的值.

【正解】 因为 $f\left(x+\dfrac{\pi}{2}\right)=-f(x)$，所以 $f(x+\pi)=-f\left(x+\dfrac{\pi}{2}\right)=-(-f(x))=f(x)$. 由题意 π 是 $f(x)$ 的一个周期，于是 $f\left(\dfrac{5\pi}{3}\right)=f\left(\dfrac{2\pi}{3}\right)=f\left(-\dfrac{\pi}{3}\right)=f\left(\dfrac{\pi}{3}\right)=f\left(-\dfrac{\pi}{6}+\dfrac{\pi}{2}\right)=-f\left(-\dfrac{\pi}{6}\right)=-f\left(\dfrac{\pi}{6}\right)=-\dfrac{1}{2}.$

【案例 2-33】 设 $y=f(x)$ 是定义在 **R** 上的偶函数，并满足 $f(x+2)=-\dfrac{1}{f(x)}$，当 $2\leqslant x\leqslant3$ 时，$f(x)=4x$，则 $f(5.5)=($ $).$

A. 2.5   B. 6   C. 10   D. 5.5

【错因分析】 因为 $f(x+2)=-\dfrac{1}{f(x)}$，所以 $f(x+4)=f(x+2+2)=-\dfrac{1}{f(x+2)}=-\dfrac{1}{-\dfrac{1}{f(x)}}=f(x)$，所以 4 为 $f(x)$ 的一个周期. 又因为 $y=f(x)$ 是定义在 **R** 上的偶函数，所以 $f(x)=f(-x)$，得 $f(x+4)=f(-x)$，易得 $f(x)$ 关于 $x=2$ 对称. 于是 $f(1)=f(3)=12$，由 $f(x+2)=-\dfrac{1}{f(x)}$，得 $f(x+2)\cdot f(x)=1$，取 $x=1$，有 $f(1)\cdot f(3)=-1$，显然与 $f(1)=f(3)=12$ 矛盾.

本案例的优化请读者自行探讨.

【案例 2-34】（2014 年大纲卷文科第 12 题）奇函数 $f(x)$ 的定义域为 **R**，若 $f(x+2)$ 为偶函数，且 $f(1)=1$，则 $f(8)+f(9)=($ $).$

A. -2　　　　　　B. -1　　　　　　C. 0　　　　　　D. 1

【正解 1】[1] 因为 $f(x+2)$ 是偶函数，故 $f(x+2)=f(-x+2)$. 又 $f(x)$ 为定义在 **R** 上的奇函数，故 $f(-x)=-f(x)$，且 $f(0)=0$，所以 $f(8)=f(6+2)=f(-6+2)=f(-4)=-f(4)$. 又 $f(4)=f(2+2)=f(-2+2)=f(0)=0$，所以 $f(8)=0$.

同理，$f(9)=f(7+2)=f(-7+2)=f(-5)=-f(5)$. 又 $f(5)=f(3+2)=f(-3+2)=f(-1)=-f(1)=-1$，所以 $f(9)=1$，则 $f(8)+f(9)=1$. 故选 D.

【正解 2】 $f(x+2)$ 为偶函数，$f(x+2)=f(-x+2)$，所以 $f(x)$ 的图像关于 $x=2$ 对称. 又 $f(x)$ 为定义在 **R** 上的奇函数，故 $f(x)$ 关于原点对称，且 $f(0)=0$，$f(1)=1$，故从 $A(0,0)$，$B(1,1)$ 两点出发，利用图像的对称性，作出 $f(x)$ 的部分图像（图 2-7），易得 $f(8)=0$，$f(9)=1$，则 $f(8)+f(9)=1$，故选 D.

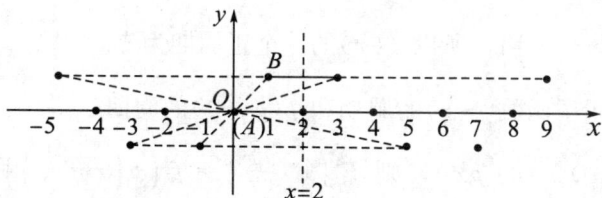

图 2-7

【正解 3】 $f(x+2)$ 是偶函数，故 $f(2+x)=f(2-x)$. 令 $x=x+2$，得 $f(x+4)=f[2-(x+2)]=f(-x)$，再由 $f(x)$ 是奇函数，得 $f(x+4)=-f(x)$①.

同理，$f(x)=f[2-(x-2)]=f(4-x)$，再由 $f(x)$ 是奇函数，得 $f(x)=-f(x-4)$②.

由①②，得 $f(x+4)=f(x-4)$，进一步得 $f(x+8)=f(x+4-4)=f(x)$，即 $f(x)$ 的周期为 8. 所以 $f(8)=f(0)=0$，$f(9)=f(8+1)=f(1)=1$. $f(8)+f(9)=1$，故选 D.

【案例 2-35】（2004 年大纲卷 Ⅳ 理科第 12 题）设函数 $f(x)(x\in\mathbf{R})$ 为奇函数，$f(1)=\dfrac{1}{2}$，$f(x+2)=f(x)+f(2)$，则 $f(5)=($　　$)$.

A. 0　　　　　　B. 1　　　　　　C. $\dfrac{5}{2}$　　　　　　D. 5

【正解 1】 $f(5)=f(3+2)=f(3)+f(2)$，$f(3)=f(1+2)=f(1)+f(2)$，故 $f(5)=f(1)+f(2)+f(2)=2f(2)+f(1)$. 因此，问题的关键是求 $f(2)$. 故选 C.

在 $f(x+2)=f(x)+f(2)$ 中，令 $x=-1$，则 $f(1)=f(-1)+f(2)$. 因为 $f(x)$ 为奇函数，故 $f(-1)=-f(1)=-\dfrac{1}{2}$，解得 $f(2)=1$. 因此，$f(5)=2\times1+\dfrac{1}{2}=\dfrac{5}{2}$. 故选 C.

---

[1] 余小芬. 全国卷高考数学客观题解题分析 [M]. 成都：四川大学出版社，2018.

【正解 2】 $f(x+2)=f(x)+f(2)$，令 $x=-x$，则 $f(2-x)=f(-x)+f(2)$.

由 $f(x)$ 为奇函数，得 $f(2-x)=-f(x)+f(2)$. 再令 $x=1$，得 $f(1)=-f(1)+f(2)$，解得 $f(2)=2f(1)=1$.

联立 $\begin{cases} f(2-x)=-f(x)+f(2), \\ f(x+2)=f(x)+f(2), \end{cases}$ 得 $f(2-x)+f(x+2)=2f(2)=2$，即 $f(2-x)+f(x+2)=2$. 再令 $x=3$，得 $f(-1)+f(5)=2$，因此 $f(5)=\dfrac{5}{2}$. 故选 C.

【案例 2-36】[①]（2003 年北京卷理科第 16 题）若存在常数 $p>0$，使得函数 $f(x)$ 满足 $f(px)=f\left(px-\dfrac{p}{2}\right)(x\in\mathbf{R})$，则 $f(x)$ 的一个正周期为_____.

【错解】 若 $f(x)$ 为周期函数，且 $f(x+T)=f(x)$，则周期为 T，于是 $f(px)=f\left(px-\dfrac{p}{2}\right)=f\left(p\left(x-\dfrac{1}{2}\right)\right)$，所以 $f(x)$ 的一个正周期为 $\dfrac{1}{2}$.

【错因分析】 混淆了函数 $f(x)$ 的周期和 $f(g(x))$ 的周期.

【正解】 令 $F(x)=f(px)$，则 $F\left(x-\dfrac{1}{2}\right)=f\left(p\left(x-\dfrac{1}{2}\right)\right)$，由题意 $F(x)=F\left(x-\dfrac{1}{2}\right)$，易知 $F(x)$ 的一个正周期为 $\dfrac{1}{2}$，即 $f(px)$ 的一个正周期为 $\dfrac{1}{2}$，由图像的变换可知，$f(x)$ 由 $f(px)$ 的横坐标伸长（$p>1$）或缩短（$0<p<1$）为原来的 p 倍得到，故 $f(x)$ 的一个正周期为 $\dfrac{p}{2}$.

【辨析】 周期函数的定义：设 $f(x)$ 为定义在区间 D 上的函数，如果存在常数 $T\neq 0$，对任何 $x\in D$ 都有 $x\pm T\in D$，且 $f(x+T)=f(x)$ 成立，则称 $f(x)$ 为周期函数，常数 T 叫作 $f(x)$ 的一个周期. 对于 $f(x)=f\left(x-\dfrac{p}{2}\right)(x\in\mathbf{R})$，很明显 $\dfrac{p}{2}$ 为 $f(x)$ 的一个正周期，但不能简单套用周期函数的定义，否则会得到错误答案. 事实上，令 $F(x)=f(px)$，则 $F\left(x-\dfrac{1}{2}\right)=f\left(p\left(x-\dfrac{1}{2}\right)\right)$，由题意 $F(x)=F\left(x-\dfrac{1}{2}\right)$，易知 $F(x)$ 的一个正周期为 $\dfrac{1}{2}$，即 $f(px)$ 的一个正周期为 $\dfrac{1}{2}$.

特别指出一个重要结论：函数 $f(x)$ 为定义在 D 上的周期函数，它的最小正周期为 T，则函数 $y=f(ax+b)(a\neq 0,\ ax+b\in D)$ 是以 $\dfrac{T}{|a|}$ 为最小正周期的周期函数.

【证明】 令 $F(x)=f(ax+b)$，由题意 $F(x)=f(ax+b)=f(ax+b+T)=f\left[a\left(x+\dfrac{T}{a}\right)\right]=F\left(x+\dfrac{T}{a}\right)$，所以 $\dfrac{T}{a}$ 为 $F(x)$ 的一个周期，从而 $\dfrac{T}{|a|}$ 为 $F(x)$ 的一个周期.

---

① 刘成龙，余小芬，杨坤林. "形同质异"的函数问题辨析（下）[J]. 理科考试研究，2017（8）：13-16.

下证 $\dfrac{T}{|a|}$ 是最小正周期. 假设 $0<T'<\dfrac{T}{|a|}$，T' 也是 $F(x)$ 的周期，于是 $F(x)=F(x+T')$，即 $f(ax+b)=f[a(x+T')+b]=f[(ax+b)+aT']$，因为 $x\in D$，$ax+b\in D$，当 x 取遍 D 中各数时，$ax+b$ 也取遍 D 中的数，所以上式表明 aT' 是 $f(x)$ 的周期，从而 $|aT'|$ 也是 $f(x)$ 的周期，然而 $0<|aT'|<|a|\dfrac{T}{|a|}=T$，这与 T 是 $f(x)$ 的最小正周期矛盾. 因此，$\dfrac{T}{|a|}$ 为 $f(ax+b)$ 的最小正周期. ①

【案例 2-37】 定义在 **R** 上的函数 $f(x)$ 满足 $f(x)=\begin{cases}\log_2(1-x),& x\leqslant 0,\\ f(x-1)-f(x-2),& x>0,\end{cases}$ 则 $f(2009)=(\quad)$.

　A. -1　　　　　　B. 0　　　　　　C. 1　　　　　　D. 2

【错解】 由 $f(x)=f(x-1)-f(x-2)$①，得 $f(x+1)=f(x)-f(x-1)$②，由①+②得 $f(x+1)=-f(x-2)$，$f(x+3)=-f(x)$，所以 $f(x)$ 的一个周期为 6，故 $f(2009)=f(5)=f(-1)=\log_2 2=1$，故选 C.

【错因分析】 解答过程中使用了 $f(5)=f(-1)$，出现了失误，题目中 $f(x)$ 的一个周期为 6 的前提条件是 $x>0$，$f(5)=f(-1)$ 超出了使用范围.

【正解】 由 $f(x)=f(x-1)-f(x-2)$①，得 $f(x+1)=f(x)-f(x-1)$②，由①+②得 $f(x+1)=-f(x-2)$，$f(x+3)=-f(x)$，所以 $f(x)$ 的一个周期为 6，故 $f(2009)=f(5)$，由递推关系可得 $f(5)=f(4)-f(3)=f(3)-f(2)=-f(1)+f(0)=-f(0)+f(-1)+f(0)=f(-1)=1$，故选 C.

【案例 2-38】 求 $\sin\dfrac{4x}{3}$ 在 $[0,2\pi]$ 内的一个周期.

【错解】 因为 $\sin\dfrac{4x}{3}=\sin\left(\dfrac{4x}{3}+2\pi\right)$，所以 $\sin\dfrac{4x}{3}$ 在 $[0,2\pi]$ 内的一个周期为 2π.

【错因分析】 错误的原因在于没有把握周期函数概念的本质. 周期函数的概念是定义域内的每一个 x，都有 $f(x+T)=f(x)$，而并非对 $\omega x(\omega\neq0,\omega\in \mathbf{R})$ 都有 $f(\omega x+T)=f(\omega x)$. 顺便指出，可以从以下几个方面去把握周期函数的本质：

(1)对定义域内的每一个 x，都有非零常数 T 使得 $f(x+T)=f(x)$，而并非对 $\omega x(\omega\neq0,\omega\in \mathbf{R})$，有 $f(\omega x+T)=f(\omega x)$.

(2)若 $f(x+T)=f(x)$，则 $f(x+nT)=f(x)$，即 nT 为该函数的周期.

(3)若函数 $f(x)$ 具有最小正周期 T_0，则 $f(x)$ 的任意周期 T 一定是 T_0 的整数倍.

【正解】 因为 $\sin\dfrac{4x}{3}=\sin\left[\dfrac{4}{3}\left(x+\dfrac{3}{2}\pi\right)\right]$，所以 $\sin\dfrac{4x}{3}$ 在 $[0,2\pi]$ 内的一个周期为 $\dfrac{3\pi}{2}$.

---

① 李长明，周焕山. 初等数学研究 ［M］. 北京：高等教育出版社，1995：163.

【案例 2-39】函数 $f(x)$ 是定义在 $\mathbf{R}$ 上的偶函数，且满足 $f(x+2)=\dfrac{1}{f(x)}$，当 $x\in$ $[-2,0]$ 时，有 $f(x)=\log_3(-x+2)$，则 $f(2014)=($　　$)$.

A. -1　　　　　　　B. 0　　　　　　　C. 1　　　　　　　D. 2

【解法 1】由 $f(x+2)=\dfrac{1}{f(x)}$，得 $f(x)$ 的周期为 4，于是 $f(2014)=f(2)=f(-2)=$ $\log_3 4$.

【解法 2】由 $f(x+2)=\dfrac{1}{f(x)}$，得 $f(x)$ 的周期为 4，于是 $f(2014)=f(2)=\dfrac{1}{f(0)}=$ $\log_2 3$.

【错因分析】试题出现错误，题设条件矛盾：当 $x=-2$ 时，$f(-2)f(0)=1$；又 $f(-2)=\log_3 4$，$f(0)=\log_3 2$，显然与 $f(-2)f(0)=1$ 相矛盾. 解法 2 中没有用到偶函数这一性质. 事实上，利用 $f(x+2)=\dfrac{1}{f(x)}$ 及区间长度为 2 的表达式即可得到 $f(x)$ 的表达式，可见偶函数是多余的. 同时偶函数这一条件与已知条件不相容：$\forall x\in[0,2]$，有 $-x\in[-2,0]$，所以 $f(-x)=\log_3(x+2)$，得 $f(x)=\log_3(x+2)\,(x\in[0,2))$，所以 $f(x)=\begin{cases}\log_3(-x+2), & x\in[-2,0],\\ \log_3(x+2), & x\in(0,2],\end{cases}$ $f\left(\dfrac{1}{2}\right)=\dfrac{1}{f\left(-\dfrac{3}{2}\right)}=\dfrac{1}{\log_3\dfrac{7}{2}}=\log_{\frac{7}{2}}3$，$f\left(-\dfrac{1}{2}\right)=$ $\dfrac{1}{f\left(-\dfrac{5}{2}\right)}=\dfrac{1}{f\left(\dfrac{5}{2}\right)}=\dfrac{1}{\log_3\dfrac{9}{2}}=\log_{\frac{9}{2}}3$，显然 $f\left(\dfrac{1}{2}\right)\neq f\left(-\dfrac{1}{2}\right)$.

本案例的优化请读者自行探讨.

【案例 2-40】设 $f(x)$ 是定义在 $\mathbf{R}$ 上的函数，若 $f(0)=2023$，且对 $\forall x\in\mathbf{R}$ 满足 $f(x+2)-f(x)\leqslant 3\times 2^x$，$f(x+6)-f(x)\geqslant 63\times 2^x$，则 $f(2028)=$ _____.

【错解】由题意得 $f(x)-f(x+6)\leqslant -63\times 2^x$，因为 $f(x+2)-f(x)\leqslant 3\times 2^x$，所以 $f(x)-f(x+6)+f(x+2)-f(x)\leqslant -63\times 2^x+3\times 2^x$，即 $f(x+6)\leqslant f(x+2)-60\times 2^x$，得 $f(x+4)\leqslant f(x)-60\times 2^{x-2}$，故 $f(x)$ 的周期为 4. 所以 $f(2028)=f(0)=2023$.

【错因分析】不能由 $f(x+4)\leqslant f(x)-60\times 2^{x-2}$ 得出 $f(x)$ 的周期为 4.

【正解 1】由已知得 $\begin{cases}f(6)-f(0)\geqslant 63\times 2^0,\\ f(12)-f(6)\geqslant 63\times 2^6,\\ f(18)-f(12)\geqslant 63\times 2^{12},\\ \quad\vdots\\ f(2028)-f(2022)\geqslant 63\times 2^{2022},\end{cases}$ 累加可得 $f(2028)-f(0)\geqslant$

$63(2^0+2^6+2^{12}+\cdots+2^{2022})=2^{2028}-1$，所以 $f(2028)\leqslant 2^{2028}+2022$. 又因为 $f(x+2)-f(x)\leqslant 3\times 2^x$，所以 $f(2028)-f(0)=f(2028)-f(2026)+f(2026)-f(2024)+\cdots+$

$f(0) \leqslant 3(2^0 + 2^2 + 2^4 + \cdots + 2^{2028}) = 2^{2028} - 1$，所以 $f(2028) \leqslant 2^{2028} + 2022$，所以 $f(2028) = 2^{2028} + 2022$.

【正解 2】 由 $f(x+2) - f(x) \leqslant 3 \times 2^x$①，可得 $f(x+4) - f(x+2) \leqslant 3 \times 2^{x+2}$②，由 $f(x+6) - f(x) \geqslant 63 \times 2^x$，得 $f(x) \leqslant f(x+6) - 63 \times 2^x$③，由①+③得 $60 \times 2^x \leqslant f(x+6) - f(x+2)$④，由②+④得 $f(x+6) - f(x+4) \geqslant 48 \times 2^x$，进一步得 $f(x+2) - f(x) \geqslant 3 \times 2^x$⑤，由①⑤得 $f(x+2) - f(x) = 3 \times 2^x$，于是

$$\begin{cases} f(2) - f(0) = 3 \times 2^0, \\ f(4) - f(2) = 3 \times 2^2, \\ f(6) - f(4) = 3 \times 2^4, \\ \vdots \\ f(2028) - f(2026) = 3 \times 2^{2028}, \end{cases}$$

累加可得 $f(2028) - f(0) = 3(2^0 + 2^2 + \cdots + 2^{2028})$，解得 $f(2028) = 2^{2028} + 2022$.

第五节　稳定性中的易错问题

【案例 2-41】 设函数 $f(x)=x^2+mx+n(m,\ n\in\mathbf{R})$. 若 $A=\{x\,|\,f(x)=x\}=\{-2,\ 4\}$，$B=\{x\,|\,f(f(x))=x\}$，则 $B=$＿＿＿＿＿.

【错解】 由 $f(f(x))=x$，得 $f(x)=x$，且 $A=\{x\,|\,f(x)=x\}=\{-2,\ 4\}$，所以 $f(-2)=-2$，$f(4)=4$，即 $x^2+mx+n=x$，所以 $B=\{x\,|\,f(f(x))=x\}=\{-2,\ 4\}$.

【错因分析】 $f(f(x))=x\Leftrightarrow f(x)=x$ 是错误的，$f(f(x))=x$ 为稳定点，但不一定是不动点. 关于稳定点和不动点的相关知识，将在后面重点介绍.

【正解】 因为 -2，4 是方程 $f(x)=x$ 的两根，即方程 $x^2+(m-1)x+n=0$ 的两根为 $x_1=-2$，$x_2=4$，于是 $\begin{cases}-2+4=-(m-1),\\-2\cdot4=n,\end{cases}$ 解得 $\begin{cases}m=-1,\\n=-8,\end{cases}$ 所以 $f(x)=x^2-x-8$，于是 $f(f(x))=x$，即 $(x^2-x-8)^2-(x^2-x-8)-8=x$，化简为 $(x^2-x-8)^2-x^2=0$，得 $(x^2-2x-8)(x^2-8)=0$，解得 $x=-2$ 或 $x=4$ 或 $x=-\sqrt{2}$ 或 $x=2\sqrt{2}$，于是 $B=\{-2\sqrt{2},\ -2,\ 2\sqrt{2},4\}$.

【拓展 2-6】 稳定点的相关知识.

$f(f(x))=x$ 从初等数学角度揭示了数值分析与泛函分析中的函数迭代，首先我们定义：设连续函数 $f:\mathbf{R}\rightarrow\mathbf{R}$，记 $f(x)=f^1(x)$，$f(f(x))=f^2(x)$，$f(f(f(x)))=f^3(x)$，$\cdots$，$\underbrace{f(f(\cdots f(x)\cdots))}_{n}=f^n(x)$，称 $f^n(x)$ 为函数 $f(x)$ 的 n 次迭代，视 n 次迭代函数 f^n 为 $\mathbf{R}$ 中的一个映射. 若对某个 $x\in\mathbf{R}$，f^n 将 x 映射为它自身，即 $f^n(x)=x$，则称 x 是映射 f^n 的稳定点.

定理 1 设 A 是一个闭区间，$f:A\rightarrow A$ 是一个压缩映射，则存在唯一的 $x_0\in A$，使得 $f(x_0)=x_0$ 成立，即方程 $f(x)=x$ 有唯一的不动点.（此定理是压缩原理的初等表现形式，在此不证明）

因此，当迭代函数次数 $n=1$ 时，$f(x)=x$，称 x 为 $f(x)$ 的不动点.

定理 2 若函数 $f(x)$ 在定义域 D 上单调，$x_0\in D$，都有 $f^n(x_0)=x_0$，则 x_0 是 f^n 的

稳定点，且 x_0 也是 f 的不动点.

下证定理 2：（反证法）若 $f(x_0)=x_0$ 不成立，不妨设 $f(x_0)>x_0$，因为 $f(x)$ 在其定义域内为单调函数，所以 $f^n(x_0)>f(f^{n-1}(x_0))>\cdots>f(x_0)>x_0$，与条件矛盾；若 $f(x_0)<x_0$，得 $f^n(x_0)<f(f^{n-1}(x_0))<\cdots<f(x_0)<x_0$，与条件矛盾. 即证 $f(x_0)=x_0$，所以 x_0 也是 f 的不动点.

于是有以下结论成立：

结论 1　（表达式角度）若 $f(x)$ 为定义在区间 I 上的增函数，则 $f(f(x))=x\Leftrightarrow f(x)=x$.[1]

【证明】任取 $x_1\in I$，不妨设 $f(x_1)>x_1$，因为 $f(x)$ 为定义在区间 I 上的增函数，所以 $f(f(x_1))>f(x_1)>x_1$，这与 $f(f(x_1))=x_1$ 矛盾. 故 $f(x)=x$.

结论 2　（方程解角度）若 $y=f(x)$ 为定义在区间 I 上的增函数，则方程 $f(f(x))=x$ $\Leftrightarrow$ 方程 $f(x)=x\Leftrightarrow$ 方程 $f^{-1}(x)=x\Leftrightarrow$ 方程 $f(x)=f^{-1}(x)$.[2]

【证明】因为 $y=f(x)$ 为定义在区间 I 上的增函数，所以 $y=f(x)$ 有反函数，记为 $y=f^{-1}(x)$，设反函数与原函数的交点坐标为 $(x_0，y_0)$，则 $(y_0，x_0)$ 也是它们的交点，且 $f(x_0)=y_0$，$f(y_0)=x_0$. 不妨设 $x_0<y_0$，因为 $f(x)$ 是增函数，所以 $f(x_0)<f(y_0)$，得 $y_0<x_0$，与假设相矛盾，故 $x_0=y_0$. 于是 $y=f(x)$ 与 $y=f^{-1}(x)$ 的交点一定在直线 $y=x$ 上，则方程 $f(x)=x\Leftrightarrow$ 方程 $f^{-1}(x)=x\Leftrightarrow$ 方程 $f(x)=f^{-1}(x)$，由结论 1 可知 $f(f(x))=x\Leftrightarrow f(x)=x$，故方程 $f(f(x))=x\Leftrightarrow$ 方程 $f(x)=x\Leftrightarrow$ 方程 $f^{-1}(x)=x\Leftrightarrow$ 方程 $f(x)=f^{-1}(x)$.

推论 1　若 $y=f(x)$ 为定义在区间 I 上的增函数，则方程 $f(f(\cdots f(x)\cdots))=x\Leftrightarrow$ 方程 $f(x)=x\Leftrightarrow$ 方程 $f^{-1}(x)=x\Leftrightarrow$ 方程 $f(x)=f^{-1}(x)$.

【案例 2-42】（2013 年四川卷理科第 10 题）设函数 $f(x)=\sqrt{e^x+x-a}$（$a\in\mathbf{R}$，e 为自然对数的底数）. 若曲线 $y=\sin x$ 上存在 $(x_0，y_0)$ 使得 $f(f(y_0))=y_0$，则 a 的取值范围是（　　）.

A. $[1，e]$　　　　B. $[e^{-1}，1]$　　　　C. $[1，1+e]$　　　　D. $[e^{-1}，e+1]$

【解析】[3]因为 $f(x)=\sqrt{e^x+x-a}$ 是增函数，由前面的结论可知 $f(f(y_0))=y_0\Leftrightarrow f(y_0)=y_0$，即 $y_0=\sqrt{e^{y_0}+y_0-a}$，因为 $y_0=\sin x_0\in[-1，1]$ 且 $f(x)=\sqrt{e^{y_0}+y_0-a}$，所以 $0\leqslant y_0\leqslant1$，于是 $y_0^2=e^{y_0}+y_0-a$，得 $a=e^{y_0}-y_0^2+y_0$. 令 $y_0=t$，构造关于 t 的函数 $g(t)$，则 $g(t)=e^t-t^2+t$（$0\leqslant t\leqslant1$），$g'(t)=e^t-2t+1$，因为 $0\leqslant t\leqslant1$，所以 $g'(t)\geqslant0$，故 $g(t)$ 在区间 $[0，1]$ 上单调递增，所以 $g(0)\leqslant g(t)\leqslant g(1)$，即 $1\leqslant$

① 王先义，刘成龙. 由一道选择压轴题参考答案引起的探究 [J]. 中学数学研究，2017（5）：12-13.
② 王先义，刘成龙. 由一道选择压轴题参考答案引起的探究 [J]. 中学数学研究，2017（5）：12-13.
③ 王先义，刘成龙. 由一道选择压轴题参考答案引起的探究 [J]. 中学数学研究，2017（5）：12-13.

$g(t) \leqslant$ e. 故 a 的取值范围是 $[1, e]$. 故选 A.

【变式 2-22】(2013 年福建省三明市普通高中毕业班质量检测理科第 10 题)对于函数 $f(x)$, 若 $f(x_0) = x_0$, 则称 x_0 为函数 $f(x)$ 的"不动点"; 若 $f(f(x_0)) = x_0$, 则称 x_0 为函数 $f(x)$ 的"稳定点". 如果函数 $f(x) = x^2 + a(a \in \mathbf{R})$ 的"稳定点"恰是它的"不动点", 那么实数 a 的取值范围是( ).

A. $\left(-\infty, \dfrac{1}{4}\right]$ B. $\left(-\dfrac{3}{4}, +\infty\right)$ C. $\left(-\dfrac{3}{4}, \dfrac{1}{4}\right]$ D. $\left[-\dfrac{3}{4}, \dfrac{1}{4}\right]$

【解析】 设 x_0 为函数 $f(x)$ 的"不动点", 即 $f(x_0) = x_0$, 于是 $f(x) = x$ 有解, 即 $x^2 + a = x$ 有解, 得 $\Delta = 1 - 4a \geqslant 0$, 解得 $a \leqslant \dfrac{1}{4}$. 又函数 $f(x)$ 的"稳定点"恰是它的"不动点", 所以 x_0 为 $f(f(x)) = x$ 的实数根, 即 x_0 为 $(x^2 + a)^2 + a = x$ 的实数根, 进一步可以化为 $(x^2 + x + a + 1)(x^2 + a - x) = 0$. 因为函数 $f(x)$ 的"稳定点"恰是它的"不动点", 所以 $x^2 + x + a + 1 = 0$ 无实数根或与 $x^2 + a - x = 0$ 有相同的实数根.

(1)当 $a > -\dfrac{3}{4}$ 时, $\Delta = 1 - 4(1+a) < 0$, $x^2 + x + a + 1 = 0$ 无实数根;

(2)当 $a = -\dfrac{3}{4}$ 时, $x^2 + x + a + 1 = 0$ 即为 $x^2 + x + \dfrac{1}{4} = 0$, 解得 $x = -\dfrac{1}{2}$, 而 $x^2 + a - x = 0$ 即为 $x^2 - x - \dfrac{3}{4} = 0$, 解得 $x = -\dfrac{1}{2}$ 或 $x = \dfrac{3}{2}$. 显然, 当 $a = -\dfrac{3}{4}$ 时满足题意.

综上, 可得 a 的取值范围是 $\left(-\dfrac{3}{4}, \dfrac{1}{4}\right]$. 故选 C.

第六节　凹凸性中的易错问题

【案例 2-43】（Ⅰ）设函数 $f(x)=x\log_2 x+(1-x)\cdot\log_2(1-x)(0<x<1)$，求 $f(x)$ 的最小值；

（Ⅱ）设正数 p_1，p_2，p_3，…，p_{2^n} 满足 $p_1+p_2+p_3+\cdots+p_{2^n}=1$，证明：$p_1\log_2 p_1+p_2\log_2 p_2+p_3\log_2 p_3+\cdots+p_{2^n}\log_2 p_{2^n}\geqslant-n$.

【（Ⅱ）的错解】（i）当 $n=1$ 时，由（Ⅰ）知命题成立.

（ii）假定当 $n=k$ 时命题成立，即若正数 p_1，p_2，p_3，…，p_{2^k} 满足 $p_1+p_2+p_3+\cdots+p_{2^k}=1$，则 $p_1\log_2 p_1+p_2\log_2 p_2+p_3\log_2 p_3+\cdots+p_{2^k}\log_2 p_{2^k}\geqslant-k$. 当 $n=k+1$ 时，若正数 p_1，p_2，p_3，…，p_{2^k}，$p_{2^{k+1}}$ 满足 $p_1+p_2+p_3+\cdots+p_{2^k}+p_{2^{k+1}}=1$，令 $x=p_1+p_2+p_3+\cdots+p_{2^{k+1}}$，$q_1=\dfrac{p_1}{x}$，$q_2=\dfrac{p_2}{x}$，…，$q_{2^{k+1}}=\dfrac{p_{2^{k+1}}}{x}$，则 q_1，q_2，q_3，…，$q_{2^{k+1}}$ 满足 $q_1+q_2+q_3+\cdots+q_{2^{k+1}}=1$. 由归纳假设知 $q_1\log_2 q_1+q_2\log_2 q_2+q_3\log_2 q_3+\cdots+q_{2^{k+1}}\log_2 q_{2^{k+1}}\geqslant-(k+1)$，所以 $p_1\log_2 p_1+p_2\log_2 p_2+p_3\log_2 p_3+\cdots+p_{2^k}\log_2 p_{2^k}=x[q_1\log_2(xq_1)+q_2\log_2(xq_2)+\cdots+q_{2^{k+1}}\log_2(xq_{2^{k+1}})]\geqslant x[-(k+1)]+x\log_2 x=-(k+1)$.

【错因分析】一是没有用到归纳假设；二是从 $n=k$ 到 $n=k+1$ 时，项数的变化没有认识清楚.

【正解 1】[①]（i）当 $n=1$ 时，由（Ⅰ）知命题成立.

（ii）假定当 $n=k$ 时命题成立，即若正数 p_1，p_2，p_3，…，p_{2^k} 满足 $p_1+p_2+p_3+\cdots+p_{2^k}=1$，则 $p_1\log_2 p_1+p_2\log_2 p_2+p_3\log_2 p_3+\cdots+p_{2^k}\log_2 p_{2^k}\geqslant-k$. 当 $n=k+1$ 时，若正数 p_1，p_2，p_3，…，$p_{2^{k+1}}$ 满足 $p_1+p_2+p_3+\cdots+p_{2^{k+1}}=1$，令 $x=p_1+p_2+p_3+\cdots+p_{2^k}$，$q_1=\dfrac{p_1}{x}$，$q_2=\dfrac{p_2}{x}$，…，$q_{2^k}=\dfrac{p_{2^k}}{x}$，则 q_1，q_2，q_3，…，q_{2^k} 满足 $q_1+q_2+q_3+\cdots+$

---

① 刘成龙，余小芬. 2005 年高考全国卷 22 题的多解和推广 [J]. 中学数学研究，2008（6）：39-41.

$q_{2^k}=1$. 由归纳假设知 $q_1\log_2 q_1+q_2\log_2 q_2+q_3\log_2 q_3+\cdots+q_{2^k}\log_2 q_{2^k}\geqslant -k$，所以 $p_1\log_2 p_1+p_2\log_2 p_2+p_3\log_2 p_3+\cdots+p_{2^k}\log_2 p_{2^k}=x[q_1\log_2(xq_1)+q_2\log_2(xq_2)+\cdots+q_{2^k}\log_2(xq_{2^k})\geqslant x(-k)+x\log_2 x$①.

同理，由 $p_{2^k+1}+p_{2^k+2}+\cdots+p_{2^{k+1}}=1-x$，可得 $p_{2^k+1}\log_2 p_{2^k+1}+\cdots+p_{2^{k+1}}\log_2 p_{2^{k+1}}\geqslant (1-x)(-k)+(1-x)\log_2(1-x)$②，综合①②两式得 $p_1\log_2 p_1+p_2\log_2 p_2+\cdots+p_{2^{k+1}}\log_2 p_{2^{k+1}}\geqslant [x+(1-x)](-k)+x\log_2 x+(1-x)\log_2(1-x)\geqslant -(k+1)$，即当 $n=k+1$ 时命题也成立.

根据(i)(ii)可知对一切正整数 n 命题成立.

【正解2】[①] 令函数 $g(x)=x\log_2 x+(c-x)\log_2(c-x)$[常数 $c>0$，$x\in(0,c)$]，那么 $g(x)=c\left[\dfrac{x}{c}\log_2\dfrac{x}{c}+\left(1-\dfrac{x}{c}\right)\log_2\left(1-\dfrac{x}{c}\right)+\log_2 c\right]$，由（Ⅰ）知，当 $\dfrac{x}{c}=\dfrac{1}{2}$（即 $x=\dfrac{c}{2}$）时，函数 $g(x)$ 取得最小值. 于是对任意 x_1，$x_2>0$，都有 $x_1\log_2 x_1+x_2\log_2 x_2\geqslant 2\cdot\dfrac{x_1+x_2}{2}\log_2\left(\dfrac{x_1+x_2}{2}\right)=(x_1+x_2)[\log_2(x_1+x_2)-1]$①.

下面用数学归纳法证明结论.

(i)当 $n=1$ 时，由（Ⅰ）知命题成立.

(ii)设当 $n=k$ 时命题成立，即若正数 p_1，p_2，p_3，$\cdots$，p_{2^k} 满足 $p_1+p_2+p_3+\cdots+p_{2^k}=1$，则 $p_1\log_2 p_1+p_2\log_2 p_2+\cdots+p_{2^k}\log_2 p_{2^k}\geqslant -k$. 当 $n=k+1$ 时，p_1，p_2，p_3，$\cdots$，$p_{2^{k+1}}$ 满足 $p_1+p_2+p_3+\cdots+p_{2^{k+1}}=1$，令 $H=p_1\log_2 p_1+p_2\log_2 p_2+\cdots+p_{2^{k+1}-1}\log_2 p_{2^{k+1}-1}+p_{2^k}\log_2 p_{2^k}\geqslant -k$，由①得 $H\geqslant(p_1+p_2)[\log_2(p_1+p_2)-1]+\cdots+(p_{2^{k+1}-1}+p_{2^{k+1}})[\log_2(p_{2^{k+1}-1}+p_{2^{k+1}})-1]$，因为 $(p_1+p_2)+\cdots+(p_{2^{k+1}-1}+p_{2^{k+1}})=1$，由归纳假设知 $H\geqslant(p_1+p_2)\log_2(p_1+p_2)+\cdots+(p_{2^{k+1}-1}+p_{2^{k+1}})\log_2(p_{2^{k+1}-1}+p_{2^{k+1}})\geqslant -k$，得到 $H\geqslant -k-(p_1+p_2+\cdots+p_{2^{k+1}-1}+p_{2^{k+1}})=-(k+1)$，即当 $n=k+1$ 时命题成立.

根据(i)(ii)可知对一切正整数 n 命题成立.

【正解3】[②] 设 $g(x)=x\log_2 x-\dfrac{x}{\ln 2}+\dfrac{1}{\ln 2}$，于是 $g'(x)=\log_2 x$，当 $0<x<1$ 时，$g'(x)<0$；当 $x\geqslant 1$ 时，$g'(x)\geqslant 0$. 所以 $g(x)$ 在 $(0,1]$ 上为减函数，在 $[1,+\infty)$ 上为增函数，于是 $g(x)_{\min}=g(1)=0$，所以 $g(x)\geqslant 0$ 在 $\mathbf{R}^+$ 上恒成立，因此 $x\log_2 x\geqslant x\ln 2-\ln 2(x\in\mathbf{R}^+)$，可得 $2^n x\log_2(2^n\cdot x)\geqslant\dfrac{2^n x}{\ln 2}-\dfrac{1}{\ln 2}$，故 $x\log_2(2^n\cdot x)\geqslant\dfrac{x}{\ln 2}-\dfrac{1}{2^n\ln 2}$，所以 $p_1\log_2(2^n p_1)+p_2\log_2(2^n p_2)+\cdots+p_{2^n}\log_2(2^n p_{2^n})\geqslant\dfrac{p_1}{\ln 2}+\dfrac{p_2}{\ln 2}+\cdots+\dfrac{p_{2^n}}{\ln 2}-\dfrac{1}{2^n\cdot\ln 2}\cdot 2^n$，

---

① 刘成龙，余小芬. 2005 年高考全国卷 22 题的多解和推广 [J]. 中学数学研究，2008 (6)：39—41.
② 刘成龙，余小芬. 2005 年高考全国卷 22 题的多解和推广 [J]. 中学数学研究，2008 (6)：39—41.

又因为 $p_1 + p_2 + p_3 + \cdots + p_{2^n} = 1$，整理得 $p_1 \log_2 p_1 + p_2 \log_2 p_2 + p_3 \log_2 p_3 + \cdots + p_{2^n} \log_2 p_{2^n} \geqslant -n$.

【正解 4】[①] 设 $h(x) = x \log_2 x (0 < x < 1)$，于是 $h'(x) = \log_2 x + \dfrac{1}{\ln 2}$，$h''(x) = \dfrac{1}{x \ln 2}$，又因为 $x \in (0, 1)$，所以 $h''(x) > 0$，因此 $h(x) = x \log_2 x$ 为 $x \in (0, 1)$ 上的凸函数，由 Jensen 不等式可得 $p_1 \log_2 p_1 + p_2 \log_2 p_2 + p_3 \log_2 p_3 + \cdots + p_{2^n} \log_2 p_{2^n} \geqslant 2^n \cdot \left(\dfrac{p_1 + p_2 + p_3 + \cdots + p_{2^n}}{2^n}\right) \cdot \log_2 \left(\dfrac{p_1 + p_2 + p_3 + \cdots + p_{2^n}}{2^n}\right)$，又因为 $p_1 + p_2 + p_3 + \cdots + p_{2^n} = 1$，所以 $p_1 \log_2 p_1 + p_2 \log_2 p_2 + p_3 \log_2 p_3 + \cdots + p_{2^n} \log_2 p_{2^n} \geqslant -n$.

【评注】 正解 1、2 都运用了数学归纳法，属于常规的解法，解题的关键是把 2^{n+1} 项向 2^n 项转换，解答过程中涉及的运算量较大；正解 3 的关键是通过构造函数 $g(x) = x \log_2 x - \dfrac{x}{\ln 2} + \dfrac{1}{\ln 2}$，再利用导数法得到不等式 $x \log_2 x \geqslant \dfrac{x}{\ln 2} - \dfrac{1}{\ln 2}$，涉及的运算量较小；正解 4 抓住了题目的凸函数背景，运用 Jensen 不等式求解，解答过程最简捷.

【拓展 2-7】[②]（Ⅱ）的推广.

【推广 1】 设正数 p_1，p_2，p_3，$\cdots$，p_{2^n} 满足 $p_1 + p_2 + p_3 + \cdots + p_{2^n} = k$，则 $p_1 \log_2 p_1 + p_2 \log_2 p_2 + p_3 \log_2 p_3 + \cdots + p_{2^n} \log_2 p_{2^n} \geqslant k \log_2 k - kn$.

【推广 2】 设正数 p_1，p_2，p_3，$\cdots$，p_{m^n}，$m \in \mathbf{N}^+$，满足 $p_1 + p_2 + p_3 + \cdots + p_{m^n} = k$，则 $p_1 \log_2 p_1 + p_2 \log_2 p_2 + p_3 \log_2 p_3 + \cdots + p_{m^n} \log_2 p_{m^n} \geqslant k(\log_2 k - n \log_2 m)$.

【推广 3】 设正数 p_1，p_2，p_3，$\cdots$，p_{m^n}，$m \in \mathbf{N}^+$，满足 $p_1 + p_2 + p_3 + \cdots + p_{m^n} = k$，则 $p_1 \log_a p_1 + p_2 \log_a p_2 + p_3 \log_a p_3 + \cdots + p_{m^n} \log_a p_{m^n} \geqslant k(\log_a k - n \log_a m)$.

【推广 4】 设正数 p_1，p_2，p_3，$\cdots$，p_{m^n}，$m \in \mathbf{N}^+$，满足 $p_1 + p_2 + p_3 + \cdots + p_{m^n} = k$，则 $p_1 \log_2 p_1 + p_2 \log_2 p_2 + p_3 \log_2 p_3 + \cdots + p_{m^n} \log_a p_{m^n} \leqslant k(\log_a k - n \log_a m)(0 < a < 1)$.

运用 Jensen 不等式很容易证明上述推广，证明过程略.

【拓展 2-8】 函数的凹凸性.

(1)定义：设 $f(x)$ 为定义在区间 I 上的函数，若对 I 上的任意两点 x_1，x_2 和任意实数 $\lambda \in (0, 1)$，总有 $f[\lambda x_1 + (1-\lambda) x_2] \leqslant \lambda f(x_1) + (1-\lambda) f(x_2)$，则称 $f(x)$ 为 I 上的凹函数；反之，如果总有 $f[\lambda x_1 + (1-\lambda) x_2] \geqslant \lambda f(x_1) + (1-\lambda) f(x_2)$，则称 $f(x)$ 为 I 上的凸函数.

(2)几何特征(如图 2-8 所示)[③].

①若曲线上任意两点间的弧段总在这两点连线的下方，则把具有此种特性的曲线称为

① 刘成龙，余小芬. 2005 年高考全国卷 22 题的多解和推广 [J]. 中学数学研究，2008 (6)：39-41.
② 刘成龙，余小芬. 2005 年高考全国卷 22 题的多解和推广 [J]. 中学数学研究，2008 (6)：39-41.
③ 余小芬. 全国卷高考数学客观题解题分析 [M]. 成都：四川大学出版社，2018.

凹的,相应的函数称为凹函数;若曲线上任意两点间的弧段总在这两点连线的上方,则把具有此种特性的曲线称为凸的,相应的函数称为凸函数.

②凹函数的曲线总是在它的任一切线的上方,凸函数的曲线总是在它的任意切线的下方.

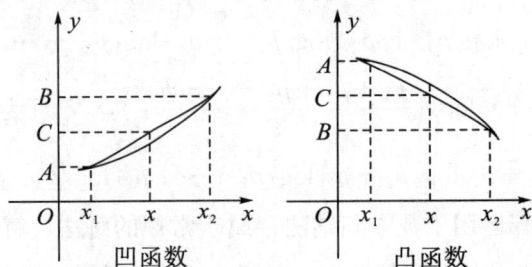

图 2—8

(3)判别方法.

①$f(x)$ 为 I 上的凹函数的充要条件是对于 I 上的任意三点 $x_1 < x_2 < x_3$,总有
$$\frac{f(x_2) - f(x_1)}{x_2 - x_1} \leqslant \frac{f(x_3) - f(x_2)}{x_3 - x_2}.$$

②设 $f(x)$ 为 I 上的二阶可导函数,则在 I 上 $f(x)$ 为凹(凸)函数的充要条件是 $f''(x) \geqslant 0 (f''(x) \leqslant 0)$,$x \in I$.

(4)与凹(凸)函数相关的不等式.

① 取 凹(凸)函数定义中的 $\lambda = \frac{1}{2}$,可得 $f\left(\frac{x_1 + x_2}{2}\right) \leqslant$
$\frac{f(x_1) + f(x_2)}{2} \left[或 f\left(\frac{x_1 + x_2}{2}\right) \geqslant \frac{f(x_1) + f(x_2)}{2}\right].$

凹函数:函数值的平均不小于自变量平均值的函数值.

凸函数:函数值的平均不大于自变量平均值的函数值.

对其推广可以得到更一般的形式.

②Jensen 不等式.

若 $f(x)$ 为 $[a, b]$ 上的凹函数,则对任意 $x_i \in [a, b]$,$\lambda_i > 0 (i = 1, 2, \cdots, n)$,
$\sum\limits_{i=1}^{n} \lambda_i = 1$,有 $f\left(\sum\limits_{i=1}^{n} \lambda_i x_i\right) \leqslant \sum\limits_{i=1}^{n} \lambda_i f(x_i).$

【变式 2—23】(2006 年四川卷理科第 22 题)设 $f(x) = x^2 + \frac{2}{x} + a\ln x (x > 0)$,$x_1$,$x_2 \in \mathbf{R}^+$,$x_1 \neq x_2$. 求证:当 $a \leqslant 0$ 时,$\frac{f(x_1) + f(x_2)}{2} > f\left(\frac{x_1 + x_2}{2}\right)$.

这里先给出变式 2—23 的一个加强:设 $f(x) = x^2 + \frac{2}{x} + a\ln x (x > 0)$,$x_1$,$x_2 \in \mathbf{R}^+$,

$x_1 \neq x_2$. 求证：当 $a \leqslant 6$ 时，$\dfrac{f(x_1)+f(x_2)}{2} > f\left(\dfrac{x_1+x_2}{2}\right)$.

下面给出加强的证明：

因为 $f(x) = x^2 + \dfrac{2}{x} + a\ln x$，所以 $f'(x) = 2x - 2x^{-2} + ax^{-1}$，$f''(x) = 2 + 4x^{-3} - ax^{-2} = x^{-3} \cdot (2x^3 + 4 - ax)$. 令 $g(x) = 2x^3 + 4 - ax$，有 $g(x) = 2x^3 + 4 - ax = 2x^3 + 2 + 2 - ax \geqslant 3\sqrt[3]{2x^3 \cdot 2 \cdot 2} - ax = (6-a)x$，可知当 $a \leqslant 6$ 时，$f''(x) \geqslant 0$. 故 $f(x)$ 在 $(0, +\infty)$ 上为凸函数，由 Jensen 不等式可得 $\dfrac{f(x_1)+f(x_2)}{2} \geqslant f\left(\dfrac{x_1+x_2}{2}\right)$，又因为 $x_1 \neq x_2$，故 $\dfrac{f(x_1)+f(x_2)}{2} > f\left(\dfrac{x_1+x_2}{2}\right)$.

在上述研究的基础上，还可以得到以下推广：

【推广 1】 设 $f(x) = x^2 + \dfrac{2}{x} + a\ln x$，$x_i \in \mathbf{R}^+$，且当 $i \neq j$ 时，$x_i \neq x_j (i, j = 1, 2, \cdots, n)$，则当 $a \leqslant 6$ 时，有 $\displaystyle\sum_{i=1}^{n} \dfrac{f(x_i)}{n} > f\left(\sum_{i=1}^{n} \dfrac{x_i}{n}\right)$.

【证明】 易知 $f(x)$ 在 $(0, +\infty)$ 上为凸函数. 由 Jensen 不等式可得 $\displaystyle\sum_{i=1}^{n} \dfrac{f(x_i)}{n} \geqslant f\left(\sum_{i=1}^{n} \dfrac{x_i}{n}\right)$，又因为 $x_i \neq x_j$，所以 $\displaystyle\sum_{i=1}^{n} \dfrac{f(x_i)}{n} > f\left(\sum_{i=1}^{n} \dfrac{x_i}{n}\right)$.

【推广 2】 设 $f(x) = x^n + \dfrac{2}{x^{n-1}} + a\ln x^{n-1}$ ($n \in \mathbf{N}^+$ 且 $n \geqslant 2$)，$\lambda_i > 0 (i = 1, 2, \cdots, k)$ 且 $\displaystyle\sum_{i=1}^{k} \lambda_i = 1$，$x_i \in \mathbf{R}^+$，且当 $i \neq j$ 时，$x_i \neq x_j (i, j = 1, 2, \cdots, k)$，则当 $a \leqslant 0$ 时，有 $\displaystyle\sum_{i=1}^{k} \lambda_i f(x_i) > f\left(\sum_{i=1}^{k} \lambda_i x_i\right)$.

推广 2 的证明同推广 1，过程略.

第三章
函数的图像及变换中的易错问题

【案例 3-1】（2010 年全国卷 I 理科第 10 题）已知函数 $f(x)=|\lg x|$. 若 $0<a<b$，且 $f(a)=f(b)$，则 $a+2b$ 的取值范围是（ ）.

A. $(2\sqrt{2},\ +\infty)$ B. $[2\sqrt{2},\ +\infty)$ C. $(3,\ +\infty)$ D. $[3,\ +\infty)$

【错解】 由题意 $|\lg a|=|\lg b|$，又因为 $0<a<b$，于是 $a<1<b$，$-\lg a=\lg b$，得 $ab=1$，所以 $a+2b\geqslant 2\sqrt{2ab}=2\sqrt{2}$. 故选 B.

【错因分析】 均值不等式取等条件为 $a=2b$. 事实上，当 $a<1<b$ 时，$a=2b$ 显然不能成立.

【正解 1】[①] 本例解答的方法很多，比如，先去绝对值，再利用基本不等式或线性规划等. 但这些做法都没有从函数图形自身的特点来描述、分析问题. 下面从图形的增减快慢这一特性进行分析.

如图 3-1 所示，作出函数 $f(x)=|\lg x|$ 的图像. 因为 $f(a)=f(b)$，所以 $0<a<1<b$. $y=\lg x$ 增长的规律是先快后慢，即先增长很快，再缓慢增长. 故翻折后图像在 $(0,1)$ 上递减迅速，在 $(1,\ +\infty)$ 上增长非常缓慢，反映在图像上即为同一高度，下降到 $y=0$ 这一位置，$x=1$ 左边的图形"耗时"较少，右边的图形"耗时"较多，故 $b-1>1-a$，即 $a+b>2$. 所以 $a+2b>3$，故选 C.

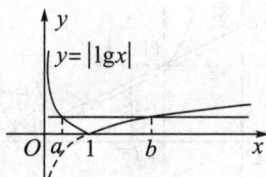

图 3-1

【评注】《普通高中数学课程标准（2017 年版）》[②] 指出：加强几何直观，重视图形在数学学习中的作用，鼓励学生借助直观进行思考. 本案例充分利用了对数函数（底数大于1）的图像先快速增长再缓慢增长这一特性来分析问题，避免了去绝对值、不等式放缩等烦琐的过程，把复杂的数学问题变得简明、形象，优化了解题策略，做到了"多想少算".

【正解 2】 如图 3-1 所示，易知 $0<a<1<b$. 由题意 $|\lg a|=|\lg b|$，得 $-\lg a=\lg b$，于是 $ab=1$，$b=\dfrac{1}{a}$. 设 $y=a+\dfrac{2}{a}$ 在 $(0,\sqrt{2})$ 内单调递减，在 $(\sqrt{2},\ +\infty)$ 内单调递增. 所以 $y>1+\dfrac{2}{1}=3$，则 $y>3$，故选 C.

---

① 余小芬，刘成龙. 巧用图形特性解题 [J]. 数理化学习，2018（5）：19-21.
② 中华人民共和国教育部. 普通高中数学课程标准（2017 年版）[M]. 北京：人民教育出版社，2017.

【正解 3】可转化为线性规划问题：已知 $\begin{cases} ab=1, \\ 0<a<1, \\ b>1, \end{cases}$ 求 $a+2b$ 的取值范围.

易知满足不等式组的平面区域为定义在 $(0，1)$ 上的曲线 $b=\dfrac{1}{a}$.

令 $a+2b=z$，则 $b=-\dfrac{1}{2}a+\dfrac{z}{2}$，其图像平行于直线 $b=-\dfrac{1}{2}a$. 由图 3-2 知，当 $b=$ $-\dfrac{1}{2}a+\dfrac{z}{2}$ 与曲线 $b=\dfrac{1}{a}$ 相切时，z 有最小值. 联立 $\begin{cases} b=-\dfrac{1}{2}a+\dfrac{z}{2}, \\ b=\dfrac{1}{a}, \end{cases}$ 得 $a^2-za+2=0$，故

$\Delta=z^2-8=0$，$z=2\sqrt{2}$，此时切点坐标为 $\left(\sqrt{2}，\dfrac{\sqrt{2}}{2}\right)$，但切点不在已知区域内，故当 $a=$ 1，$b=1$ 时，直线 $b=-\dfrac{1}{2}a+\dfrac{z}{2}$ 的纵截距最小，即 $z>1+2\times1=3$. 故选 C.

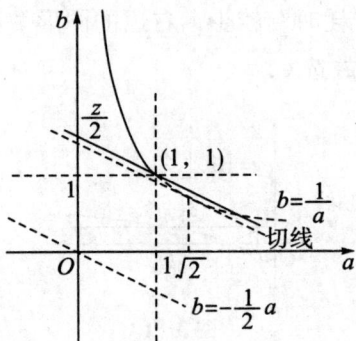

图 3-2

【变式 3-1】（2010 年新课标卷理科第 11 题）已知函数 $f(x)=\begin{cases} |\lg x|，& 0<x\leqslant10, \\ -\dfrac{1}{2}x+6，& x>10, \end{cases}$ 若 a，b，c 互不相等，且 $f(a)=f(b)=f(c)$，则 abc 的取值范围是（　　）.

　　A.$(1，10)$　　　　　B.$(5，6)$　　　　　C.$(10，12)$　　　　　D.$(20，24)$

【解析】如图 3-3 所示，作出分段函数的图像. 若 $f(a)=f(b)=f(c)$，则必有 $0<a<1$，$1<b<10$，$10<c<12$，且 $\lg\dfrac{1}{a}=\lg b=-\dfrac{1}{2}c+6$. 故 $\dfrac{1}{a}=b$，$ab=1$. 所以 $abc=c\in(10，12)$. 故选 C.

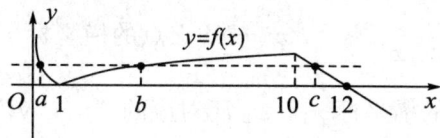

图 3-3

【变式 3-2】(2010 年大纲卷 I 理科第 7 题)已知函数 $f(x) = |\lg x|$. 若 $a \neq b$ 且 $f(a) = f(b)$，则 $a + b$ 的取值范围是(　　).

A. $(1, +\infty)$ 　　　 B. $[1, +\infty)$ 　　　 C. $(2, +\infty)$ 　　　 D. $[2, +\infty)$

【正解】 参考案例 3-1 正解 1，可得 $a + b > 2$，故选 C.

【案例 3-2】(2012 年山东卷理科第 12 题)设函数 $f(x) = \dfrac{1}{x}$，$g(x) = ax^2 + bx (a, b \in \mathbf{R}, a \neq 0)$，若 $y = f(x)$ 的图像与 $y = g(x)$ 的图像有且仅有两个不同的公共点 $A(x_1, y_1)$，$B(x_2, y_2)$，则下列判断正确的是(　　).

A. 当 $a < 0$ 时，$x_1 + x_2 < 0$，$y_1 + y_2 > 0$

B. 当 $a < 0$ 时，$x_1 + x_2 > 0$，$y_1 + y_2 < 0$

C. 当 $a > 0$ 时，$x_1 + x_2 < 0$，$y_1 + y_2 < 0$

D. 当 $a > 0$ 时，$x_1 + x_2 > 0$，$y_1 + y_2 > 0$

【错解】 由 $\dfrac{1}{x} = ax^2 + bx$，得 $\dfrac{1}{x^2} = ax + b$ 与 $y = \dfrac{1}{x^2}$，$y = ax + b$ 的图像分两类($a > 0$ 和 $a < 0$)，如图 3-4、图 3-5 所示.

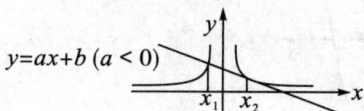

图 3-4

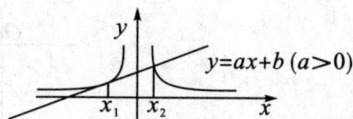

图 3-5

由 $y = \dfrac{1}{x^2}$ 的图像的对称性，可知当 $a < 0$ 时，$x_1 + x_2 > 0$，$y_1 + y_2 > 0$；当 $a > 0$ 时，$x_1 + x_2 < 0$，$y_1 + y_2 > 0$.

显然，本案例无选项.

【错因分析】 x_1，x_2 是方程 $\dfrac{1}{x} = ax^2 + bx$ 的解，也是方程 $\dfrac{1}{x^2} = ax + b$ 的解，即方程 $\dfrac{1}{x} = ax^2 + bx$ 与方程 $\dfrac{1}{x^2} = ax + b$ 同解. 因此，分析方程 $\dfrac{1}{x} = ax^2 + bx$ 的解 x_1，x_2 的状态，等价于分析方程 $\dfrac{1}{x^2} = ax + b$ 的解 x_1，x_2 的状态. 上述对 $x_1 + x_2$ 的状态的分析是正确的，但是由 $y = \dfrac{1}{x}$，$y = ax^2 + bx$ 和 $y = \dfrac{1}{x^2}$，$y = ax + b$ 分别所对应的"y_1，y_2"的状态却发生

了变化，也就是说，函数 $y = \dfrac{1}{x}$，$y = ax^2 + bx$ 交点的横坐标 x_1，x_2 所对应的 "y_1，y_2"

与 $y = \dfrac{1}{x^2}$，$y = ax + b$ 交点的横坐标 x_1，x_2 所对应的 "y_1，y_2" 不相等，这是显然的.

【正解1】设 $\dfrac{1}{x} = ax^2 + bx$，得 $ax^3 + bx^2 - 1 = 0(x \neq 0)$，令 $F(x) = ax^3 + bx^2 - 1$，则

$F'(x) = 3ax^2 + 2bx$，由 $F'(x) = 3ax^2 + 2bx = 0$，解得 $x_1 = 0$，$x_2 = -\dfrac{2b}{3a}$.

若 $-\dfrac{2b}{3a} > 0$，且 $a > 0$，则 $b < 0$，$F'(x)$ 的图像如图 3-6 所示.

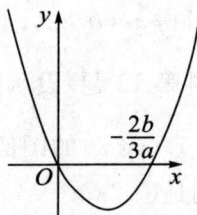

图 3-6

由于 $\lim\limits_{x \to +\infty} F(x) = +\infty$，$F(0) = -1$，$\lim\limits_{x \to -\infty} F(x) = -\infty$，所以 $F(x)$ 的图像如图 3-7 所示.

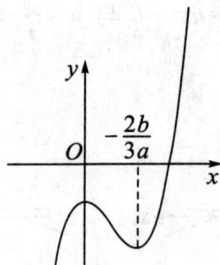

图 3-7

因为 $F(x) = 0(x \neq 0)$ 有两个不同的根，所以 $F\left(-\dfrac{2b}{3a}\right) = 0$，解得 $27a^2 = 4b^3$，这与 $b < 0$ 矛盾.

若 $-\dfrac{2b}{3a} > 0$，且 $a < 0$，则 $b > 0$，$F'(x)$ 的图像如图 3-8 所示.

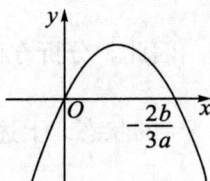

图 3-8

由于 $\lim\limits_{x \to +\infty} F(x) = -\infty$，$F(0) = -1$，$\lim\limits_{x \to -\infty} F(x) = +\infty$，所以 $F(x)$ 的图像如图 3−9 所示.

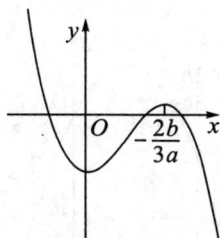

图 3−9

因为 $F(x) = 0(x \neq 0)$ 有两个不同的根，所以 $F\left(-\dfrac{2b}{3a}\right) = 0$，解得 $27a^2 = 4b^3$. 不妨取 $a = -2$，$b = 3$，此时 $2x^3 - 3x^2 + 1 = 0$，解得 $x_1 = -\dfrac{1}{2}$，$x_2 = 1$，所以 $y_1 = -2$，$y_2 = 1$，因此 $x_1 + x_2 > 0$，$y_1 + y_2 < 0$.

若 $-\dfrac{2b}{3a} < 0$，且 $a > 0$，则 $b > 0$，$F'(x)$ 的图像如图 3−10 所示.

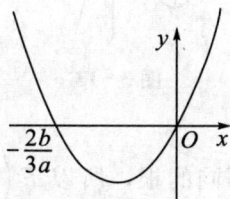

图 3−10

由于 $\lim\limits_{x \to +\infty} F(x) = +\infty$，$F(0) = -1$，$\lim\limits_{x \to -\infty} F(x) = -\infty$，所以 $F(x)$ 的图像如图 3−11 所示.

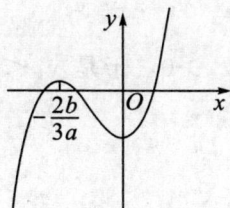

图 3−11

因为 $F(x) = 0(x \neq 0)$ 有两个不同的根，所以 $F\left(-\dfrac{2b}{3a}\right) = 0$，解得 $27a^2 = 4b^3$. 不妨取 $a = 2$，$b = 3$，此时 $2x^3 + 3x^2 - 1 = 0$，解得 $x_1 = -1$，$x_2 = \dfrac{1}{2}$，所以 $y_1 = -1$，$y_2 = 2$，因

此 $x_1+x_2<0$，$y_1+y_2>0$.

若 $-\dfrac{2b}{3a}<0$，且 $a<0$，则 $b<0$，$F'(x)$ 的图像如图 3-12 所示.

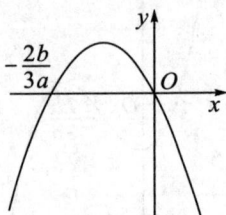

图 3-12

由于 $\lim\limits_{x\to+\infty}F(x)=-\infty$，$F(0)=-1$，$\lim\limits_{x\to-\infty}F(x)=+\infty$，所以 $F(x)$ 的图像如图 3-13 所示.

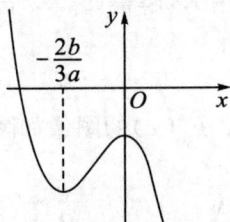

图 3-13

因为 $F(x)=0(x\neq0)$ 有两个不同的根，所以 $F\left(-\dfrac{2b}{3a}\right)=0$，解得 $27a^2=4b^3$，这与 $b<0$ 矛盾.

综上，故选 B.

【正解 2】 在错解的基础上，当 $a>0$ 时，由图 3-5 可知 $x_1<0$，$x_2>0$，$x_1+x_2<0$，于是 $y_1<0$，$y_2>0$，且 $x_1+x_2=\dfrac{1}{y_1}+\dfrac{1}{y_2}=\dfrac{y_1+y_2}{y_1y_2}<0$，所以 $y_1+y_2>0$；当 $a<0$ 时，由图 3-4 可知 $x_1<0$，$x_2>0$，$x_1+x_2>0$，于是 $y_1<0$，$y_2>0$，且 $x_1+x_2=\dfrac{1}{y_1}+\dfrac{1}{y_2}=\dfrac{y_1+y_2}{y_1y_2}>0$，所以 $y_1+y_2<0$.

综上，故选 B.

【变式 3-3】 (2012 年山东卷文科第 12 题)设函数 $f(x)=\dfrac{1}{x}$，$g(x)=-x^2+bx$. 若 $y=f(x)$ 的图像与 $y=g(x)$ 的图像有且仅有两个不同的公共点 $A(x_1,y_1)$，$B(x_2,y_2)$，则下列判断正确的是(　　).

A. $x_1+x_2>0$，$y_1+y_2>0$　　　　　　　　B. $x_1+x_2>0$，$y_1+y_2<0$

C. $x_1+x_2<0$，$y_1+y_2>0$ 　　　　　　　　　　D. $x_1+x_2<0$，$y_1+y_2<0$

变式 $3-3$ 的解答参考案例 $3-2$，请读者自行完成.

【案例 $3-3$】描绘函数 $y=2x\mathrm{e}^{-x}$ 的图像.

【错解】$f'(x)=2\mathrm{e}^{-x}(1-x)$，令 $f'(x)=2\mathrm{e}^{-x}(1-x)=0$，解得 $x=1$，于是 $f'(x)$ 的图像如图 $3-14$ 所示.

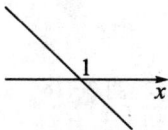

图 3-14

所以 $y=2x\mathrm{e}^{-x}$ 的图像如图 $3-15$ 所示.

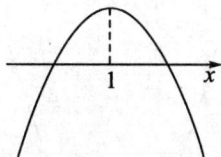

图 3-15

【错因分析】显然当 $x\to 0$ 时，$y>0$. 错误的原因是未对函数 $y=2x\mathrm{e}^{-x}$ 的性态进行全面分析.

【正解】函数的定义域为 $(-\infty,+\infty)$.

令 $x=0$，解得 $y=0$；令 $y=0$，解得 $x=0$，故图像过点 $(0,0)$.

又 $f'(x)=2\mathrm{e}^{-x}(1-x)$，令 $f'(x)=0$，解得 $x=1$. 又 $f''(x)=2\mathrm{e}^{-x}(x-2)$，令 $f''(x)=0$，解得 $x=2$.

故 $x=1$ 和 $x=2$ 将定义域分成三个子区间：$(-\infty,1)$，$(1,2)$，$(2,+\infty)$.

下面列表分析图像的性质：

x	$(-\infty,1)$	1	$(1,2)$	2	$(2,+\infty)$
$f'(x)$	+	0	-	-	-
$f''(x)$	-	-	-	0	+
$f(x)$	单调递增 凸函数	极大值点 $f(1)=\dfrac{2}{\mathrm{e}}$	单调递减 凸函数	拐点 $f(2)=\dfrac{4}{\mathrm{e}^2}$	单调递减 凹函数

由于 $\lim\limits_{x\to+\infty}f(x)=\lim\limits_{x\to+\infty}\dfrac{2x}{\mathrm{e}^x}=\lim\limits_{x\to+\infty}\dfrac{2}{\mathrm{e}^x}=0$，所以 $f(x)$ 的图像有一条水平渐近线 $y=0$，

$\lim\limits_{x\to-\infty}f(x)=\lim\limits_{x\to-\infty}2x\mathrm{e}^{-x}=-\infty$.

利用上述信息，作出 $f(x)$ 的图像，如图 3-16 所示.

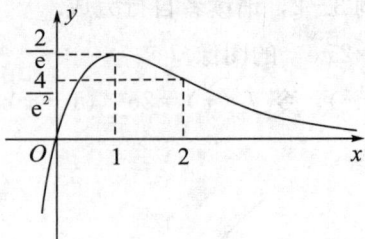

图 3-16

【变式 3-4】 函数 $f(x)=(x^2-\sqrt{3}x)e^{2x}-a$ 有三个零点，求 a 的取值范围.

【错解】 $f'(x)=(2x-\sqrt{3})e^{2x}+2(x^2-\sqrt{3}x)e^{2x}=[2x^2+(2-\sqrt{3})x-\sqrt{3}]e^{2x}=(x+1)\cdot$
$(2x-\sqrt{3})e^{2x}$，$f'(x)$ 的图像如图 3-17 所示.

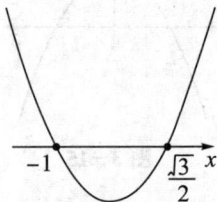

图 3-17

易得 $f(x)$ 的图像，如图 3-18 所示，要使函数 $f(x)=(x^2+\sqrt{3}x)e^{2x}-a$ 有三个零

点，则需要满足 $\begin{cases} f(-1)>0, \\ f\left(\dfrac{\sqrt{3}}{2}\right)<0, \end{cases}$ 解得 $\begin{cases} a<(1+\sqrt{3})e^{-2}, \\ a>-\dfrac{3}{4}e^{\sqrt{3}}, \end{cases}$ 所以 $-\dfrac{3}{4}e^{\sqrt{3}}<a<(1+\sqrt{3})e^{-2}$.

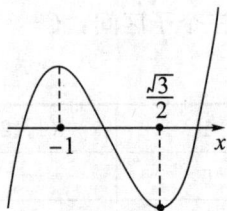

图 3-18

【错因分析】 画图失误.

【正解】 令 $g(x)=(x^2-\sqrt{3}x)e^{2x}$，所以 $g'(x)=(2x+\sqrt{3})e^{2x}+2(x^2+\sqrt{3}x)e^{2x}=$
$[2x^2+(2+\sqrt{3})x+\sqrt{3}]e^{2x}=(x+\sqrt{3})(2x+1)e^{2x}$，$g'(x)$ 的图像如图 3-17 所示.

因为 $\lim\limits_{x\to+\infty}g(x)=+\infty$，当 $x<0$ 时，$g(x)>0$，$g(-1)=(1+\sqrt{3})e^{-2}>0$，$g\left(\dfrac{\sqrt{3}}{2}\right)=$

$\left(\dfrac{3}{4}-\dfrac{3}{2}\right)\mathrm{e}^{\sqrt{3}}<0$，所以 $g(x)$ 的图像如图 3—19 所示.

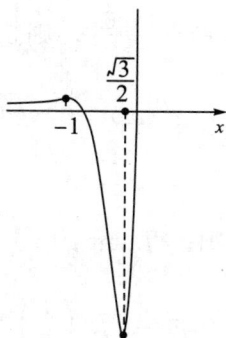

图 3—19

要使得函数 $g(x)=(x^2-\sqrt{3}\,x)\mathrm{e}^{2x}$ 与 $y=a$ 有三个交点，则 $0<a<g(-1)$，即 $0<a<(1+\sqrt{3})\mathrm{e}^{-2}$.

【变式 3—5】（2008 年四川卷理科第 22 题）已知 $x=3$ 是 $f(x)=a\ln(1+x)+x^2-10x$ 的一个极值点. 若直线 $y=b$ 与函数 $y=f(x)$ 的图像有三个交点，求 b 的取值范围.

【正解】因为 $f'(x)=\dfrac{a}{1+x}+2x-10$，所以 $f'(3)=\dfrac{a}{4}+6-10=0$，得 $a=16$. 所以

$f(x)=16\ln(1+x)+x^2-10x$，$x\in(-1,+\infty)$，$f'(x)=\dfrac{2(x-3)(x-1)}{1+x}$.

当 $x\in(-1,1)\cup(3,+\infty)$ 时，$f'(x)>0$；当 $x\in(1,3)$ 时，$f'(x)<0$，所以 $f(x)$ 的单调增区间是 $(-1,1)$，$(3,+\infty)$，$f(x)$ 的单调减区间是 $(1,3)$. 所以 $f(x)$ 的极大值为 $f(1)=16\ln2-9$，极小值为 $f(3)=32\ln2-21$. 又因为 $\lim\limits_{x\to-1}f(x)=-\infty$，$\lim\limits_{x\to+\infty}f(x)=+\infty$，所以 $f(x)$ 的图像如图 3—20 所示.

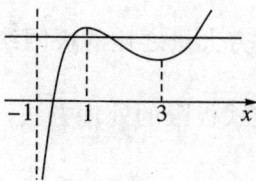

图 3—20

所以直线 $y=b$ 与 $y=f(x)$ 的图像有三个交点当且仅当 $f(3)<b<f(1)$. 因此，b 的取值范围为 $(32\ln2-21,\ 16\ln2-9)$.

【变式 3—6】（2004 年大纲卷 I 文科第 19 题）已知函数 $f(x)=ax^3+3x^2-x+1$ 在 **R** 上是减函数，求 a 的取值范围.

【解析】$f'(x)=3ax^2+6x-1$. $f(x)$ 为 **R** 上的减函数，故 $f'(x)\leqslant0$ 在 **R** 上恒成立.

即 $3ax^2+6x-1\leqslant 0$，$3ax^2\leqslant 1-6x$.

当 $x=0$ 时，$0\leqslant 1$ 恒成立，故 $a\in\mathbf{R}$.

当 $x\neq 0$ 时，$3a\leqslant\dfrac{1-6x}{x^2}$. 令 $g(x)=\dfrac{1-6x}{x^2}$，则 $3a\leqslant g(x)_{\min}$. 又 $g'(x)=\dfrac{6x-2}{x^3}$，易知当 $x\in(-\infty,0)\cup\left(\dfrac{1}{3},+\infty\right)$ 时，$g'(x)>0$，$g(x)$ 单调递增；当 $x\in\left(0,\dfrac{1}{3}\right)$ 时，$g'(x)<0$，$g(x)$ 单调递减.

又 $\lim\limits_{x\to 0}g(x)=+\infty$，由洛必达法则，得 $\lim\limits_{x\to -\infty}g(x)=\lim\limits_{x\to -\infty}\dfrac{1-6x}{x^2}=\lim\limits_{x\to -\infty}\dfrac{-6}{2x}=0$. 同理，$\lim\limits_{x\to +\infty}g(x)=0$. 如图 3—21 所示，故 $g(x)_{\min}=g\left(\dfrac{1}{3}\right)=-9$，$3a\leqslant -9$，$a\leqslant -3$.

综上，a 的取值范围是 $(-\infty,-3]$.

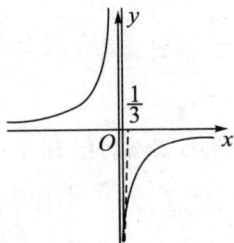

图 3—21

【评注】本题利用分离参数法，将问题转化为求解函数 $g(x)$ 的最小值. 由于函数 $g(x)$ 在定义域内不连续，且定义域为开区间，由函数的单调性，只能判断 $g\left(\dfrac{1}{3}\right)$ 为函数的极小值. 要说明 $g\left(\dfrac{1}{3}\right)$ 为函数的最小值，还要继续判断当 $x\to 0$，$x\to\infty$ 时函数取值.

【拓展 3—1】洛必达法则[①].

我们把两个无穷小量或两个无穷大量之比的极限统称不定式极限，分别记为 $\dfrac{0}{0}$ 型或 $\dfrac{\infty}{\infty}$ 型不定式极限. 对于这两类不定式极限的处理方法，通常称为洛必达法则. 至于其他类型的不定式极限（$0\cdot\infty$，1^{∞}，0^0，∞^0，$\infty-\infty$ 等），经过变形均可化为 $\dfrac{0}{0}$ 型或 $\dfrac{\infty}{\infty}$ 型不定式极限.

(1) $\dfrac{0}{0}$ 型不定式极限.

如果：① $\lim\limits_{x\to x_0}f(x)=0$，$\lim\limits_{x\to x_0}F(x)=0$；

---

① 余小芬. 全国卷高考数学客观题解题分析［M］. 成都：四川大学出版社，2018.

②在点 x_0 的某去心邻域内，$f'(x)$ 及 $F'(x)$ 都存在且 $F'(x) \neq 0$；

③$\lim\limits_{x \to x_0} \dfrac{f'(x)}{F'(x)} = A$（或为无穷大）.

那么有 $\lim\limits_{x \to x_0} \dfrac{f(x)}{F(x)} = \lim\limits_{x \to x_0} \dfrac{f'(x)}{F'(x)} = A$.

【评注】对 $x \to \infty$ 时的 $\dfrac{0}{0}$ 型不定式极限，也有相应的洛必达法则.

(2) $\dfrac{\infty}{\infty}$ 型不定式极限.

如果：①$\lim\limits_{x \to x_0} f(x) = \infty$，$\lim\limits_{x \to x_0} F(x) = \infty$；

②在点 x_0 的某去心邻域内，$f'(x)$ 及 $F'(x)$ 都存在且 $F'(x) \neq 0$；

③$\lim\limits_{x \to x_0} \dfrac{f'(x)}{F'(x)} = A$（或为无穷大）.

那么有 $\lim\limits_{x \to x_0} \dfrac{f(x)}{F(x)} = \lim\limits_{x \to x_0} \dfrac{f'(x)}{F'(x)} = A$.

【评注】对 $x \to \infty$ 时的 $\dfrac{\infty}{\infty}$ 型不定式极限，也有相应的洛必达法则.

【变式 3-7】（2016 年四川卷理科第 22 题）设函数 $f(x) = ax^2 - a - \ln x$，其中 $a \in \mathbf{R}$.确定 a 的所有可能取值，使得 $f(x) > \dfrac{1}{x} - e^{1-x}$ 在区间 $(1, +\infty)$ 内恒成立（$e = 2.718\cdots$ 为自然对数的底数）.

【错解】令 $h(x) = f(x) - g(x) = ax^2 - a - \ln x - \dfrac{1}{x} + e^{1-x}$（$x > 1$），则 $h'(x) = 2ax - \dfrac{1}{x} + \dfrac{1}{x^2} - e^{1-x}$. 由于 $h(x)$ 在 $(1, +\infty)$ 内恒大于零，又 $h(1) = 0$，于是 $h'(1) = \lim\limits_{x \to 1} \dfrac{h(x) - h(1)}{x - 1} = \lim\limits_{x \to 1} \dfrac{h(x)}{x - 1}$. 因为 $h(x) > 0$，$x - 1 > 0$，于是 $\dfrac{h(x)}{x - 1} > 0$ 在 $(1, +\infty)$ 内恒成立，由函数极限的保号性可知 $h'(1) \geqslant 0$，即 $a \geqslant \dfrac{1}{2}$.

当 $a \geqslant \dfrac{1}{2}$ 时，$h'(x) = 2ax - \dfrac{1}{x} + \dfrac{1}{x^2} - e^{1-x} > x - \dfrac{1}{x} + \dfrac{1}{x^2} - 1 > \dfrac{x^3 - x^2 - x + 1}{x^2} = \dfrac{(x-1)^2(x+1)}{x^2} > 0$. 因此，$h(x)$ 在区间 $(1, +\infty)$ 内单调递增. 所以当 $x > 1$ 时，$h(x) = f(x) - g(x) > h(1) = 0$，即 $f(x) > g(x)$ 恒成立. 综上，$a \in \left[\dfrac{1}{2}, +\infty \right)$.

【错因分析】计算 $h'(1)$ 时，x 的变化状态有误.

【正解 1】令 $h(x) = f(x) - g(x) = ax^2 - a - \ln x - \dfrac{1}{x} + e^{1-x}$（$x > 1$），则 $h'(x) = 2ax - \dfrac{1}{x} + \dfrac{1}{x^2} - e^{1-x}$. 由于 $h(x)$ 在 $(1, +\infty)$ 内恒大于零，又 $h(1) = 0$，于是 $h'(1) =$

$\lim\limits_{x\to1^+}\dfrac{h(x)-h(1)}{x-1}=\lim\limits_{x\to1^+}\dfrac{h(x)}{x-1}$. 因为 $h(x)>0$, $x-1>0$, 于是 $\dfrac{h(x)}{x-1}>0$ 在 $(1, +\infty)$ 内恒成立, 由函数极限的保号性可知 $h'(1)\geqslant0$, 即 $a\geqslant\dfrac{1}{2}$.

当 $a\geqslant\dfrac{1}{2}$ 时, $h'(x)=2ax-\dfrac{1}{x}+\dfrac{1}{x^2}-e^{1-x}>x-\dfrac{1}{x}+\dfrac{1}{x^2}-1>\dfrac{x^3-x^2-x+1}{x^2}=\dfrac{(x-1)^2(x+1)}{x^2}>0$. 因此, $h(x)$ 在区间 $(1, +\infty)$ 内单调递增. 所以当 $x>1$ 时, $h(x)=f(x)-g(x)>h(1)=0$, 即 $f(x)>g(x)$ 恒成立. 综上, $a\in\left[\dfrac{1}{2}, +\infty\right)$.

【评注】 正解中使用了洛必达这一工具求解, 还可以运用导数定义求解.

【正解2】[①] 由 $f(x)>\dfrac{1}{x}-e^{1-x}$, 可得 $a>\dfrac{\ln x+\dfrac{1}{x}-e^{1-x}}{x^2-1}$.

令 $h(x)=\dfrac{\ln x+\dfrac{1}{x}-e^{1-x}}{x^2-1}$, 则 $h'(x)=\dfrac{\left(\dfrac{1}{x}-\dfrac{1}{x^2}+e^{1-x}\right)(x^2-1)-2x\left(\ln x+\dfrac{1}{x}-e^{1-x}\right)}{(x^2-1)^2}=\dfrac{x-\dfrac{1}{x}+\dfrac{1}{x^2}-3-2x\ln x+(x^2+2x-1)e^{1-x}}{(x^2-1)^2}$. 令 $g(x)=\dfrac{1}{x}-\dfrac{1}{e^{x-1}}$, $s(x)=e^{x-1}-x$, 则 $s'(x)=e^{x-1}-1$, 而当 $x>1$ 时, $s'(x)>0$, 所以 $s(x)$ 在区间 $(1, +\infty)$ 内单调递增, 得 $s(x)>s(1)=0$. 当 $x>1$ 时, $g(x)>0$, 即 $\dfrac{1}{x}>\dfrac{1}{e^{x-1}}$ 成立. 所以 $h'(x)<\dfrac{x-\dfrac{1}{x}+\dfrac{1}{x^2}-3-2x\ln x+(x^2+2x-1)\dfrac{1}{x}}{(x^2-1)^2}=\dfrac{2x-\dfrac{2}{x}+\dfrac{1}{x^2}-1-2x\ln x}{(x^2-1)^2}=\dfrac{x\left(2-\dfrac{2}{x^2}+\dfrac{1}{x^3}-\dfrac{1}{x}-2\ln x\right)}{(x^2-1)^2}$.

令 $m(x)=2-\dfrac{2}{x^2}+\dfrac{1}{x^3}-\dfrac{1}{x}-2\ln x$, 则 $m'(x)=-\dfrac{3}{x^4}+\dfrac{4}{x^3}+\dfrac{1}{x^2}-\dfrac{2}{x}=\dfrac{(1-x)(2x^2+x-3)}{x^4}<0$. 当 $x>1$ 时, $m(x)$ 为减函数, 于是 $m(x)<m(1)=0$, 从而 $h'(x)<0$, 所以 $h(x)$ 在 $(1, +\infty)$ 上为减函数. 故 $a\geqslant\lim\limits_{x\to1^+}h(x)=\lim\limits_{x\to1^+}\dfrac{\ln x+\dfrac{1}{x}-e^{1-x}}{x^2-1}=$

$\lim\limits_{x\to1^+}\dfrac{\dfrac{\ln x+\dfrac{1}{x}-e^{1-x}}{x+1}-\dfrac{\ln 1+\dfrac{1}{1}-e^{1-1}}{1+1}}{x-1}$, 记 $\mu(x)=\dfrac{\ln x+\dfrac{1}{x}-e^{1-x}}{x+1}$, 则 $\mu'(x)=$

$\dfrac{\left(\dfrac{1}{x}-\dfrac{1}{x^2}+e^{1-x}\right)(x+1)-\left(\ln x+\dfrac{1}{x}-e^{1-x}\right)\cdot1}{(x+1)^2}$, 得 $\lim\limits_{x\to1^+}h(x)=\mu'(1)=$

---

① 赵珂誉, 刘成龙. 导数定义法求高考压轴题中一类 0 型函数极限 [J]. 理科考试研究, 2017 (6): 6-8.

$$\frac{\left(\frac{1}{1}-\frac{1}{1^2}+e^{1-1}\right)(1+1)-\left(\ln 1+\frac{1}{1}-e^{1-1}\right)\cdot 1}{(1+1)^2}=\frac{1}{2}.$$

综上，$a\in\left[\frac{1}{2},\ +\infty\right)$.

【评注】 解答中关键步骤是 $\lim\limits_{x\to 1^+}\dfrac{\ln x+\dfrac{1}{x}-e^{1-x}}{x^2-1}=\lim\limits_{x\to 1^+}\dfrac{\dfrac{\ln x+\dfrac{1}{x}-e^{1-x}}{x+1}-\dfrac{\ln 1+\dfrac{1}{1}-e^{1-1}}{1+1}}{x-1}.$

对于导数定义法的运用，下面作一个简单说明.

【拓展 3-2】[①] 若 $\lim\limits_{x\to x_0}\dfrac{f(x)}{g(x)}$ 满足：

(1) $\lim\limits_{x\to x_0}f(x)=0$，$\lim\limits_{x\to x_0}g(x)=0$；

(2) $\lim\limits_{x\to x_0}\dfrac{f(x)}{g(x)}=\lim\limits_{x\to x_0}\dfrac{h(x)-h(x_0)}{x-x_0}$；

(3) $\lim\limits_{x\to x_0}\dfrac{h(x)-h(x_0)}{x-x_0}$ 存在.

则 $\lim\limits_{x\to x_0}\dfrac{f(x)}{g(x)}=\lim\limits_{x\to x_0}\dfrac{h(x)-h(x_0)}{x-x_0}=h'(x_0).$

称上述求 $\dfrac{0}{0}$ 型函数极限问题的方法为导数定义法. 在运用导数定义法时，将 $\dfrac{f(x)}{g(x)}$ 化成 $\dfrac{h(x)-h(x_0)}{x-x_0}$ 至关重要.

【变式 3-8】[②] （2014 年陕西卷理科第 21 题）设函数 $f(x)=\ln(1+x)$，$g(x)=xf'(x)$，$x\geqslant 0$，其中 $f'(x)$ 是 $f(x)$ 的导函数. 若 $f(x)\geqslant ag(x)$ 恒成立，求实数 a 的取值范围.

【正解】 易知 $g(x)=\dfrac{x}{1+x}$，$f(x)\geqslant ag(x)$ 恒成立，即 $\ln(1+x)-\dfrac{ax}{1+x}\geqslant 0(x\geqslant 0)$.

当 $x=0$ 时，显然 $f(x)\geqslant ag(x)$ 恒成立.

当 $x>0$ 时，$a<\dfrac{(1+x)\ln(1+x)}{x}$. 设 $\varphi(x)=\dfrac{(1+x)\ln(1+x)}{x}$，则 $\varphi'(x)=\dfrac{x-\ln(1+x)}{x^2}$，令 $h(x)=x-\ln(1+x)(x>0)$，显然 $h(x)$ 与 $\varphi'(x)$ 同号. 又 $h'(x)=\dfrac{x}{1+x}>0$，所以 $h(x)$ 在 $(0,\ +\infty)$ 内为增函数，于是 $a\leqslant\lim\limits_{x\to 0^+}\dfrac{(1+x)\ln(1+x)}{x}=\lim\limits_{x\to 0^+}\dfrac{(1+x)\ln(1+x)-(1+0)\ln(1+0)}{x-0}$. 令 $g(x)=(1+x)\ln(1+x)$，于是 $a\leqslant g'(0)=1$.

① 赵珂誉，刘成龙. 导数定义法求高考压轴题中一类 0 型函数极限 [J]. 理科考试研究，2017 (6)：6-8.
② 赵珂誉，刘成龙. 导数定义法求高考压轴题中一类 0 型函数极限 [J]. 理科考试研究，2017 (6)：6-8.

综上，$a \in (-\infty, 1]$.

【评注】解答中关键步骤是 $\lim\limits_{x \to 0^+} \dfrac{(1+x)\ln(1+x)}{x} = \lim\limits_{x \to 0^+} \dfrac{(1+x)\ln(1+x)-(1+0)\ln(1+0)}{x-0}$.

【变式 3-9】[1]（2009 年陕西卷理科第 20 题）已知函数 $f(x) = \ln(ax+1) + \dfrac{1-x}{1+x}$, $x \geqslant 0$，其中 $a > 0$. 若 $f(x)$ 的最小值为 1，求 a 的取值范围.

【正解】当 $x=0$ 时，$f(x)=1$，$f(x) \geqslant 1$ 成立，此时有 $a \in \mathbf{R}$.

当 $x > 0$ 时，$f(x) \geqslant 1$ 恒成立 $\Leftrightarrow a \geqslant \dfrac{e^{\frac{2x}{1+x}}-1}{x}$ 恒成立. 令 $h(x) = \dfrac{e^{\frac{2x}{1+x}}-1}{x}$，则 $h'(x) = \dfrac{(-1-x^2) \cdot e^{\frac{2x}{1+x}} + (1+x)^2}{x^2(1+x)^2}$. 记 $\varphi(x) = (-1-x^2) \cdot e^{\frac{2x}{1+x}} + (1+x)^2$，则 $\varphi'(x) = (1-e^{\frac{2x}{1+x}}) \cdot (2x+2)$，因为 $x > 0$，所以 $\varphi'(x) < 0$，于是 $\varphi(x)$ 在 $(0, +\infty)$ 上为减函数，故 $\varphi(x) < \varphi(0) = 0$，所以 $h'(x) < 0$，$h(x)$ 在 $(0, +\infty)$ 上为减函数，所以 $a \geqslant \lim\limits_{x \to 0^+} \dfrac{e^{\frac{2x}{1+x}}-1}{x} = \lim\limits_{x \to 0^+} \dfrac{(e^{\frac{2x}{1+x}}-1)-(e^{\frac{2 \cdot 0}{1+0}}-1)}{x-0}$. 令 $g(x) = e^{\frac{2x}{1+x}}-1$，得 $a \geqslant g'(0) = 2$.

综上，$a \in [2, +\infty)$.

【评注】解答中关键步骤是 $\lim\limits_{x \to 0^+} \dfrac{e^{\frac{2x}{1+x}}-1}{x} = \lim\limits_{x \to 0^+} \dfrac{(e^{\frac{2x}{1+x}}-1)-(e^{\frac{2 \cdot 0}{1+0}}-1)}{x-0}$.

【案例 3-4】画 $y = |\lg|x-1||$ 的图像.

【错解】$y = \lg x \to y = \lg(x-1) \to y = \lg|x-1| \to y = |\lg|x-1||$，如图 3-22 所示.

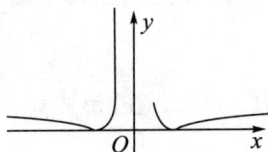

图 3-22

【错因分析】$f(x) = \lg(x-1) \to f(|x|) = \lg(|x|-1) \neq \lg|x-1|$，而 $f(x) = \lg|x| \to f(x-1) = \lg|x-1|$.

【正解 1】$y = \lg x \to y = \lg|x| \to y = \lg|x-1| \to y = |\lg|x-1||$，如图 3-23 所示.

【正解 2】$y = \lg x \to y = \lg|x| \to y = |\lg|x|| \to y = |\lg|x-1||$，如图 3-23 所示.

---

① 赵珂誉，刘成龙. 导数定义法求高考压轴题中一类 0 型函数极限 [J]. 理科考试研究，2017（6）：6-8.

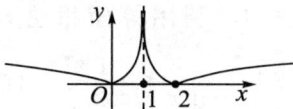

图 3－23

【变式 3－10】 描绘函数 $y=||x-1|-2|$ 的图像.

【正解】 $y=x \rightarrow y=|x| \rightarrow y=|x-1| \rightarrow y=|x-1|-2 \rightarrow y=||x-1|-2|$，如图 3－24 所示.

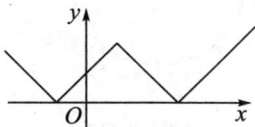

图 3－24

【案例 3－5】 求函数 $g(x)=x$ 与 $h(x)=\sin x$ 的图像的交点个数.

【错解】 画出 $g(x)=x$ 与 $h(x)=\sin x$ 的草图，如图 3－25 所示.

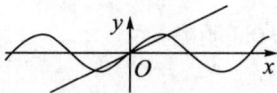

图 3－25

可见，函数 $g(x)=x$ 与 $h(x)=\sin x$ 的图像的交点个数为 3.

【错因分析】 画图不准确.

【正解 1】 利用计算机软件作图，如图 3－26 所示.

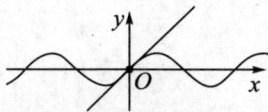

图 3－26

【正解 2】 导数法.

记 $f(x)=x-\sin x$，则 $f'(x)=1-\cos x$，显然 $f'(x)=1-\cos x \geqslant 0$，于是 $f(x)=x-\sin x$ 在 **R** 上为增函数．又因为 $f(0)=0$，所以 $f(x)=x-\sin x$ 在 **R** 上有唯一的零点，所以函数 $g(x)=x$ 与 $h(x)=\sin x$ 的图像的交点个数为 1.

【正解 3】 高等数学下的问题解决.

本案例含有重要极限 $\lim\limits_{x \to 0} \dfrac{\sin x}{x}=1$ 的背景.

如图 3－27 所示，在单位圆内，利用等面积法容易证明 $\sin x < x < \tan x$，$x \in \left(0, \dfrac{\pi}{2}\right)$，两边同时除以 $\sin x$，得 $1 < \dfrac{x}{\sin x} < \dfrac{1}{\cos x}$．两边同时取极限，得 $1 \leqslant \lim\limits_{x \to 0} \dfrac{x}{\sin x} \leqslant \lim\limits_{x \to 0} \dfrac{1}{\cos x} = 1$，所以 $\lim\limits_{x \to 0} \dfrac{x}{\sin x} = 1$，即 $\lim\limits_{x \to 0} \dfrac{\sin x}{x} = 1$．

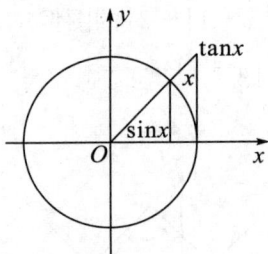

图 3－27

显然，只有在 x 无限接近 0 时 $\sin x = x$，即函数 $g(x) = x$ 与 $h(x) = \sin x$ 的图像的交点个数为 1.

【拓展 3－3】 另一个重要极限：$\lim\limits_{n \to +\infty} \left(1 + \dfrac{1}{n}\right)^n = \mathrm{e}$．

引理：单调有界数列必有极限(证明略).

下面利用引理证明重要极限.

由均值不等式，得 $\left(1 + \dfrac{1}{n}\right)^n = \left(1 + \dfrac{1}{n}\right)^n \times 1 < \left[\dfrac{\left(1 + \frac{1}{n}\right) + \cdots + \left(1 + \frac{1}{n}\right) + 1}{n + 1}\right]^{n+1} = \left(1 + \dfrac{1}{n+1}\right)^{n+1}$，所以 $\left\{\left(1 + \dfrac{1}{n}\right)^n\right\}$ 单调递增，下面证明 $\left\{\left(1 + \dfrac{1}{n}\right)^{n+1}\right\}$ 为单调递减数列，即证 $\left\{\left(\dfrac{n}{n+1}\right)^{n+1}\right\}$ 为单调递增数列．因为 $\left(\dfrac{n}{n+1}\right)^{n+1} = \left(\dfrac{n}{n+1}\right)^{n+1} \cdot 1 \leqslant \left[\dfrac{\frac{n}{n+1} + \cdots + \frac{n}{n+1} + 1}{n+2}\right]^{n+2} = \left(\dfrac{n+1}{n+2}\right)^{n+2}$，又因为 $\left(1 + \dfrac{1}{n}\right)^n < \left(1 + \dfrac{1}{n}\right)^{n+1} < \left(1 + \dfrac{1}{1}\right)^2 = 4$，所以 $\left\{\left(1 + \dfrac{1}{n}\right)^n\right\}$ 单调递增，且有上界，存在极限，记为 e，所以 $\lim\limits_{n \to +\infty} \left(1 + \dfrac{1}{n}\right)^n = \mathrm{e}$．

【变式 3－11】 (2007 年四川卷理科第 22 题)设函数 $f(x) = \left(1 + \dfrac{1}{n}\right)^x$ ($n \in \mathbf{N}$，$n > 1$，$x \in \mathbf{R}$). 是否存在 $a \in \mathbf{N}$，使得 $an < \sum\limits_{k=1}^{n} \left(1 + \dfrac{1}{k}\right)^k < (a+1)n$ 恒成立？若存在，试证明你的结论并求出 a 的值；若不存在，请说明理由.

【正解】 本题的分析参见第六章案例 6－9.

第四章
反函数中的易错问题

【案例 4-1】偶函数一定没有反函数吗?

【错解】偶函数一定没有反函数.

【辨析】不一定,有的偶函数有反函数,比如,$y=0(x=0)$是偶函数,但有反函数 $f^{-1}(x)=0(x=0)$.

【变式 4-1】奇函数一定有反函数吗?

【错解】奇函数一定没有反函数.

【辨析】不一定,有的奇函数没有反函数.

【案例 4-2】已知函数 $f(x)=\dfrac{1+2x}{1+x}$,函数 $y=g(x)$ 的图像与 $y=f^{-1}(x-1)$ 的图像关于直线 $y=x$ 对称,则 $y=g(x)$ 的解析式为(   ).

A. $g(x)=\dfrac{2x-1}{x}$ B. $g(x)=\dfrac{1-2x}{1+x}$ C. $g(x)=\dfrac{2-x}{x-3}$ D. $g(x)=\dfrac{3}{2+x}$

【错解】因为函数 $y=g(x)$ 的图像与 $y=f^{-1}(x-1)$ 的图像关于直线 $y=x$ 对称,所以 $y=g(x)$ 与 $y=f^{-1}(x-1)$ 互为反函数,于是 $g(x)=f(x-1)=\dfrac{1+2(x-1)}{1+x-1}=\dfrac{2x-1}{x}$. 故选 A.

【错因分析】$y=f^{-1}(x-1)$ 与 $y=f(x-1)$ 互为反函数吗?未必!函数 $y=f^{-1}(x-1)$ 与 $f(x-1)$ 并不互为反函数. 事实上,$f^{-1}(x-1)$ 只表示 $f^{-1}(x)$ 中用 $x-1$ 替代 x 后得到的函数式,从求反函数的过程来看,设 $y=f(x-1)$,则 $f^{-1}(y)=x-1$,再将 x,y 互换,得 $y=f^{-1}(x)+1$,故 $y=f(x-1)$ 的反函数为 $y=f^{-1}(x)+1$. 不难看出,$y=f(x-a)$ 的反函数为 $y=f^{-1}(x)+a$.

【正解】由 $f(x)=\dfrac{1+2x}{1+x}$,解得 $f^{-1}(x)=\dfrac{1-x}{x-2}$,从而 $y=f^{-1}(x-1)=\dfrac{2x-1}{x}$. 故选 A.

【拓展 4-1】$y=f^{-1}(x-1)$ 与 $y=f(x-1)$ 一定不互为反函数吗?不妨看此例: $f(x)=-x+1$,$f(x-1)=-x+2$,$f^{-1}(x)=-x+1$,$f^{-1}(x-1)=-x+2$,而 $f(x-1)=-x+2$ 的反函数为 $f^{-1}(x-1)=-x+2$,此时 $y=f^{-1}(x-1)$ 与 $y=f(x-1)$ 互为反函数. 自然要问什么情况下 $y=f^{-1}(x-1)$ 与 $y=f(x-1)$ 互为反函数呢?该问题留给读者.

【案例 4-3】(2003 年上海卷)在 $P(1,1)$,$Q(1,2)$,$M(2,3)$,$N\left(\dfrac{1}{2},\dfrac{1}{4}\right)$四点中,函数 $y=a^x$ 与其反函数的图像的公共点只能是(   ).

A. P B. Q C. M D. N

【错解】由于函数与其反函数的交点位于直线 $y=x$ 上,所以排除点 Q,M,N,故选 A.

【错因分析】函数与其反函数的交点不一定位于直线 $y=x$ 上,比如,函数 $y=-x$,

其反函数为 $y=-x$，原函数与反函数的图像重合，有无穷多个交点，但仅仅只有一个交点 $(0，0)$ 落在 $y=x$ 上.

【正解】 对于 $P(1，1)$，有 $1=a^1$，解得 $a=1$，这与 $0<a<1$ 矛盾；对于 $Q(1，2)$，有 $2=a^1$，解得 $a=2$，有 $y=2^x$，其反函数为 $y=\log_2 x$，显然不经过 $Q(1，2)$，不满足题意；对于 $M(2，3)$，有 $3=a^2$，解得 $a=\sqrt{3}$，有 $y=(\sqrt{3})^x$，其反函数为 $y=\log_{\sqrt{3}} x$，显然不经过 $Q(1，2)$，不满足题意；对于 $N\left(\dfrac{1}{2}，\dfrac{1}{4}\right)$，有 $\dfrac{1}{4}=a^{\frac{1}{2}}$，得 $a=\dfrac{1}{16}$，有 $y=\left(\dfrac{1}{16}\right)^x$，其反函数为 $y=\log_{\frac{1}{16}} x$，经过 $N\left(\dfrac{1}{2}，\dfrac{1}{4}\right)$. 故选 D.

【拓展 4-2】 (1)若函数 $y=f(x)$ 与其反函数 $y=f^{-1}(x)$ 的图像的交点 $A(x_0，y_0)$ 不在 $y=x$ 上，则 A 关于 $y=x$ 的对称点也是 $y=f(x)$ 与 $y=f^{-1}(x)$ 的图像的交点.

(2)若函数 $y=f(x)$ 与其反函数 $y=f^{-1}(x)$ 的图像的交点个数为奇数，则至少有一个落在 $y=x$ 上.

(3)若单调函数 $y=f(x)$ 与其反函数 $y=f^{-1}(x)$ 的图像有交点，则交点落在 $y=x$ 上.

【案例 4-4】 求函数 $y=\sqrt{36-x^2}\ (0\leqslant x\leqslant 6)$ 的值域.

【错解】 由 $y=\sqrt{36-x^2}\ (0\leqslant x\leqslant 6)$，得 $y^2=36-x^2$，则 $x^2=36-y^2$，解得 $x=\sqrt{36-y^2}$，所以 $y=\sqrt{36-x^2}$ 的反函数为 $y=\sqrt{36-x^2}$，又反函数 $y=\sqrt{36-x^2}$ 的定义域为 $[-6，6]$，所以原函数 $y=\sqrt{36-x^2}\ (0\leqslant x\leqslant 6)$ 的值域为 $[-6，6]$.

【错因分析】 显然函数 $y=\sqrt{36-x^2}\ (0\leqslant x\leqslant 6)$ 的值域不是 $[-6，6]$，解答错误的根源是利用反函数的定义域求函数的值域. 有些读者会有疑问，不是原函数与反函数的定义域、值域互换吗？为什么会出错呢？错误的原因是上面所求的反函数 $y=\sqrt{36-x^2}$ 是不完整的，缺少定义域，$[-6，6]$ 仅仅是 $y=\sqrt{36-x^2}$ 的"存在域"，而一般情况下反函数的定义域由求原函数的值域得到，所以通常不用反函数的"定义域"来求原函数的值域.

【正解】 因为 $y=36-x^2\ (0\leqslant x\leqslant 6)$ 的最小值、最大值分别为 $0，36$，所以 $y=\sqrt{36-x^2}\ (0\leqslant x\leqslant 6)$ 的值域为 $[0，6]$.

【拓展 4-3】 在满足什么条件下，可以通过求反函数的定义域来得到一个函数的值域呢？有兴趣的读者自行探讨.

【案例 4-5】 (2009 年辽宁卷理科第 12 题)若 x_1 满足 $2x+2^x=5$，x_2 满足 $2x+2\log_2(x-1)=5$，则 $x_1+x_2=($ $)$.

A. $\dfrac{5}{2}$　　　　　　B. 3　　　　　　C. $\dfrac{7}{2}$　　　　　　D. 4

【错解】 由题意 $2^x=5-2x$，$2\log_2(x-1)=5-2x$，所以 $2\log_2(x-1)=2^x$，进而

$\log_2(x-1)=2^{x-1}$，所以 $2^{2^{x-1}}=x-1$，即 $4^{x-1}=x-1$，但 $4^{x-1}=x-1$ 无解，所以 x_1，x_2 不存在，于是 x_1+x_2 也不存在.

【正解 1】 原函数的图像与其反函数的图像具有关于 $y=x$ 对称这一特性，利用该特性可以给出试题的简解.

易知 $2^{x-1}=\dfrac{5}{2}-x$，$\log_2(x-1)=\dfrac{5}{2}-x$. 令 $t=x-1$，则 $2^t=\dfrac{3}{2}-t$，$\log_2 t=\dfrac{3}{2}-t$.

设 t_1，t_2 为 $y=-t+\dfrac{3}{2}$ 分别与 $y=2^t$ 和 $y=\log_2 t$ 的交点的横坐标. 如图 4-1 所示，由特性可知点 A，B 关于点 P 对称. 联立 $y=-t+\dfrac{3}{2}$，$y=t$，求得点 P 的横坐标为 $\dfrac{3}{4}$，故

$t_1+t_2=\dfrac{3}{2}$，所以 $x_1+x_2=(t_1+1)+(t_2+1)=\dfrac{3}{2}+2=\dfrac{7}{2}$. 故选 C.

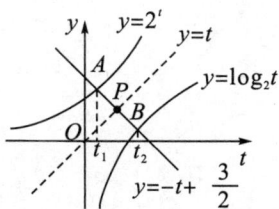

图 4-1

【评注】《普通高中数学课程标准（2017 年版）》[①] 指出："借助图形有助于探索解决问题的思路，数学教学应鼓励学生借助直观进行思考." 本案例是含指数函数、对数函数的超越方程，直接求解 x_1，x_2 比较困难. 借助图形直观可以发现点 A，B 关于点 P 对称，从整体角度容易求得 x_1+x_2.

本案例也可以利用函数的单调性解答.

【正解 2】 由 $2x+2^x=5$，得 $2^{x-1}+(x-1)=\dfrac{3}{2}$，由 $2x+2\log_2(x-1)=5$，得

$\log_2(x-1)=\dfrac{5}{2}-x$，得 $2^{\frac{5}{2}-x}=x-1$，进一步得 $2^{\frac{5}{2}-x}+\left(\dfrac{5}{2}-x\right)=\dfrac{3}{2}$，令 $f(\mu)=2^{\mu}+\mu$，

显然 $f(x_1-1)=\dfrac{3}{2}=f\left(\dfrac{5}{2}-x_2\right)$，又因为 $f(\mu)=2^{\mu}+\mu$ 为增函数，所以 $x_1-1=\dfrac{5}{2}-x_2$，

所以 $x_1+x_2=\dfrac{7}{2}$. 故选 C.

---

① 中华人民共和国教育部. 普通高中数学课程标准(2017 年版) [M]. 北京：人民教育出版社，2017.

第五章
函数零点中的易错问题

【案例 5-1】[①] 已知函数 $f(x)=x^2-2ax+a^2-9$.

(1)在区间(2，10)内有零点，求 a 的取值范围；

(2)函数的零点在(2，10)内，求 a 的取值范围.

【错解】 由题意得 $f(2) \cdot f(10)<0$，即$(4-4a+a^2-9) \cdot (100-20a+a^2-9)<0$，化简得$(a^2-4a-5) \cdot (a^2-20a+91)<0$，解得 a 的取值范围为$(-1，5)\cup(7，13)$.

【辨析】 函数的零点在 A 内指函数所有的零点都在 A 内，函数在 A 内有零点指在 A 内存在零点，包含所有零点在 A 内和部分零点在 A 内两种情况.

【正解】 令 $x^2-2ax+a^2-9=0$，即$(x-a-3)(x-a+3)=0$，解得 $x_1=a+3$，$x_2=a-3$.

考虑问题的反面：

(1)若在区间(2，10)内没有零点，则 $a+3\leqslant 2$ 或 $a-3\geqslant 10$，解得 $a\leqslant -1$ 或 $a\geqslant 13$，故在区间(2，10)内有零点时，a 的取值范围为$(-1，13)$.

(2)由函数的零点在(2，10)内，即 x_1，$x_2\in(2，10)$，得 $\begin{cases} a-3>2, \\ a+3<10, \end{cases}$ 解得 a 的取值范围为$(5，7)$.

【案例 5-2】 已知实数 a，b 是 $f(x)=x^2-2x-2$ 的零点，则 $a+b=$ _____.

【错解】 显然实数 a，b 是 $x^2-2x-2=0$ 的两根，由韦达定理得 $a+b=2$.

【错因分析】 错误使用韦达定理. 若一元二次方程 $a_1x^2+b_1x+c_1=0(a_1\neq 0)$ 满足 $\Delta>0$，x_1，x_2 是该方程的根，若 $x_1\neq x_2$，则 $x_1+x_2=-\dfrac{b_1}{a_1}$；若 $x_1=x_2$，则不能使用韦达定理，需要解出方程的根.

【正解】 令 $x^2-2x-2=0$，则实数 a，b 为方程 $x^2-2x-2=0$ 的两根.

(1)当 $a=b$ 时，解方程 $x^2-2x-2=0$，得 $x=1\pm\sqrt{3}$，所以 $a=b=1+\sqrt{3}$ 或 $a=b=1-\sqrt{3}$，于是 $a+b=2+\sqrt{3}$ 或 $a+b=2-\sqrt{3}$.

(2)当 $a\neq b$ 时，由韦达定理得 $a+b=2$.

综上，可知 $a+b=2+\sqrt{3}$ 或 $a+b=2-\sqrt{3}$ 或 $a+b=2$.

【案例 5-3】 已知函数 $f(x)=\dfrac{x-1}{2x}-\dfrac{4x+a}{2x(x-1)}+\dfrac{2x}{x-1}$，$a$ 为什么实数时，函数 $y=f(x)$ 只有一个零点？

【错解】[②] 令 $f(x)=0$，即 $\dfrac{x-1}{2x}-\dfrac{4x+a}{2x(x-1)}+\dfrac{2x}{x-1}=0$，两边同乘以最简公分母

① 刘成龙，余小芬，杨坤林. "形同质异"的函数问题辨析(下)[J]. 理科考试研究，2017(8)：13-16.
② 刘成龙，余小芬. 方程"只有一个实数根"与"有两个相等实数根"[J]. 中学生数学(初中版)，2007(8)：8.

$2x(x-1)$，整理得 $5x^2-6x+1-a=0$①，因为函数 $y=f(x)$ 只有一个零点，所以 $f(x)=0$ 只有一个实根，所以①式中 $\Delta=0$，即 $36-4\times5\times(1-a)=0$，得 $a=-\dfrac{4}{5}$．把 $a=-\dfrac{4}{5}$ 代入①式，可解得 $x=\dfrac{3}{5}$．经检验，$x=\dfrac{3}{5}$ 不是原方程的增根．故当 $a=-\dfrac{4}{5}$ 时，原方程只有一个实数根 $x=\dfrac{3}{5}$．

【错因分析】 求函数的零点转化为求对应方程的解，分式方程的解是对应的整式方程的解去掉增根得到，要使得分式方程仅有一个实数根，有两种情况：①整式方程只有一个实数根且不是增根；②整式方程有多个实数根，除一个不是增根，其他实数根均为增根．上述错解中仅仅考虑了①，忽略了②．

【正解】 要使函数 $y=f(x)$ 只有一个零点，等价于 $f(x)=0$ 只有一个实数根．在求 a 的过程中，可以通过确定 a 的值使①式有两个不相等的实数根，而其中一个是原方程的增根（舍去），从而可求得原方程只有一个实数根．易知该方程中未知数 $x\neq0$，$x\neq1$，即由①式求得的 $x=0$ 或 $x=1$ 便是原方程的增根．因此，在求解过程中可假设 $x=0$ 或 $x=1$ 为①式的根，反过来可求得 a，进而求得 x 的值．下面给出解答过程：

【情形 1】 整式方程有一个实数根且不是增根．

对原方程化简整理，可得 $5x^2-6x+1-a=0$①，因为原方程只有一个实数根，所以在①式中有 $\Delta=0$，即 $36-4\times5\times(1-a)=0$，可得 $a=-\dfrac{4}{5}$．把 $a=-\dfrac{4}{5}$ 代入①式，解得 $x=\dfrac{3}{5}$，经检验，$x=\dfrac{3}{5}$ 不是原方程的增根．故当 $a=-\dfrac{4}{5}$ 时，原方程只有一个实数根 $x=\dfrac{3}{5}$．

【情形 2】 整式方程有多个实数根，除一个不是增根，其他实数根均为增根．

(1)将 $x=0$ 代入①式，可得 $a=1$，把 $a=1$ 代回①式，可得 $x_1=0$，$x_2=\dfrac{6}{5}$．经检验，$x_1=0$ 为原方程的增根（舍去），$x_2=\dfrac{6}{5}$ 为原方程的根．于是 $a=1$ 满足条件．

(2)将 $x=1$ 代入①式，可得 $a=0$，把 $a=0$ 代回①式，可得 $x_3=1$，$x_4=\dfrac{1}{5}$．经检验，$x_3=1$ 为原方程的增根（舍去），$x_4=\dfrac{1}{5}$ 为原方程的根．

由(1)(2)可知，当 $a=1$ 时，原方程只有一个实数根 $x=\dfrac{6}{5}$；当 $a=0$ 时，原方程只有一个实数根 $x=\dfrac{1}{5}$．

综上，可知 $a=0$ 或 $a=1$ 或 $a=-\dfrac{4}{5}$．

【变式 5-1】 已知函数 $f(x) = \dfrac{x}{mx+n}$ 满足 $f(2)=1$，且集合 $\{x \mid f(x)-x=0\}$ 为单元素集合，求函数 $f(x)$ 的解析式.

【错解】 因为集合 $\{x \mid f(x)-x=0\}$ 为单元素集合，所以 $y=f(x)-x$ 只有一个零点. 方程 $f(x)-x=0$ 有且只有一个实数根. 由 $f(2)=1$，得 $\dfrac{2}{2m+n}=1$，即 $2m+n=2$①. 由 $f(x)=x$，得 $\dfrac{x}{mx+n}=x$，变形为 $x\left(\dfrac{1}{mx+n}-1\right)=0$，解方程得 $x=0$ 或 $x=\dfrac{1-n}{m}$，又因为方程有唯一解，所以 $\dfrac{1-n}{m}=0$②. 由①②解得 $n=1$，则 $m=\dfrac{1}{2}$，所以 $f(x)=\dfrac{2x}{x+2}$.

【错因分析】 同案例 5-3.

【正解】 因为集合 $\{x \mid f(x)-x=0\}$ 为单元素集合，所以 $y=f(x)-x$ 只有一个零点. 方程 $f(x)-x=0$ 有且只有一个实数根. 由 $f(2)=1$，得 $\dfrac{2}{2m+n}=1$，即 $2m+n=2$，由 $f(x)=x$，得 $\dfrac{x}{mx+n}=x$，变形为 $x\left(\dfrac{1}{mx+n}-1\right)=0$，解方程得 $x=0$ 或 $x=\dfrac{1-n}{m}$，又方程有唯一解，所以有以下两种情况：

(1)两根相等且都不是增根.

因为 $\dfrac{1-n}{m}=0$，所以 $n=1$，又因为 $2m+n=2$，所以 $m=\dfrac{1}{2}$，故 $f(x)=\dfrac{2x}{x+2}$.

(2)两根不相等，其中一个为增根.

由 $\dfrac{1-n}{m}\neq0$，得 $n\neq1$. 方程 $\dfrac{x}{mx+n}=x$ 的增根为 $x=-\dfrac{n}{m}$.

①若 $x=0$ 为增根，则 $-\dfrac{n}{m}=0$，得 $n=0$，$m=1$，此时方程的根为 $x=1$，$f(x)=1$；

②若 $x=\dfrac{1-n}{m}$ 为增根，则 $-\dfrac{n}{m}=\dfrac{1-n}{m}$，得 $-n=1-n$，这是不可能的.

综上，可知 $f(x)=\dfrac{2x}{x+2}$ 或 $f(x)=1(x\neq0)$.

【案例 5-4】 已知函数 $f(x)=x^2-ax+2a-1$ 有两个均大于 3 的零点，求实数 a 的取值范围.

【错解】 由题意 $\begin{cases} x_1>3, \\ x_2>3 \end{cases} \Rightarrow \begin{cases} x_1+x_2>6, \\ x_1x_2>9, \end{cases}$ 即 $\begin{cases} a>6, \\ 2a-1>9, \end{cases}$ 解得 $a>6$.

【错因分析】 $\begin{cases} x_1+x_2>6 \\ x_1x_2>9 \end{cases}$ 仅仅是 $\begin{cases} x_1>3, \\ x_2>3 \end{cases}$ 的必要条件，而非充分条件.

【正解】 由题意得 $\begin{cases} \Delta\geqslant0, \\ (x_1-3)+(x_2-3)>0, \\ (x_1-3)\cdot(x_2-3)>0, \end{cases}$ 即 $\begin{cases} a^2-4(2a-1)\geqslant0, \\ x_1+x_2>6, \\ x_1x_2-3(x_1+x_2)+9>0, \end{cases}$ 于是

$$\begin{cases} a^2 - 4(2a-1) \geqslant 0, \\ a > 6, \\ 2a-1 > 9, \end{cases} \quad \text{解得 } a \geqslant 4 + 2\sqrt{3}.$$

【评注】 本例的推广：一元二次方程有两个均大于 m 的实根，

则 $\begin{cases} \Delta \geqslant 0, \\ (x_1 - m) + (x_2 - m) > 0, \\ (x_1 - m) \cdot (x_2 - m) > 0. \end{cases}$

【拓展 5-1】 一元二次方程 $ax^2 + bx + c = 0(a > 0)$ 的根 x_1，x_2 的分布如下：

(1)方程的两根满足：x_1，$x_2 \in [m, n]$，则 $\begin{cases} \Delta \geqslant 0, \\ m \leqslant -\dfrac{b}{2a} \leqslant n, \\ f(m) \geqslant 0, \\ f(n) \geqslant 0, \end{cases}$ 如图 5-1 所示.

(2)方程的两根满足：$x_1 \in (m, n)$，$x_2 \in (p, q)$，其中 $n < p$，则 $\begin{cases} f(m) > 0, \\ f(n) < 0, \\ f(p) < 0, \\ f(q) > 0, \end{cases}$ 如图 5-2 所示.

(3)方程的两根满足：$x_1 < m$，$x_2 > m$，则 $f(m) < 0$，如图 5-3 所示.

(4)方程的两根满足：x_1，$x_2 \in (0, +\infty)$，则 $\begin{cases} \Delta \geqslant 0, \\ -\dfrac{b}{2a} > 0, \\ f(0) > 0, \end{cases}$ 如图 5-4 所示.

(5)方程的两根满足：x_1，$x_2 \in (-\infty, 0)$，则 $\begin{cases} \Delta \geqslant 0, \\ -\dfrac{b}{2a} < 0, \\ f(0) > 0, \end{cases}$ 如图 5-5 所示.

(6)方程有两个不同的实数根 x_1，x_2，且只有一个根在区间 $[m, n]$ 中，则 $\begin{cases} \Delta > 0, \\ f(m) \cdot f(n) \leqslant 0, \end{cases}$ 注意检验等号成立时是否符合条件，如图 5-6 所示.

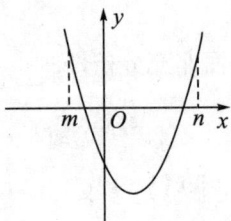

图 5-1

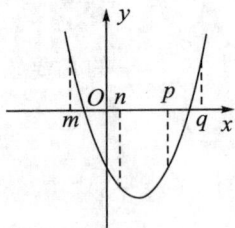

图 5-2

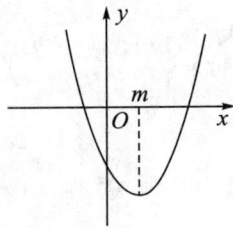

图 5-3

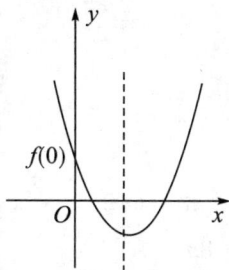
图 5-4

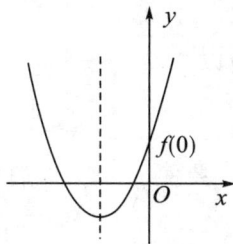
图 5-5

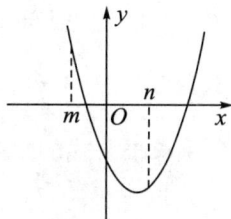
图 5-6

【变式 5-2】（2009 年全国卷Ⅱ理科第 22 题）设函数 $f(x)=x^2+a\ln(1+x)$ 有两个极值点 x_1，x_2，且 $x_1<x_2$，求 a 的取值范围.

【错解】[①] 因为 $f(x)=x^2+a\ln(1+x)$，所以 $f'(x)=\dfrac{2x^2+2x+a}{1+x}$，令 $g(x)=2x^2+2x+a$，又因为 $f(x)$ 有两个不相等的极值点 x_1，x_2，即 $g(x)=2x^2+2x+a=0$ 有两个不相等的根 x_1，x_2，于是 $\Delta>0$，求得 $a<\dfrac{1}{2}$，所以 a 的取值范围为 $\left(-\infty,\dfrac{1}{2}\right)$.

【错因分析】上述解答仅利用 $\Delta>0$ 求得 $a<\dfrac{1}{2}$ 是错误的. 事实上，题目隐含了函数 $f(x)$ 的定义域为 $(-1，+\infty)$，又 x_1，x_2 为 $f(x)$ 的两极值点，且 $x_1<x_2$，因此，还应满足 $x_1=\dfrac{-1-\sqrt{1-2a}}{2}>-1$. 经过分析，不难看出，该题以二次函数和对数函数为载体，从本质上考查了二次函数区间根的分布问题，即在区间 $(-1，+\infty)$ 上存在两个不相等的实数根 x_1，x_2.

函数的图像如图 5-7 所示.

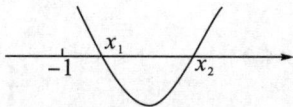
图 5-7

抓住试题考查二次函数区间根的分布的本质，可以从以下三个角度去解答：

因为 $f(x)=x^2+a\ln(1+x)$，所以 $f'(x)=\dfrac{2x^2+2x+a}{1+x}$，令 $g(x)=2x^2+2x+a$.

【视角 1】从二次函数图像的角度看，$g(x)$ 的图像与 x 轴有两个不同的交点 x_1，x_2，对称轴 $x=-\dfrac{1}{2}$ 位于 -1 的右方，并且图像上横坐标为 -1 的点位于 x 轴的上方，于是可

① 刘成龙，余小芬. 对 2009 年全国卷Ⅱ理科第 22 题解法的研究 [J]. 考试（高考数学版），2010（2）：3-4.

得 $\begin{cases} \Delta > 0, \\ g(-1) > 0, \\ -\dfrac{1}{2} > -1, \end{cases}$ 即 $\begin{cases} \Delta = 4 - 8a > 0, \\ 2 - 2 + a > 0, \\ -\dfrac{1}{2} > -1, \end{cases}$ 所以 $0 < a < \dfrac{1}{2}$.

【视角 2】 从求根公式的角度看，要使 $g(x) = 0$ 有两个不相等的根 x_1，x_2，只需要求

$\Delta > 0$ 且较小的根 $x_1 > -1$ 即可，于是 $\begin{cases} \Delta > 0, \\ x_1 > -1, \end{cases}$ 即 $\begin{cases} \Delta = 4 - 8a > 0, \\ \dfrac{-1 - \sqrt{1 - 2a}}{2} > -1, \end{cases}$ 所以 $0 < a < \dfrac{1}{2}$.

【视角 3】 从韦达定理的角度可知，方程 $2x^2 + 2x + a = 0$ 有两个均大于 -1 的不相等

的根 x_1，x_2 等价于 $\begin{cases} \Delta > 0, \\ [x_1 - (-1)] + [x_2 - (-1)] > 0, \\ [x_1 - (-1)] \cdot [x_2 - (-1)] > 0, \end{cases}$ 即 $\begin{cases} 4 - 8a > 0, \\ (x_1 + x_2) + 2 > 0, \\ x_1 x_2 + (x_1 + x_2) + 1 > 0, \end{cases}$ 所以

$0 < a < \dfrac{1}{2}$.

【评注】 视角 1 从图像考虑较为直观；视角 2 从小根 x_1 与 -1 的大小关系思考，使得过程简捷明了；视角 3 实质是方程有两个正根的一个推广. 三种视角，殊途同归.

【案例 5−5】（2011 年天津卷理科第 8 题）对实数 a 和 b，定义运算"$\otimes$"：$a \otimes b = \begin{cases} a, & a - b \leqslant 1, \\ b, & a - b > 1. \end{cases}$ 设函数 $f(x) = (x^2 - 2) \otimes (x - x^2)$，$x \in \mathbf{R}$. 若函数 $y = f(x) - c$ 的图像与 x 轴恰有两个公共点，则实数 c 的取值范围是（ ）.

A. $(-\infty, -2] \cup \left(-1, \dfrac{3}{2}\right)$ B. $(-\infty, -2] \cup \left(-1, -\dfrac{3}{4}\right)$

C. $\left(-1, \dfrac{1}{4}\right) \cup \left(\dfrac{1}{4}, +\infty\right)$ D. $\left(-1, -\dfrac{3}{4}\right) \cup \left[\dfrac{1}{4}, +\infty\right)$

【错解】[①] 当 $x^2 - 2 - (x - x^2) \leqslant 0$ 时，$-1 \leqslant x \leqslant \dfrac{3}{2}$；当 $x^2 - 2 - (x - x^2) > 0$ 时，解得

$x > \dfrac{3}{2}$ 或 $x < -1$. 因为 $a \otimes b = \begin{cases} a, & a - b \leqslant 1, \\ b, & a - b > 1, \end{cases}$ 所以 $f(x) = \begin{cases} x^2 - 2, & -1 \leqslant x \leqslant \dfrac{3}{2}, \\ x - x^2, & x > \dfrac{3}{2} \text{ 或 } x < -1, \end{cases}$ 则

$y = f(x) - c = \begin{cases} x^2 - 2 - c, & -1 \leqslant x \leqslant \dfrac{3}{2}, \\ -x^2 + x - c, & x > \dfrac{3}{2} \text{ 或 } x < -1, \end{cases}$ 又函数 $y = f(x) - c$ 的图像与 x 轴恰有两

个公共点等价于方程 $f(x) - c = 0$ 恰有两个不同的根，下面分情况进行讨论：

---

① 余小芬，刘成龙. 对两道分段函数题目的错解分析［J］. 中学数学研究，2012（3）：36−38.

(1)当 $-1 \leqslant x \leqslant \dfrac{3}{2}$ 时，$x^2 - 2 - c = 0$ 有两个不同的根 x_1，x_2，不妨设 $x_1 > x_2$，则满

足条件 $\begin{cases} \Delta > 0, \\ x_1 \leqslant \dfrac{3}{2}, \\ x_2 \geqslant -1, \end{cases}$ 即 $\begin{cases} 4(2+c) > 0, \\ \sqrt{2+c} \leqslant \dfrac{3}{2}, \\ -\sqrt{2+c} \geqslant -1, \end{cases}$ 得 $\begin{cases} c > -2, \\ 2+c \leqslant \dfrac{9}{4}, \\ 2+c \leqslant 1, \end{cases}$ 解得 c 的取值范围为 $(-2, -1]$.

(2)当 $x > \dfrac{3}{2}$ 或 $x < -1$ 时，$-x^2 + x - c = 0$ 即 $x^2 - x + c = 0$ 有两个不同的根 x_1，x_2

（其中 $x_1 > x_2$），则满足条件 $\begin{cases} \Delta > 0, \\ x_1 > \dfrac{3}{2}, \\ x_2 < -1, \end{cases}$ 即 $\begin{cases} 1 - 4c > 0, \\ \dfrac{1+\sqrt{1-4c}}{2} > \dfrac{3}{2}, \\ \dfrac{1-\sqrt{1-4c}}{2} < -1, \end{cases}$ $\begin{cases} c < \dfrac{1}{4}, \\ c < -\dfrac{3}{4}, \\ c < -2, \end{cases}$ 解得 c 的取值范

围为 $(-\infty, -2)$.

(3)①方程 $x^2 - 2 - c = 0$ 有两个不同的根，但只有一根在 $\left[-1, \dfrac{3}{2}\right]$ 范围内，即

$\begin{cases} 2+c > 0, \\ \sqrt{2+c} \leqslant \dfrac{3}{2}, \\ -\sqrt{2+c} \leqslant -1 \end{cases}$ 或 $\begin{cases} 2+c > 0, \\ \sqrt{2+c} \geqslant \dfrac{3}{2}, \\ -\sqrt{2+c} \geqslant -1, \end{cases}$ 得 $\begin{cases} c > -2, \\ c \leqslant \dfrac{1}{4}, \\ 2+c \geqslant 1 \end{cases}$ 或 $\begin{cases} c > -2, \\ c \geqslant \dfrac{1}{4}, \\ c \leqslant -1, \end{cases}$ 解得 $-1 \leqslant c \leqslant \dfrac{1}{4}$.

②同理，$-x^2 + x - c = 0$ 有两个不同的根，但只有一根在 $(-\infty, -1) \cup$

$\left(\dfrac{3}{2}, +\infty\right)$ 范围内，即 $\begin{cases} 1 - 4c > 0, \\ \dfrac{3}{2} < \dfrac{1+\sqrt{1-4c}}{2}, \\ -1 \leqslant \dfrac{1-\sqrt{1-4c}}{2} \leqslant \dfrac{3}{2}, \end{cases}$ 或 $\begin{cases} 1 - 4c > 0, \\ \dfrac{1+\sqrt{1-4c}}{2} \leqslant \dfrac{3}{2}, \\ \dfrac{1-\sqrt{1-4c}}{2} < -1, \end{cases}$ 得

$\begin{cases} c < \dfrac{1}{4}, \\ \sqrt{1-4c} > 2, \\ -2+c \leqslant 1 - \sqrt{1-4c} \leqslant 3 \end{cases}$ 或 $\begin{cases} c < \dfrac{1}{4}, \\ \sqrt{1-4c} \leqslant 2, \\ \sqrt{1-4c} > 3, \end{cases}$ 解得 $-2 \leqslant c \leqslant -\dfrac{3}{4}$.

由①②得 c 的取值范围为 $\left[-1, \dfrac{1}{4}\right] \cap \left[-2, -\dfrac{3}{4}\right] = \left[-1, -\dfrac{3}{4}\right]$.

综上，c 的取值范围为 $(-2, -1] \cup (-\infty, -2) \cup \left[-1, -\dfrac{3}{4}\right] = \left(-\infty, -\dfrac{3}{4}\right]$.

【错因分析】[①] 错解看似条理清晰，分类完善，符合分段代值讨论的常规做法，但当

[①] 余小芬，刘成龙. 对两道分段函数题目的错解分析 [J]. 中学数学研究，2012 (3)：36—38.

$c \in \left(-\infty, \ -\dfrac{3}{4} \right]$ 时, 方程 $f(x) - c = 0$ 并非只有两个根. 虽然在 (1)(2) 中求得的两个 c 的取值范围没有交集, 说明对于任意的 $c \in (-\infty, \ -1]$, 上述两个方程不可能同时有两个不同的根, 但却忽略了在某一范围内, 一个方程只有一个根, 另一方程有两个不同根的情形. 事实上, 由 (1) 可知, 当 $c \in [-2, \ -1]$ 时, 方程 $x^2 - 2 - c = 0$ 有两个不同的根, 又由 (3) 可知, 当 $c \in \left[-2, \ -\dfrac{3}{4} \right]$ 时, 方程 $-x^2 + x - c = 0$ 只有一根 $\dfrac{1 + \sqrt{1-4c}}{2}$ 满足条件, 故当 $c \in [-2, \ -1]$ 时, $f(x) - c = 0$ 共有三个根, 这与题意不符. 下面采用数形结合法给出正确解答.

【正解】[①] 函数 $y = f(x) - c$ 的图像与 x 轴恰有两个公共点, 即方程 $f(x) - c = 0$ 恰有两个不同的根等价于函数 $f(x)$ 的图像与直线 $y = c$ 有两个交点, 如图 5-8 所示, 当 $-1 < k < -\dfrac{3}{4}$ 或 $k \leqslant -2$ 时满足条件, 故选 B.

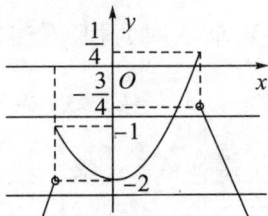

图 5-8

【案例 5-6】(2007 年广东卷理科第 22 题) 已知 a 是实数, 函数 $f(x) = 2ax^2 + 2x - 3 - a$. 如果函数 $y = f(x)$ 在区间 $[-1, \ 1]$ 上有零点, 求 a 的取值范围.

【错解 1】 由题意 $f(-1) \cdot f(1) < 0$, 即 $(2a - 2 - 3 - a) \cdot (2a + 2 - 3 - a) < 0$, 解得 $1 < a < 5$.

【错解 2】 由题意 $\Delta = 0$, 即 $4 + 8(3 + a) < 0$, 解得 $a < -\dfrac{7}{2}$.

【错因分析】 分类不完整, 考虑不全面.

【正解 1】 $f(x) = 2ax^2 + 2x - 3 - a$ 在区间 $[-1, \ 1]$ 上有零点等价于 $2ax^2 + 2x - 3 - a = 0$ 在区间 $[-1, \ 1]$ 上有解.

(1) 当 $a = 0$ 时, $f(x) = 2x - 3 = 0$, $x = \dfrac{3}{2} \notin [-1, \ 1]$.

(2) 当 $a \neq 0$ 时.

① 若 $2ax^2 + 2x - 3 - a = 0$ 有两个相等的根, 则有 $\Delta = 0$, 即 $4 + 4 \times 2a(3 + a) = 0$, 整

① 余小芬, 刘成龙. 对两道分段函数题目的错解分析 [J]. 中学数学研究, 2012 (3): 36-38.

理得 $a^2 + 3a + \frac{1}{2} = 0$，解得 $a = \frac{-3+\sqrt{7}}{2}$ 或 $a = \frac{-3-\sqrt{7}}{2}$.

当 $a = \frac{-3+\sqrt{7}}{2}$ 时，$(\sqrt{7}-3)x^2 + 2x - \frac{3}{2} - \frac{\sqrt{7}}{2} = 0$，解得 $x = \frac{1}{3-\sqrt{7}} \notin [-1,\ 1]$；

当 $a = \frac{-3-\sqrt{7}}{2}$ 时，$(-\sqrt{7}-3)x^2 + 2x - \frac{3}{2} + \frac{\sqrt{7}}{2} = 0$，解得 $x = \frac{1}{3+\sqrt{7}} \in [-1,\ 1]$.

所以 $a = \frac{-3-\sqrt{7}}{2}$ 满足条件.

②若 $2ax^2 + 2x - 3 - a = 0$ 有两个不相等的根，则有 $\Delta > 0$，即 $4 + 4 \times 2a(3+a) > 0$，整理得 $a^2 + 3a + \frac{1}{2} > 0$，解得 $a > \frac{-3+\sqrt{7}}{2}$ 或 $a < \frac{-3-\sqrt{7}}{2}$.

【情形 1】 $f(x) = 0$ 只有一个根在 $[-1,\ 1]$ 上，则有 $f(-1)f(1) < 0$ 或 $f(-1) = 0$ 或 $f(1) = 0$，即 $(2a-2-3-a)(2a+2-3-a) < 0$ 或 $2a-2-3-a = 0$ 或 $2a+2-3-a = 0$，解得 $1 < a < 5$ 或 $a = 1$ 或 $a = 5$.

当 $a = 1$ 时，$2x^2 + 2x - 4 = 0$，解得 $x = -2$ 或 $x = 1$，满足条件；

当 $a = 5$ 时，$10x^2 + 2x - 8 = 0$，解得 $x = \frac{4}{5}$ 或 $x = -1$，满足条件.

又因为 $a > \frac{-3+\sqrt{7}}{2}$ 或 $a < \frac{-3-\sqrt{7}}{2}$，所以 $1 \leq a \leq 5$ 满足条件.

【情形 2】 $f(x) = 0$ 有两个根在 $[-1,\ 1]$ 上，则有 $\begin{cases} a > 0, \\ -1 < \frac{-2}{4a} < 1, \\ f(-1) \geq 0, \\ f(1) \geq 0 \end{cases}$ 或

$\begin{cases} a < 0, \\ -1 < \frac{-2}{4a} < 1, \\ f(-1) \leq 0, \\ f(1) \leq 0, \end{cases}$ 即 $\begin{cases} a > 0, \\ -1 < \frac{-2}{4a} < 1, \\ 2a-2-3-a \geq 0, \\ 2a+2-3-a \geq 0 \end{cases}$ 或 $\begin{cases} a < 0, \\ -1 < \frac{-2}{4a} < 1, \\ 2a-2-3-a \leq 0, \\ 2a+2-3-a \leq 0, \end{cases}$ 解得 $a \geq 5$ 或 $a < -\frac{1}{2}$. 又因为

$a > \frac{-3+\sqrt{7}}{2}$ 或 $a < \frac{-3-\sqrt{7}}{2}$，所以 $a \geq 5$ 或 $a < \frac{-3-\sqrt{7}}{2}$ 满足条件.

综合情形 1、2，可得 $a \geq 1$ 或 $a < \frac{-3-\sqrt{7}}{2}$.

综上，实数 a 的取值范围为 $\left(-\infty,\ \frac{-3-\sqrt{7}}{2}\right] \cup [1,\ +\infty)$.

【正解 2】 (1)当 $a = 0$ 时，$f(x) = 2x - 3 = 0$，$x = \frac{3}{2} \notin [-1,\ 1]$.

（2）当 $a\neq0$ 时，$f(x)$ 在 $[-1,1]$ 上的零点个数分为下面两种情况.

① 函数在区间 $[-1,1]$ 上只有一个零点，则有 $\begin{cases}\Delta\geqslant0,\\f(-1)f(1)\leqslant0\end{cases}$ 或

$\begin{cases}\Delta=4-8a(-3-a)=0,\\-1\leqslant-\dfrac{1}{2a}\leqslant1,\end{cases}$ 解得 $1\leqslant a\leqslant5$ 或 $a=\dfrac{-3-\sqrt7}{2}$.

当 $a=1$ 时，$2x^2+2x-4=0$，解得 $x=-2$ 或 $x=1$，满足条件.

当 $a=5$ 时，$10x^2+2x-8=0$，解得 $x=\dfrac{4}{5}$ 或 $x=-1$，满足条件.

当 $a=\dfrac{-3-\sqrt7}{2}$ 时，$(-\sqrt7-3)x^2+2x-\dfrac{3}{2}+\dfrac{\sqrt7}{2}=0$，解得 $x=\dfrac{1}{3+\sqrt7}\in[-1,1]$，满足条件.

② 函数在区间 $[-1,1]$ 上有两个零点，则有 $\begin{cases}a>0,\\\Delta=8a^2+24a+4>0,\\-1<-\dfrac{1}{2a}<1,\\f(1)\geqslant0,\\f(-1)\geqslant0\end{cases}$ 或

$\begin{cases}a<0,\\\Delta=8a^2+24a+4>0,\\-1<-\dfrac{1}{2a}<1,\\f(1)\leqslant0,\\f(-1)\leqslant0,\end{cases}$ 解得 $a\geqslant5$ 或 $a<\dfrac{-3-\sqrt7}{2}$.

综上，实数 a 的取值范围为 $\left(-\infty,\dfrac{-3-\sqrt7}{2}\right]\cup[1,+\infty)$.

【变式 5-3】 已知函数 $f(x)=\begin{cases}e^{x+a}+a,\ x<0,\\3x^2-2ax+1,\ x\geqslant0\end{cases}$（e 为自然对数的底数）. 记 $\min\{m,n\}=\begin{cases}m,\ m<n,\\n,\ m>n,\end{cases}$ 若 $a<2$，试讨论函数 $g(x)=\min\{f(x),-\ln x\}$ 的零点个数.

【易错原因】 分类不全.

【正解】 由 $g(x)=\min\{f(x),-\ln x\}$，易得 $x>0$，又因为 $f(x)=3x^2-2ax+1$ 中 $f(1)=4-2a>0$，对称轴 $x=\dfrac{a}{3}<\dfrac{2}{3}$，所以 $x>0$ 时，$-\ln x<0$，所以 $x>1$ 时，$g(x)=f(x)$ 无零点. 易得 $\Delta=4(a^2-3)$.

(1)当 $a \leqslant 0$ 时，对称轴 $x = \dfrac{a}{3} \leqslant 0$，$f(0) = 1 > 0$，$f(x) > 0$ 在 $(0，1]$ 上恒成立，故 $g(x)$ 在 $(0，+\infty)$ 上有一个零点.

(2)当 $0 < a < \sqrt{3}$ 时，$\Delta = 4(a^2 - 3) < 0$，$f(x) > 0$ 在 $(0，1]$ 上恒成立，故 $g(x)$ 在 $(0，+\infty)$ 上有一个零点.

(3)当 $a = \sqrt{3}$ 时，$\Delta = 4(a^2 - 3) = 0$，$f\left(\dfrac{a}{3}\right) = 0$，在 $(0，1)$ 上有一个零点 $\dfrac{\sqrt{3}}{3}$，而另一个零点为 1，故 $g(x)$ 在 $(0，+\infty)$ 上有两个零点.

(4)当 $\sqrt{3} < a < 2$ 时，$\Delta = 4(a^2 - 3) > 0$，对称轴 $x = \dfrac{a}{3} < 1$，$f(1) > 0$，在 $(0，1)$ 上有两个零点，故 $g(x)$ 在 $(0，+\infty)$ 上有三个零点.

综上，当 $a < \sqrt{3}$ 时，$g(x)$ 在 $(0，+\infty)$ 上有一个零点；当 $a = \sqrt{3}$ 时，$g(x)$ 在 $(0，+\infty)$ 上有两个零点；当 $\sqrt{3} < a < 2$ 时，$g(x)$ 在 $(0，+\infty)$ 上有三个零点.

【案例5-7】(2014 年潍坊二模数学理科第 10 题)已知定义在 $\mathbf{R}$ 上的函数 $f(x)$ 对任意的 x 满足 $f(x + 1) = -f(x)$，当 $-1 \leqslant x < 1$ 时，函数 $f(x) = x^3$，函数 $g(x) = \begin{cases} |\log_a x|，& x > 0, \\ -\dfrac{1}{x}，& x < 0. \end{cases}$ 若函数 $h(x) = f(x) - g(x)$ 在 $h(x) = f(x) - g(x)$ 上有六个零点，则实数 a 的取值范围为(　　).

A. $\left(0，\dfrac{1}{7}\right) \cup (7，+\infty)$ 　　　　B. $\left(\dfrac{1}{9}，\dfrac{1}{7}\right) \cup (7，9)$

C. $\left(\dfrac{1}{9}，1\right) \cup (1，9)$ 　　　　D. $\left(\dfrac{1}{9}，\dfrac{1}{7}\right) \cup (7，9)$

【错题】取 $x = 0$，则 $f(1) = -f(0)$.又因为当 $-1 \leqslant x < 1$ 时，函数 $f(x) = x^3$，所以 $f(1) = 1$，$f(0) = 0$，显然 $f(1) \neq -f(0)$.

【错因分析】条件间不相容.

【修改】将"当 $-1 \leqslant x < 1$ 时，函数 $f(x) = x^3$"修改为"当 $-1 < x < 1$ 时，函数 $f(x) = x^3$".

第六章
函数与导数中的易错问题

【**案例 6-1**】已知 $f(x)=ax^3+3x^2-x+1$ 在 **R** 上是减函数，求 a 的取值范围.

【**错解**】$f'(x)=3ax^2+6x-1$，因为 $f(x)$ 在 **R** 上是减函数，所以 $f'(x)=3ax^2+6x-1<0$ 在 **R** 上恒成立，所以 $\begin{cases}3a<0, \\ \Delta<0,\end{cases}$ 即 $\begin{cases}3a<0, \\ 36+12a<0,\end{cases}$ 解得 $a<-3$.

【**错因分析**】当 $f'(x)<0$ 时，$f(x)$ 是减函数，但反之并不尽然. 如 $f(x)=-x^3$ 是 **R** 上的减函数，但 $f'(x)=-3x^2\leqslant0$ 不恒成立. 同时，$f'(x)=3ax^2+6x-1$ 未必是二次函数，需要对 a 是否为 0 进行讨论.

【**正解**】$f'(x)=3ax^2+6x-1$.

(1)当 $a=0$ 时，$f'(x)=6x-1$，令 $f'(x)=6x-1<0$，解得 $x<\dfrac{1}{6}$，与 $f'(x)<0$ 在 $x\in$**R** 恒成立矛盾.

(2)当 $a\neq0$ 时.

①当 $\begin{cases}3a<0 \\ \Delta<0\end{cases}$ 时，$f'(x)<0$ 在 **R** 上恒成立，即 $\begin{cases}3a<0, \\ 36+12a<0,\end{cases}$ 解得 $a<-3$.

②当 $a=-3$ 时，$f'(x)=-9x^2+6x-1=-(3x-1)^2$，此时 $f'(x)\leqslant0$ 对 $x\in$**R** 恒成立，且 $f'(x)=0$ 不恒成立，所以 $f(x)$ 在 **R** 上是减函数.

综上，可知 a 的取值范围为 $(-\infty,\ -3]$.

【**变式 6-1**】已知函数 $f(x)=\dfrac{1}{3}x^3-(4m-1)x^2+(15m^2-2m-7)x+2$ 在 **R** 上为增函数，求 m 的取值范围.

【**变式 6-2**】已知函数 $f(x)=\dfrac{ax+1}{x+3}$ 在 $(-\infty,\ -3)$ 内是增函数，求实数 a 的取值范围.

【**错解**】$f'(x)=\dfrac{3a-1}{(x+3)^2}$，由题意得 $\dfrac{3a-1}{(x+3)^2}\geqslant0$ 在 $(-\infty,\ -3)$ 内恒成立，故 $a\leqslant\dfrac{1}{3}$.

【**错因分析**】$f(x)$ 在 $(-\infty,\ -3)$ 上为增函数的充要条件是在 $(-\infty,\ -3)$ 上 $f'(x)\geqslant0$，且不恒等于 0. 但是当 $a=\dfrac{1}{3}$ 时，$f'(x)=0$ 恒成立.

【**正解**】$f'(x)=\dfrac{3a-1}{(x+3)^2}$，由题意得 $\dfrac{3a-1}{(x+3)^2}\geqslant0$ 在 $(-\infty,\ -3)$ 内恒成立，解得 $a\leqslant\dfrac{1}{3}$，又因为当 $a=\dfrac{1}{3}$ 时，$f'(x)=0$ 恒成立，故 $a<\dfrac{1}{3}$.

【**案例 6-2**】函数 $f(x)=-x^3+ax^2+b(a,\ b\in$**R**$)$，若 $y=f(x)$ 的图像上任意两个不相同的点的连线的斜率小于 1，求 a 的取值范围.

【**错解**】由题意 $f'(x)=-3x^2+2ax<1$ 恒成立，即 $3x^2-2ax+1>0$，于是 $\Delta=4a^2-12<0$，解得 $-\sqrt{3}<a<\sqrt{3}$，故 a 的取值范围是 $(-\sqrt{3},\sqrt{3})$.

【错因分析】导数和斜率既有区别又有联系，不等价．通俗地讲，导数可以看成是斜率的极限状态．拉格朗日中值定理：若函数 $f(x)$ 在闭区间 $[a，b]$ 上可导，在开区间 $(a，b)$ 上连续，则在 $(a，b)$ 上至少存在一点 x_0，使得 $f'(x_0)=\dfrac{f(b)-f(a)}{b-a}$．拉格朗日中值定理的几何意义：在满足定理条件的曲线 $y=f(x)$ 上至少存在一点 $P(x_0，f(x_0))$，该曲线在点 P 处的切线平行于曲线两端点的连线 AB，如图 6-1 所示．由拉格朗日中值定理的几何意义可知，若闭区间上连续曲线上的每一点处都存在切线，则曲线上至少存在一个点，使过此点的切线平行于割线 PQ（其中 $P(a，f(a))$，$Q(b，f(b))$）．但反过来，不一定存在一条割线平行于曲线的切线，即曲线的切线斜率的范围与割线的斜率的范围不等价．

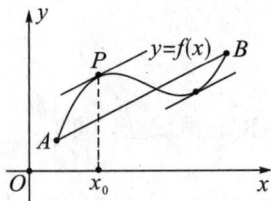

图 6-1

【正解】$\dfrac{f(x_2)-f(x_1)}{x_2-x_1}<1 \Rightarrow \dfrac{f(x_2)-f(x_1)}{x_2-x_1}-1<0 \Rightarrow \dfrac{[f(x_2)-x_2]-[f(x_1)-x_1]}{x_2-x_1}<0.$

设 $F(x)=f(x)-x$，则 $\dfrac{F(x_2)-F(x_1)}{x_2-x_1}<0.$

当 $x_2-x_1<0$ 时，$F(x_2)-F(x_1)>0$，所以 $F(x)$ 为减函数；

当 $x_2-x_1>0$ 时，$F(x_2)-F(x_1)<0$，所以 $F(x)$ 为减函数．

综上，$F(x)=f(x)-x=-x^3+ax^2+b-x$ 为减函数，只需 $F'(x)\leqslant 0$，即 $F'(x)=-3x^2+2ax-1\leqslant 0$ 恒成立，所以 $\Delta=(2a)^2-4\cdot(-3)\cdot(-1)=4a^2-12\leqslant 0$，解得 $-\sqrt{3}\leqslant a\leqslant\sqrt{3}$．

故 a 的取值范围是 $[-\sqrt{3}，\sqrt{3}]$．

【变式 6-3】(2014 年陕西卷文科第 21 题)已知函数 $f(x)=\ln x+\dfrac{m}{x}$，$m\in\mathbf{R}$．

（Ⅰ）若对任意 $b>a>0$，$\dfrac{f(b)-f(a)}{b-a}<1$ 恒成立，求 m 的取值范围；

（Ⅱ）若 $f'(x)<1$ 恒成立，求 m 的取值范围．

【（Ⅰ）的错解】由题意 $f'(x)<1$，即 $\dfrac{1}{x}-\dfrac{m}{x^2}<1$ 对任意的 $x\in(0，+\infty)$ 恒成立，得 $m>x-x^2$，当 $x=1$ 时，$(x-x^2)_{\max}=\dfrac{1}{4}$，故 $m>\dfrac{1}{4}$．

【错因分析】 同案例 6-5.

【(Ⅰ)的正解】 由 $\dfrac{f(b)-f(a)}{b-a}<1$，得 $\dfrac{[f(b)-b]-[f(a)-a]}{b-a}<0$. 令 $g(x)=f(x)-x$，有 $\dfrac{g(b)-g(a)}{b-a}<0$，于是 $g(x)$ 在 $(0,+\infty)$ 上为减函数，故 $g'(x)\geqslant 0$，即 $\dfrac{1}{x}-\dfrac{m}{x^2}\leqslant 1$ 对任意的 $x\in(0,+\infty)$ 恒成立，得 $m\geqslant x-x^2$. 当 $x=1$ 时，$(x-x^2)_{\max}=\dfrac{1}{4}$，得 $m\geqslant \dfrac{1}{4}$，经检验，当 $m=\dfrac{1}{4}$ 时，$g'(x)$ 不恒为 0，故 $m\geqslant \dfrac{1}{4}$.

【变式 6-4】（2018 年全国卷Ⅰ理科第 21 题）已知函数 $f(x)=\dfrac{1}{x}-x+a\ln x$.

(Ⅰ)讨论 $f(x)$ 的单调性；

(Ⅱ)若 $f(x)$ 存在两个极值点 x_1，x_2，证明：$\dfrac{f(x_1)-f(x_2)}{x_1-x_2}<a-2$.

【(Ⅱ)的错解 1】[1] 由题意知 $\exists x_0\in(x_1,x_2)$，使得 $\dfrac{f(x_1)-f(x_2)}{x_1-x_2}=f'(x_0)$，只需证明 $f'(x_0)<a-2$，即证 $\dfrac{-x_0^2+ax_0-1}{x_0^2}<a-2$，需证 $(a-1)x_0^2-ax_0+1>0$. 令 $t(x)=(a-1)x^2-ax+1$，因为 $a>2$，显然 $t(x)$ 为开口向上、对称轴为 $x=\dfrac{a}{2(a-1)}\in\left(\dfrac{1}{2},1\right)$ 的二次函数，所以 $t(x)$ 在 $(1,x_2)$ 上单调递增，又 $t(0)=0$，所以当 $x_0\in(1,x_2)$ 时，$t(x_0)>t(1)=0$，则 $(a-1)x_0^2-ax_0+1>0$，所以 $f'(x_0)<a-2$.

【错因分析】[2] 上述解法存在逻辑错误. $\exists x_0\in(x_1,x_2)$，使得 $\dfrac{f(x_1)-f(x_2)}{x_1-x_2}=f'(x_0)$ 成立，而后又得出当 $x_0\in(1,x_2)$ 时，$f'(x_0)<a-2$，从而得 $\dfrac{f(x_1)-f(x_2)}{x_1-x_2}<a-2$ 的证明. 此处犯的错误是认为存在 $x_0\in(x_1,x_2)$，使得 $f'(x_0)<a-2$ 成立的 x_0 就是使得 $\dfrac{f(x_1)-f(x_2)}{x_1-x_2}=f'(x_0)$ 成立的 x_0，或者默认为使得 $\dfrac{f(x_1)-f(x_2)}{x_1-x_2}=f'(x_0)$ 成立的 x_0 在区间 $(1,x_2)$ 内，从而导致了错解.

用函数图像直观地解释：如图 6-2 所示，由 a 的特殊值画出 $f(x)$ 的图像，可以发现当 $a>2$ 时，在区间 (x_1,x_2) 上都会存在两点 P_1，P_2，使得函数 $f(x)$ 在两点处的切线与直线 AB 平行，一旦参数 a 固定，函数的图像就会固定，点 P_1，P_2 也就固定. 这说明存在 $x_0\in(x_1,x_2)$ 使得 $\dfrac{f(x_1)-f(x_2)}{x_1-x_2}=f'(x_0)$ 成立与存在 $x_0\in(1,x_2)$ 使得 $f'(x_0)<a-$

① 李小强，邓文俊，刘成龙. 对 2018 年全国卷Ⅰ理科 21 题的研究［J］. 中学数学研究，2019（6）：23－26.
② 李小强，邓文俊，刘成龙. 对 2018 年全国卷Ⅰ理科 21 题的研究［J］. 中学数学研究，2019（6）：23－26.

2 成立不等价.

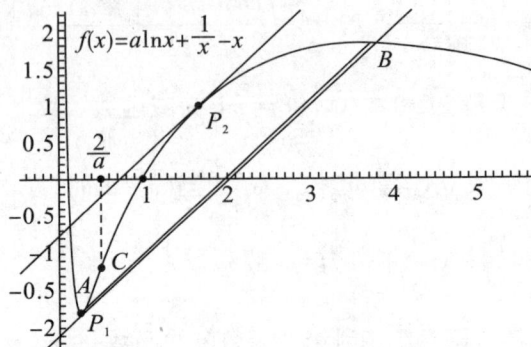

图 6-2

从上面的错解可以得到这样的结论：当 $x \in \left(x_1, \dfrac{1}{a-2}\right)$ 时，$f'(x) < a-2$；当 $x \in \left[\dfrac{1}{a-2}, 1\right]$ 时，$f'(x) \geqslant a-2$；当 $x \in (1, x_2)$ 时，$f'(x) < a-2$. 因此，证明原问题只需说明使得 $\dfrac{f(x_1)-f(x_2)}{x_1-x_2} = f'(x_0)$ 成立的 x_0 不在区间 $\left[\dfrac{1}{a-2}, 1\right]$ 内即可. 这里留给有兴趣的读者继续探讨.

【(Ⅱ)的错解 2】由 $\dfrac{f(x_1)-f(x_2)}{x_1-x_2} < a-2$ 变形为 $\dfrac{[f(x_1)-(a-2x_1)]-[f(x_2)-(a-2x_2)]}{x_1-x_2}$ <0(※)，只需证明 $g(x)=f(x)-(a-2)x$ 为单调递减函数(＊).（过程略）

【错因分析】求导发现 $g(x)$ 在定义域上既有增区间又有减区间，证明 $g(x)=f(x)-(a-2)x$ 为单调递减函数不能实现. 错误的原因是问题中的 x_1，x_2 不是任意的 x，因此（※）与（＊）不等价.

【(Ⅱ)的正解 1】[①] 由题意可知 $a>2$，因为 $f'(x)=\dfrac{-x^2+ax-1}{x^2}$，则 x_1，x_2 是 $-x^2+ax-1=0$ 的两实数根，则 $x_1 x_2=1$. 不妨设 $0<x_1<1<x_2$，所以 $\dfrac{f(x_1)-f(x_2)}{x_1-x_2}=$ $\dfrac{1}{x_1-x_2}\left[\dfrac{x_2-x_1}{x_1 x_2}+(x_2-x_1)+a\ln\dfrac{x_1}{x_2}\right]=-2+\dfrac{1}{x_1-x_2}\cdot a\ln\dfrac{x_1}{x_2}$. 又 $x_1 x_2=1$，则 $a\ln\dfrac{x_1}{x_2}=$ $a\ln x_1^2=2a\ln x_1$，故 $\dfrac{f(x_1)-f(x_2)}{x_1-x_2}=-2+\dfrac{2a\ln x_1}{x_1-\dfrac{1}{x_1}}$. 要证 $\dfrac{f(x_1)-f(x_2)}{x_1-x_2}<a-2$，即证 $\dfrac{2\ln x_1}{x_1-x_2}<1$，即证 $2\ln x_1<x_1-\dfrac{1}{x_1}$，由（Ⅰ）可知当 $a=2$ 时，$f(x)=\dfrac{1}{x}-x+2\ln x$ 在 $(0,$

① 李小强，邓文俊，刘成龙. 对 2018 年全国卷 I 理科 21 题的研究 [J]. 中学数学研究，2019 (6)：23-26.

$+\infty)$ 上单调递减. 而 $f(1)=0$，又 $0<x_1<1<x_2$，所以 $f(x_1)=\dfrac{1}{x_1}-x_1+2\ln x_1>0$，即

$2\ln x_1<x_1-\dfrac{1}{x_1}$，故 $\dfrac{f(x_1)-f(x_2)}{x_1-x_2}<a-2$.

【评注】 此解法的关键是减元，利用 $x_1x_2=1$，将两个变量的不等式 $\dfrac{f(x_1)-f(x_2)}{x_1-x_2}<$

$a-2$ 转化成只有单变量 x_1（或 x_2）的不等式.

【（Ⅱ）的正解 2】[①] 由题意知 $a>2$，$x_1>0$，$x_2>0$，所以 $\dfrac{f(x_1)-f(x_2)}{x_1-x_2}=\dfrac{1}{x_1-x_2}\cdot$

$\left[\dfrac{x_2-x_1}{x_1x_2}+(x_2-x_1)+a\ln x_1-a\ln x_2\right]=-2+\dfrac{a\ln x_1-a\ln x_2}{x_1-x_2}<-2+\dfrac{a}{\sqrt{x_1x_2}}=a-2$.

【变式 6-5】[②] 设函数 $f(x)=\dfrac{1}{x}-x+a\ln x$，若 $f(x)$ 存在两个极值点 x_1，x_2，证明：

$e^{x_1}-e^{x_2}<(x_1-x_2)e^{\frac{x_1+x_2}{2}}$.

【变式 6-6】[③] 设函数 $f(x)=\dfrac{1}{x}-x+a\ln x$，若 $f(x)$ 存在两个极值点 x_1，x_2，使得

$\dfrac{f(x_1)-f(x_2)}{x_1-x_2}<a-2$. 问：是否存在 x_0，使得 $\dfrac{f(x_1)-f(x_2)}{x_1-x_2}=f'(x_0)$？若存在，用 a 表示出 x_0 的取值范围；若不存在，请说明理由.

【变式 6-7】[④] 设函数 $f(x)=a\ln(x+1)+\dfrac{2}{x+2}-2\ (a\in\mathbf{R})$.

（Ⅰ）讨论 $f(x)$ 的单调性；

（Ⅱ）已知 x_1，$x_2\in(-1,+\infty)$，$x_1\neq x_2$，证明：$\dfrac{x_1-x_2}{\ln(x_1+1)-\ln(x_2+1)}<\dfrac{x_1+x_2}{2}+1$.

【变式 6-8】（2009 年辽宁卷理科第 22 题）已知函数 $f(x)=\dfrac{1}{2}x^2-ax+(a-1)\ln x$，$a>1$.

（Ⅰ）讨论函数 $f(x)$ 的单调性；

（Ⅱ）证明：若 $a<5$，则对任意 x_1，$x_2\in(0,+\infty)$，$x_1\neq x_2$，有 $\dfrac{f(x_1)-f(x_2)}{x_1-x_2}>-1$.

【变式 6-9】（2006 年四川卷理科第 22 题）已知函数 $f(x)=x^2+\dfrac{2}{x}+a\ln x\ (x>0)$，$f(x)$ 的导函数是 $f'(x)$，对任意两个不相等的正数 x_1，x_2，证明：当 $a\leqslant 4$ 时，

① 李小强，邓文俊，刘成龙. 对 2018 年全国卷Ⅰ理科 21 题的研究［J］. 中学数学研究，2019（6）：23-26.
② 李小强，邓文俊，刘成龙. 对 2018 年全国卷Ⅰ理科 21 题的研究［J］. 中学数学研究，2019（6）：23-26.
③ 李小强，邓文俊，刘成龙. 对 2018 年全国卷Ⅰ理科 21 题的研究［J］. 中学数学研究，2019（6）：23-26.
④ 李小强，邓文俊，刘成龙. 对 2018 年全国卷Ⅰ理科 21 题的研究［J］. 中学数学研究，2019（6）：23-26.

125

$|f'(x_1) - f'(x_2)| > |x_1 - x_2|$.

【变式 6−10】（2010 年辽宁卷理科第 21 题）已知函数 $f(x) = (a+1)\ln x + ax^2 + 1$.

（Ⅰ）讨论函数 $f(x)$ 的单调性；

（Ⅱ）设 $a < -1$，如果对任意 x_1，$x_2 \in (0, +\infty)$，$|f(x_1) - f(x_2)| \geqslant 4|x_1 - x_2|$，求 a 的取值范围.

变式 6−5～变式 6−10 的解答请读者自行探讨.

需要特别指出的是，变式 6−4（Ⅱ）的正解 2 中用到了对数平均不等式这一非常有力的工具，下面对这一工具作一个简单的介绍.

【拓展 6−1】 对数平均不等式[①]：

将两个正数 a 和 b 的对数平均定义为

$$L(a, b) = \begin{cases} \dfrac{a-b}{\ln a - \ln b}, & a \neq b, \\ a, & a = b, \end{cases}$$

则称 $\sqrt{ab} \leqslant L(a, b) \leqslant \dfrac{a+b}{2}$ 为对数平均不等式.

【证明】（1）当 $a = b$ 时，显然对数平均不等式成立.

（2）当 $a \neq b$ 时，不妨设 $a > b$.

① $L(a, b) \leqslant \dfrac{a+b}{2} \Leftrightarrow \ln a - \ln b > \dfrac{2(a-b)}{a+b} \Leftrightarrow \ln \dfrac{a}{b} > \dfrac{2\left(\dfrac{a}{b} - 1\right)}{\dfrac{a}{b} + 1}$（※）. 令 $x = \dfrac{a}{b} > 1$，则

（※）式等价于 $\ln x > \dfrac{2(x-1)}{x+1}$. 构造函数 $f(x) = \ln x - \dfrac{2(x-1)}{x+1}$（$x > 1$），$f'(x) = \dfrac{(x-1)^2}{x(x+1)^2} > 0$，所以 $f(x)$ 在 $(1, +\infty)$ 上单调递增，有 $f(x) > f(1) = 0$，所以 $L(a, b) \leqslant \dfrac{a+b}{2}$ 成立.

② $L(a, b) \geqslant \sqrt{ab} \Leftrightarrow \ln \dfrac{a}{b} < \sqrt{\dfrac{a}{b}} - \sqrt{\dfrac{b}{a}}$（#）. 令 $x = \sqrt{\dfrac{a}{b}}$（$x > 1$），则（#）式等价于 $2\ln x < x - \dfrac{1}{x}$，构造函数 $g(x) = 2\ln x - \left(x - \dfrac{1}{x}\right)$（$x > 1$），$g'(x) = -\left(1 - \dfrac{1}{x}\right)^2 < 0$，所以 $f(x)$ 在 $(1, +\infty)$ 上单调递减，故 $g(x) < g(1) = 0$ 成立，所以 $L(a, b) \geqslant \sqrt{ab}$ 成立.

因此，$\sqrt{ab} \leqslant L(a, b) \leqslant \dfrac{a+b}{2}$ 成立.

对数平均不等式能有效解决含有 $\dfrac{f(x_1) - f(x_2)}{x_1 - x_2}$ 型不等式问题和极值点偏移问题.

———————————

① 罗成，费雨晶，刘成龙. 对数平均不等式的证明及应用 [J]. 数学学习与研究，2019（5）：22−23.

【变式 6-11】（2016 年全国卷 I 理科第 21 题）已知函数 $f(x)=(x-2)e^x+a(x-1)^2$ 有两个零点，设 x_1，x_2 是 $f(x)$ 的两个零点，证明：$x_1+x_2<2$.

【正解】[①] （ I ）$a\in(0，+\infty)$；（ II ）由 $f'(x)=(x-1)(e^x+2a)$，易得 $f(x)$ 在区间 $(-\infty，1)$ 上单调递减，在区间 $(1，+\infty)$ 上单调递增.

不妨设 $x_1<x_2$，由 $f(1)<0$，$f(2)>0$，可知 $x_1<1<x_2<2$，由题意得

$$\begin{cases}(x_1-2)\cdot e^{x_1}+a\cdot(x_1-1)^2=0,\\(x_2-2)\cdot e^{x_2}+a\cdot(x_2-1)^2=0,\end{cases}\text{整理得}\begin{cases}a=\dfrac{(2-x_1)\cdot e^{x_1}}{(x_1-1)^2},\\a=\dfrac{(2-x_2)\cdot e^{x_2}}{(x_2-1)^2},\end{cases}\text{两边取对数得}$$

$$\begin{cases}\ln a=\ln(2-x_1)+x_1-\ln(x_1-1)^2,\\\ln a=\ln(2-x_2)+x_2-\ln(x_2-1)^2,\end{cases}\text{消去 }\ln a\text{，得}\ \ln(2-x_1)-\ln(2-x_2)-$$

$$[\ln(x_1-1)^2-\ln(x_2-1)^2]=x_2-x_1,\text{于是有}\ \frac{\ln(2-x_1)-\ln(2-x_2)}{x_2-x_1}+$$

$$\frac{\ln(x_1-1)^2-\ln(x_2-1)^2}{x_1-x_2}=\frac{\ln(2-x_1)-\ln(2-x_2)}{(2-x_1)-(2-x_2)}+\frac{\ln(x_1-1)^2-\ln(x_2-1)^2}{(x_1-1)^2-(x_2-1)^2}\cdot(x_1+$$

$$x_2-2)=1.\text{ 由对数平均不等式，得}\begin{cases}\dfrac{\ln(2-x_1)-\ln(2-x_2)}{(2-x_1)-(2-x_2)}\geqslant\dfrac{2}{(2-x_1)+(2-x_2)},\\\dfrac{\ln(x_1-1)^2-\ln(x_2-1)^2}{(x_1-1)^2-(x_2-1)^2}\geqslant\dfrac{2}{(x_1-1)^2+(x_2-1)^2},\end{cases}\text{假}$$

设 $x_1+x_2-2\geqslant0$，有 $\dfrac{2}{(2-x_1)+(2-x_2)}+\dfrac{2}{(x_1-1)^2+(x_2-1)^2}\cdot(x_1+x_2-2)<1$，即

$$\frac{x_1+x_2-2}{(2-x_1)+(2-x_2)}+\frac{2(x_1+x_2-2)}{(x_1-1)^2+(x_2-1)^2}<0,\text{这显然不成立. 故 }x_1+x_2<2\text{ 成立.}$$

【变式 6-12】（2013 年湖南卷文科第 21 题）已知函数 $f(x)=\dfrac{1-x}{1+x^2}e^x$. 证明：当 $f(x_1)=f(x_2)(x_1\neq x_2)$ 时，$x_1+x_2<0$.

【证明】[②] 易得 $f(x)$ 在区间 $(-\infty，0)$ 上单调递增，在区间 $(0，+\infty)$ 上单调递减. 不妨设 $x_1<0<x_2<1$. $f(x_1)=f(x_2)\Leftrightarrow\dfrac{1-x_1}{1+x_1^2}e^{x_1}=\dfrac{1-x_2}{1+x_2^2}e^{x_2}$，两边取对数有 $\ln(1-x_1)-$

$\ln(1+x_1^2)+x_1=\ln(1-x_2)-\ln(1+x_2^2)+x_2\Leftrightarrow-[\ln(1-x_1)-\ln(1-x_2)]+\ln(1+x_1^2)-$

$\ln(1+x_2^2)=x_1-x_2\Leftrightarrow\dfrac{\ln(1+x_1^2)-\ln(1+x_2^2)}{x_1-x_2}-\dfrac{\ln(1-x_1)-\ln(1-x_2)}{x_1-x_2}=1\Leftrightarrow(x_1+x_2)\cdot$

$\dfrac{\ln(1+x_1^2)-\ln(1+x_2^2)}{x_1^2-x_2^2}+\dfrac{\ln(1-x_1)-\ln(1-x_2)}{(1-x_1)-(1-x_2)}=1$，由对数平均不等式，可知

---

① 罗成，费雨晶，刘成龙. 对数平均不等式的证明及应用 [J]. 数学学习与研究，2019 (5)：22-23.
② 罗成，费雨晶，刘成龙. 对数平均不等式的证明及应用 [J]. 数学学习与研究，2019 (5)：22-23.

$$\frac{\ln(1+x_1^2)-\ln(1+x_2^2)}{x_1^2-x_2^2}>\frac{2}{x_1^2+x_2^2+2},\ \frac{\ln(1-x_1)-\ln(1-x_2)}{(1-x_1)-(1-x_2)}>\frac{2}{2-x_1-x_2},$$ 所以有 $1>$

$\dfrac{2(x_1+x_2)}{x_1^2+x_2^2+2}+\dfrac{2}{2-(x_1+x_2)}$,化简得 $0>(x_1+x_2)\left[\dfrac{2}{x_1^2+x_2^2+2}+\dfrac{1}{2-(x_1+x_2)}\right]$. 又因为

$x_1+x_2<2$,所以 $\dfrac{2}{x_1^2+x_2^2+2}+\dfrac{1}{2-(x_1+x_2)}>0$. 故 $x_1+x_2<0$.

【变式 6-13】(2010 年天津卷理科第 21 题)已知函数 $f(x)=xe^{-x}(x\in \mathbf{R})$. 如果 $x_1\neq x_2$,且 $f(x_1)=f(x_2)$,证明:$x_1+x_2>2$.

【证明】[1] $f'(x)=e^{-x}(1-x)$,所以 $x=1$ 是 $y=f(x)$ 的极值点,不妨设 $0<x_1<1<x_2$. $f(x_1)=f(x_2)\Leftrightarrow x_1e^{-x_1}=x_2e^{-x_2}\Leftrightarrow \ln x_1-x_1=\ln x_2-x_2\Leftrightarrow \dfrac{x_1-x_2}{\ln x_1-\ln x_2}=1$. 根据对数平均不等式,得 $\dfrac{x_1-x_2}{\ln x_1-\ln x_2}=1<\dfrac{x_1+x_2}{2}$,所以 $x_1+x_2>2$.

【案例 6-3】[2] 已知曲线 $y=\dfrac{1}{3}x^3+\dfrac{4}{3}$.

(1)过点 $P(2,4)$ 的切线方程是_____;

(2)在点 $P(2,4)$ 处的切线方程是_____.

【辨析】过点 A 的切线是指切线经过点 A,点 A 可能是切点,也可能不是切点;点 A 处的切线则点 A 必须是切点.

【正解】(1)设切点为 $\left(x_0,\dfrac{1}{3}x_0^3+\dfrac{4}{3}\right)$,则切线的斜率为 $k=x_0^2$,于是切线为 $y-\left(\dfrac{1}{3}x_0^3+\dfrac{4}{3}\right)=x_0^2(x-x_0)$,整理得 $y=x_0^2 x-\dfrac{2}{3}x_0^3+\dfrac{4}{3}$,又因为过点 $P(2,4)$,所以 $4=2x_0^2-\dfrac{2}{3}x_0^3+\dfrac{4}{3}$,解得 $x_0=-1$ 或 $x_0=2$,故切线方程为 $y=x+2$ 或 $y=4x-4$.

(2)因为切点为 $P(2,4)$,则切线的斜率为 $k=4$,于是切线方程为 $y-4=4(x-2)$,整理得 $y=4x-4$. 故切线方程为 $y=4x-4$.

【变式 6-14】(1)已知 $y=2x-x^3$,求以点 $P(1,1)$ 为切点的切线方程;

(2)已知 $y=2x-x^3$,求过点 $P(1,1)$ 为切点的切线方程.

【变式 6-15】(2007 年大纲卷 Ⅱ 理科第 22 题)设函数 $f(x)=x^3-x$.

(Ⅰ)求曲线 $y=f(x)$ 在点 $M(t,f(t))$ 处的切线方程;

(Ⅱ)设 $a>0$,如果过点 (a,b) 可作曲线 $y=f(x)$ 的三条切线,证明:$-a<b<f(a)$.

【解析】(Ⅰ)$f'(x)=3x^2-1$. 曲线 $y=f(x)$ 在点 $M(t,f(t))$ 处的切线方程为 $y-$

① 罗成,费雨晶,刘成龙. 对数平均不等式的证明及应用 [J]. 数学学习与研究,2019 (5):22-23.
② 刘成龙,余小芬,何贻勇. 函数图像交点问题的几种类型 [J]. 中学生数学,2011 (11):31-32.

$f(t)=f'(t)(x-t)$，即 $y=(3t^2-1)x-2t^3$.

（Ⅱ）因为 (a,b) 在切线上，所以 $b=(3t^2-1)a-2t^3$. 过点 (a,b) 可作曲线 $y=f(x)$ 的三条切线，则关于 t 的方程 $2t^3-3at^2+a+b=0$ 有三个相异的实数根.

令 $g(t)=2t^3-3at^2+a+b$，则 $g'(t)=6t^2-6at=6t(t-a)$，令 $g'(t)=0$，解得 $t_1=0$，$t_2=a$. 当 $t<0$ 或 $t>a$ 时，$g'(t)>0$，$g(t)$ 为单调递增函数；当 $0<t<a$ 时，$g'(t)<0$，$g(t)$ 为单调递减函数. 故 $g(t)$ 的极大值为 $g(0)=a+b$，极小值为 $g(a)=-a^3+a+b=b-f(a)$.

又 $\lim\limits_{t\to-\infty}g(t)=\lim\limits_{t\to-\infty}\left[t^2(2t-3a)+a+b\right]=-\infty$，$\lim\limits_{t\to+\infty}g(t)=\lim\limits_{t\to+\infty}\left[t^2(2t-3a)+a+b\right]=+\infty$. 如图 6-3 所示，作出 $g(t)$ 的草图，可知 $y=g(t)$ 与 t 轴有三个交点，当且仅当 $g(0)>0$ 且 $g(a)<0$，即 $\begin{cases}a+b>0,\\b-f(a)<0,\end{cases}$ 得 $-a<b<f(a)$.

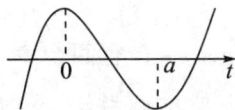

图 6-3

【评注】（Ⅰ）问利用导数几何意义求斜率；（Ⅱ）问有三条切线，即有三个切点，转化为切线方程有三个不同的根，利用函数与方程的关系转化为函数图像与 x 轴有三个交点，再建立极值与 0 的大小关系，即可获得关于 a，b 的不等式.

【拓展 6-2】下面对三次曲线切线问题进行拓展[①]：

对于一般的三次函数 $f(x)=ax^3+bx^2+cx+d(a\neq0)$，过点 $M(x_0,y_0)$ 作 $f(x)$ 的图像 C 的切线，可能作几条？点 M 又应分别满足什么条件呢？

【探讨】

设切点为 $(t,f(t))$，则 $f'(t)=3at^2+2bt+c$，切线方程为 $y-f(t)=f'(t)(x-t)$，将 $M(x_0,y_0)$ 代入，得 $y_0-f(t)=f'(t)(x_0-t)(*)$.

易知 $(*)$ 式中 t^3 的系数不为 0，所以 $(*)$ 式是关于 t 的三次方程. 故过点 M 最多可作图像 C 的三条切线. 记 $g(t)=y_0-f(t)-f'(t)(x_0-t)$，则 $g'(t)=-f'(t)-f''(t)(x_0-t)+f'(t)=f''(t)(t-x_0)=2(t-x_0)(3at+b)$.

令 $g'(t)=0$，得 $t=x_0$ 或 $t=-\dfrac{b}{3a}$. 讨论如下：

（1）当 $x_0=-\dfrac{b}{3a}$ 时，$g'(t)=6a\left(t+\dfrac{b}{3a}\right)^2$ 恒大于等于 0，说明 $g(t)$ 在 $(-\infty,+\infty)$ 上单调递增，故 $g(t)=0$ 一定只有一个解，过点 M 只能作图像 C 的一条切线.

① 张冬，胡云浩. 对一道高考题的再思考［J］. 中学生数学，2009（2）：47-48.

(2)当 $x_0 \neq -\dfrac{b}{3a}$ 时，x_0 与 $-\dfrac{b}{3a}$ 就为 $g(t)$ 的两个极值点，由 $g(t)$ 的单调性可知：

①要使切线有一条，当且仅当 $g(t)=0$ 有一个解，亦即 $y=g(t)$ 与横轴只有一个交点．当 $a>0$ 时，如图 6-4、图 6-5 所示；当 $a<0$ 时，如图 6-7、图 6-8 所示．则 $g(t)_{极大值} \cdot g(t)_{极小值}>0$，即 $g(x_0) \cdot g\left(-\dfrac{b}{3a}\right)>0$，即 $[y_0-f(x_0)] \cdot$

$$\left[y_0-f\left(-\dfrac{b}{3a}\right)-f'\left(-\dfrac{b}{3a}\right)\left(x_0+\dfrac{b}{3a}\right)\right]>0.$$

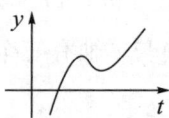 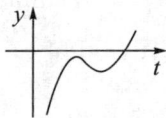 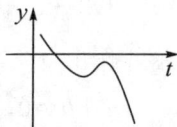 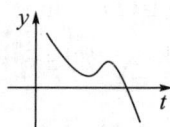

图 6-4　　　　　图 6-5　　　　　图 6-6　　　　　图 6-7

②要使切线有两条，当且仅当 $g(t)=0$ 有两个解，亦即 $y=g(t)$ 与横轴只有两个交点．当 $a>0$ 时，如图 6-8、图 6-9 所示；当 $a<0$ 时，如图 6-10、图 6-11 所示．则 $g(t)_{极大值} \cdot g(t)_{极小值}=0$，即 $g(x_0) \cdot g\left(-\dfrac{b}{3a}\right)=0$，即 $[y_0-f(x_0)] \cdot$

$$\left[y_0-f\left(-\dfrac{b}{3a}\right)-f'\left(-\dfrac{b}{3a}\right)\left(x_0+\dfrac{b}{3a}\right)\right]=0.$$

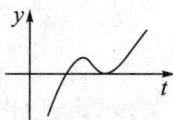 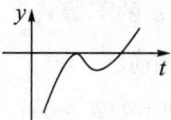 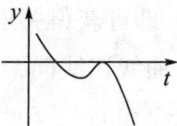 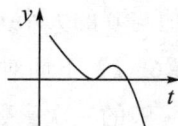

图 6-8　　　　　图 6-9　　　　　图 6-10　　　　　图 6-11

③要使切线有三条，当且仅当 $g(t)=0$ 有三个解，亦即 $y=g(t)$ 与横轴有三个交点．当 $a>0$ 时，如图 6-12 所示；当 $a<0$ 时，如图 6-13 所示．则 $g(t)_{极大值} \cdot g(t)_{极小值}<0$，即 $g(x_0) \cdot g\left(-\dfrac{b}{3a}\right)<0$，即 $[y_0-f(x_0)]\left[y_0-f\left(-\dfrac{b}{3a}\right)-f'\left(-\dfrac{b}{3a}\right)\left(x_0+\dfrac{b}{3a}\right)\right]<0.$

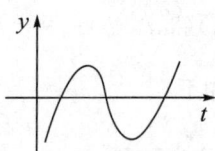 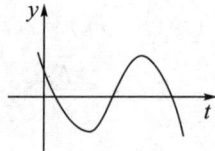

图 6-12　　　　　图 6-13

【结论】

综上，可知过点 $M(x_0,y_0)$ 作三次曲线 C 的切线．

有一条切线的充要条件为

$$x_0 = -\frac{b}{3a} \text{ 或 } \begin{cases} x_0 \neq -\dfrac{b}{3a}, \\ [y_0 - f(x_0)] \left[y_0 - f\left(-\dfrac{b}{3a}\right) - f'\left(-\dfrac{b}{3a}\right)\left(x_0 + \dfrac{b}{3a}\right) \right] > 0; \end{cases}$$

有两条切线的充要条件为

$$\begin{cases} x_0 \neq -\dfrac{b}{3a}, \\ [y_0 - f(x_0)] \left[y_0 - f\left(-\dfrac{b}{3a}\right) - f'\left(-\dfrac{b}{3a}\right)\left(x_0 + \dfrac{b}{3a}\right) \right] = 0; \end{cases}$$

有三条切线的充要条件为

$$\begin{cases} x_0 \neq -\dfrac{b}{3a}, \\ [y_0 - f(x_0)] \left[y_0 - f\left(-\dfrac{b}{3a}\right) - f'\left(-\dfrac{b}{3a}\right)\left(x_0 + \dfrac{b}{3a}\right) \right] < 0. \end{cases}$$

【图示】

我们知道，三次函数 $y = ax^3 + bx^2 + cx + d = 0 (a \neq 0)$ 的图像有唯一的对称中心 $N\left(-\dfrac{b}{3a}, f\left(-\dfrac{b}{3a}\right)\right)$，而图像 C 在点 N 处的切线 l 的方程为 $y - f\left(-\dfrac{b}{3a}\right) = f'\left(-\dfrac{b}{3a}\right) \cdot \left(x + \dfrac{b}{3a}\right)$，即 $y - f\left(-\dfrac{b}{3a}\right) - f'\left(-\dfrac{b}{3a}\right)\left(x + \dfrac{b}{3a}\right) = 0$. 由线性规划的有关知识，可作出点 M 在平面内的具体分布区域，如图 $6-14$、图 $6-15$ 所示.

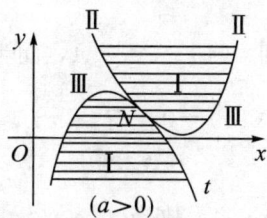

图 6-14

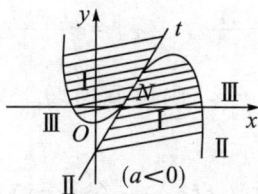

图 6-15

【说明】

(1)点 M 位于图中阴影部分(不包括边缘，即图中 Ⅰ 区)或点 N 时，过点 M 有一条切线；

(2)点 M 位于三次函数图像 C 和过点 N 的切线 l 上(不包括点 N，即图中 Ⅱ 区)时，过点 M 有两条切线；

(3)当点 M 位于图中空白区域(不包括边缘，即图中 Ⅲ 区)时，过点 M 有三条切线.

【变式6-16】(2010 年湖北卷文科第 21 题)设函数 $f(x) = \dfrac{1}{3}x^3 - \dfrac{a}{2}x^2 + bx + c$，其中

$a>0$，曲线 $y=f(x)$ 在点 $P(0，f(0))$ 处的切线方程为 $y=1$.

（Ⅰ）确定 b，c 的值；

（Ⅱ）设曲线 $y=f(x)$ 在点 $(x_1，f(x_1))$ 及 $(x_2，f(x_2))$ 处的切线都过点 $(0，2)$. 证明：当 $x_1 \neq x_2$ 时，$f'(x_1) \neq f'(x_2)$；

（Ⅲ）若过点 $(0，2)$ 可作曲线 $y=f(x)$ 的三条不同切线，求 a 的取值范围.

【案例 6-4】（2016 年四川卷理科第 21 题）设函数 $f(x)=ax^2-a-\ln x$，其中 $a \in \mathbf{R}$.

（Ⅰ）讨论 $f(x)$ 的单调性；

（Ⅱ）确定 a 的所有可能取值，使得 $f(x)>\dfrac{1}{x}-e^{1-x}$ 在区间 $(1，+\infty)$ 内恒成立（e＝2.718…为自然对数的底数）.

本案例考生答题时出现了很多典型失误，为便于说明，下面先给出试题的参考答案.

【参考答案】

（Ⅰ）$f'(x)=2ax-\dfrac{1}{x}=\dfrac{2ax^2-1}{x}(x>0)$.

当 $a \leqslant 0$ 时，$f'(x)<0$，$f(x)$ 在 $(0，+\infty)$ 内单调递减. 当 $a>0$ 时，由 $f'(x)=0$，有 $x=\dfrac{1}{\sqrt{2a}}$.

此时，当 $x \in \left(0，\dfrac{1}{\sqrt{2a}}\right)$ 时，$f'(x)<0$，$f(x)$ 为单调递减函数；当 $x \in \left(\dfrac{1}{\sqrt{2a}}，+\infty\right)$ 时，$f'(x)>0$，$f(x)$ 为单调递增函数.

（Ⅱ）令 $g(x)=\dfrac{1}{x}-\dfrac{1}{e^{x-1}}$，$s(x)=e^{x-1}-x$，则 $s'(x)=e^{x-1}-1$，而当 $x>1$ 时，$s'(x)>0$，所以 $s(x)$ 在区间 $(1，+\infty)$ 内单调递增. 又由 $s(1)=0$，有 $s(x)>0$. 从而当 $x>1$ 时，$g(x)>0$.

当 $a \leqslant 0$，$x>1$ 时，$f(x)=a(x^2-1)-\ln x<0$. 故当 $f(x)>g(x)$ 在区间 $(1，+\infty)$ 内恒成立时，必有 $a>0$.

当 $0<a<\dfrac{1}{2}$ 时，$\dfrac{1}{\sqrt{2a}}>1$. 由（Ⅰ）有 $f\left(\dfrac{1}{\sqrt{2a}}\right)<f(1)=0$，而 $g\left(\dfrac{1}{\sqrt{2a}}\right)>0$. 所以此时 $f(x)>g(x)$ 在区间 $(1，+\infty)$ 内不恒成立.

当 $a \geqslant \dfrac{1}{2}$ 时，令 $h(x)=f(x)-g(x)(x \geqslant 0)$，当 $x>1$ 时，$h'(x)=2ax-\dfrac{1}{x}+\dfrac{1}{x^2}-e^{1-x}>x-\dfrac{1}{x}+\dfrac{1}{x^2}-\dfrac{1}{x}=\dfrac{x^3-2x+1}{x^2}>\dfrac{x^2-2x+1}{x^2}>0$.

因此，$h(x)$ 在区间 $(1，+\infty)$ 内单调递增. 又因为 $h(1)=0$，所以当 $x>1$ 时，$h(x)=f(x)-g(x)>0$，即 $f(x)>g(x)$ 恒成立.

综上，可知 $a \in \left[\dfrac{1}{2}, +\infty \right)$.

【典型失误 1】符号乱用①.

每一个数学符号都有其规定的书写方式和独特的内涵，不能乱写乱用. 比如，考生在运用洛必达法则求 a 的范围时乱用符号：$\lim x \to 1 = \dfrac{1}{2}$，应改为 $\lim\limits_{x \to 1^+} \dfrac{\ln x + \dfrac{1}{x} - \mathrm{e}^{1-x}}{x^2 - 1} = \dfrac{1}{2}$.

【典型失误 2】描述不清.

准确描述是解题规范的基本要求. 比如，考生讨论单调性时描述不清："当 $a > 0$ 时，$x \in \left(0, \dfrac{1}{\sqrt{2a}} \right)$ 时，$f'(x) < 0$；$x \in \left(\dfrac{1}{\sqrt{2a}}, +\infty \right)$ 时，$f'(x) > 0$." 应进一步明确 $\left(0, \dfrac{1}{\sqrt{2a}} \right)$ 为 $f(x)$ 的单调递减区间，$\left(\dfrac{1}{\sqrt{2a}}, +\infty \right)$ 为 $f(x)$ 的单调递增区间.

【典型失误 3】总结笼统.

比如，"总之，$f(x)$ 的单调递增区间是 $\left(\dfrac{1}{\sqrt{2a}}, +\infty \right)$，$f(x)$ 的单调递减区间是 $\left(0, \dfrac{1}{\sqrt{2a}} \right)$，**R**." 这样的总结过于笼统，容易导致错误，应加上对应的 a 的取值范围.

【典型失误 4】画蛇添足.

比如，"当 $a \leqslant 0$ 时，$f(x)$ 在 **R** 上单调递减；当 $a > 0$ 时，$f(x)$ 在 $\left(0, \dfrac{1}{\sqrt{2a}} \right)$ 上单调递减，在 $\left(\dfrac{1}{\sqrt{2a}}, +\infty \right)$ 上单调递增，且在 $x = \dfrac{1}{\sqrt{2a}}$ 处取极大值，无最小值." 明显考生对极大值、最小值的判断错误，属于典型的画蛇添足.

【典型失误 5】偷工减料.

"由 $f(x) > \dfrac{1}{x} - \mathrm{e}^{1-x}$，可得 $a > \dfrac{\ln x + \dfrac{1}{x} - \mathrm{e}^{1-x}}{x^2 - 1}$，令 $h(x) = \dfrac{\ln x + \dfrac{1}{x} - \mathrm{e}^{1-x}}{x^2 - 1}$，则 $h'(x) = \dfrac{\left(\dfrac{1}{x} - \dfrac{1}{x^2} + \mathrm{e}^{1-x} \right)(x^2 - 1) - 2x \left(\ln x + \dfrac{1}{x} - \mathrm{e}^{1-x} \right)}{(x^2 - 1)^2}$，易证 $h'(x) < 0$，所以 $h(x)$ 为减函数." 事实上，$h'(x) < 0$ 较难证明.

【典型失误 6】法则不明.

法则应用错误主要表现在法则记忆不清. 比如，求导法则记错；$f'(x)$ 求解错误：$f'(x) = 2ax - a - \dfrac{1}{x}$，$f'(x) = 2ax - \ln x$；$h'(x)$ 求解错误.

---

① 刘成龙，余小芬. 2016 年四川高考理科 21 题的典型失误及教学建议 [J]. 教学月刊，2017(z1)：88-92.

【典型失误 7】 变量不清.

比如，"当 $x>0$ 时，$f(x)$ 在 $\left(\dfrac{1}{\sqrt{2a}},\ +\infty\right)$ 上为增函数，在 $\left(0,\ \dfrac{1}{\sqrt{2a}}\right)$ 上为减函数."

这混淆了变量 x 与字母 a 的"身份".

【典型失误 8】 放缩不当.

比如，$h'(x)=\dfrac{x-\dfrac{1}{x}+\dfrac{1}{x^2}-3-2x\ln x+(x^2+2x-1)\mathrm{e}^{1-x}}{(x^2-1)^2}$，令 $g(x)=x-\dfrac{1}{x}+\dfrac{1}{x^2}-$

$3-2x\ln x+(x^2+2x-1)\mathrm{e}^{1-x}$，因为 $\dfrac{1}{x^2}-\dfrac{1}{x}<0$，所以 $g(x)<-3+(x^2+2x-1)\mathrm{e}^{1-x}+$

$x(1-2\ln x)$. 令 $\varphi(x)=(x^2+2x-1)\mathrm{e}^{1-x}$，$\mu(x)=x(1-2\ln x)$，$\varphi'(x)=(3-x^2)\mathrm{e}^{1-x}$，

当 $x\in(1,\sqrt{3})$ 时，$\varphi(x)$ 为增函数；当 $x\in(\sqrt{3},\ +\infty)$ 时，$\varphi(x)$ 为减函数，故 $\varphi(x)_{\max}=$

$\varphi(\sqrt{3})=\dfrac{2+\sqrt{3}}{\mathrm{e}^{\sqrt{3}-1}}<2$，$\mu'(x)=-2\ln x-1<0$，$\mu(x)_{\max}=\mu(1)=1$. 于是 $g(x)<-3+2+$

$1=0$，即 $g(x)<0$，故 $h'(x)<0$，$h(x)$ 为减函数. 这里放缩有误：$\varphi(x)_{\max}=\varphi(\sqrt{3})=$

$\dfrac{2+\sqrt{3}}{\mathrm{e}^{\sqrt{3}-1}}<2$，应为 $\dfrac{2+\sqrt{3}}{\mathrm{e}^{\sqrt{3}-1}}>2$.

【典型失误 9】 转化不当.

比如，"$f(x)>g(x)\Leftrightarrow f'(x)>g'(x)$，$f(x)>g(x)\Leftrightarrow f(x)_{\min}>g(x)_{\max}$." 应改

为：$f(x)>g(x)\Leftrightarrow f(x)-g(x)>0\Leftrightarrow [f(x)-g(x)]_{\min}>0$.

【典型失误 10】 思维僵化.

思维僵化与思维灵活相对，主要表现为思维的封闭性、惰性、僵化性. 思维的封闭性
主要是指仅用熟悉的办法处理问题，把思维禁锢在有限的知识板块，相当局限、保守；思
维的惰性是指只习惯于用老眼光看待数学问题，希望所有问题都用老办法处理；思维的僵
化性是指一味模仿已有模型，机械模仿套用模型.

比如，讨论 $f(x)$ 的单调性：$\forall x_1,\ x_2\in(0,\ +\infty)$，且 $x_1<x_2$，则 $f(x_1)-f(x_2)=$

$ax_1^2-a-\ln x_1-(ax_2^2-a-\ln x_2)=a(x_1+x_2)(x_1-x_2)+\ln\dfrac{x_2}{x_1}$，当 $a\leqslant 0$ 时，$f(x_1)-$

$f(x_2)>0$，$f(x)$ 在 $(0,\ +\infty)$ 内单调递减；当 $a>0$ 时，很难判断单调性.

失误之处在于思维僵化，一味套用高一学的证明函数单调性的套路，放弃导数这一有
力工具.

【典型失误 11】 逻辑错误[①].

数学具有严密的逻辑体系. 逻辑性错误是数学认知结构不完善的常见错误之一. 解题

---

① 刘成龙，余小芬. 2016 年四川高考理科 21 题的典型失误及教学建议 [J]. 教学月刊，2017(z1)：88—92.

过程中出现违反逻辑思维规律的认知盲点不仅仅是数学知识，还在于逻辑. 常见的逻辑错误有偷换概念、偷换论题、自相矛盾、虚假理由、分类不当、因果倒置、循环论证、潜在假设等.

比如，试题中 $a \geq \frac{1}{2}$ 是恒成立的充要条件，而很多考生错误地认为 $a \geq \frac{1}{2}$ 是恒成立的必要条件，对充分性没有证明.

【案例 6-5】 已知函数 $f(x)=x^3+ax^2+bx+a^2$ 在 $x=1$ 处取极值 10，求 $f(x)$ 的表达式.

【错解】 $f'(x)=3x^2+2ax+b$，由题意 $f'(1)=3+2a+b=0$，且 $f(1)=1^3+a+b++a^2=10$，解得 $\begin{cases} a=3, \\ b=-4 \end{cases}$ 或 $\begin{cases} a=4, \\ b=-5, \end{cases}$ 所以 $f(x)=x^3+3x^2-4x+9$ 或 $f(x)=x^3+4x^2-5x+16$.

【错因分析】 $f'(x_0)=0$ 仅仅是 $f(x)$ 在 x_0 处取得极值的必要条件，而非充分条件.

【正解】 $f'(x)=3x^2+2ax+b$，由题意 $f'(1)=3+2a+b=0$，且 $f(1)=1^3+a+b+a^2=10$，解得 $\begin{cases} a=4, \\ b=-11 \end{cases}$ 或 $\begin{cases} a=-3, \\ b=3. \end{cases}$ 当 $\begin{cases} a=4, \\ b=-11 \end{cases}$ 时，$f'(x)=3x^2+8x-11=(3x+11) \cdot (x-1)$，显然此时 $x=1$ 是函数的极值点，满足题意；当 $\begin{cases} a=-3, \\ b=3 \end{cases}$ 时，$f'(x)=3x^2-6x+3=3(x-1)^2$，显然此时 $x=1$ 不是函数的极值点. 故 $f(x)=x^3+4x^2-11x+16$.

【变式 6-17】 已知函数 $f(x)=ax^2+2\ln(1-x)$，是否存在实数 a，使得 $f(x)$ 在 $x=\frac{1}{2}$ 处取极值.

【变式 6-18】 (2014 年新课标卷 II 文科第 3 题)函数 $f(x)$ 在 $x=x_0$ 处导数存在，若 $p: f'(x_0)=0$，$q: x=x_0$ 是 $f(x)$ 的极值点，则(　　).

A. p 是 q 的充分必要条件

B. p 是 q 的充分条件，但不是 q 的必要条件

C. p 是 q 的必要条件，但不是 q 的充分条件

D. p 既不是 q 的充分条件，也不是 q 的必要条件

【解析】 显然，$q \Rightarrow p$ 是正确的，则 p 是 q 的必要条件；但 p 不能推出 q，例如，$y=x^3$，在 $x=0$ 处 p 成立，但此时不存在极值点，则 p 不是 q 的充分条件. 综上所述，选项 C 正确.

【评注】 本题考查可导函数极值存在的必要条件. 在中学阶段，研究极值的函数往往都是可导的，而对可导函数的极值点只能在驻点(方程 $f'(x)=0$ 的根)中产生，若要明确能否在具体某个驻点 x_0 处产生极值，就需要进一步讨论函数在 x_0 左、右两侧的导函数

符号(确定单调性). 若在 x_0 左侧附近 $f'(x) > 0$, 在 x_0 右侧附近 $f'(x) < 0$, 则 $f(x_0)$ 为极大值; 若在 x_0 左侧附近 $f'(x) < 0$, 在 x_0 右侧附近 $f'(x) > 0$, 则 $f(x_0)$ 为极小值.

需要特别指出的是, 函数的极值并非一定在驻点处取得, 对于一些不可导点, 同样可能存在极值. 例如, $f(x) = x^{\frac{2}{3}}$, $f'(x) = \frac{2}{3}x^{-\frac{1}{3}} = \frac{2}{3\sqrt[3]{x}}$, 易知当 $x < 0$ 时, $f'(x) < 0$, $f(x)$ 为单调递减函数; 当 $x > 0$ 时, $f'(x) > 0$, $f(x)$ 为单调递增函数. 所以 $f(0)$ 为函数的极小值. 显然 $f'(0)$ 无意义, 此时 $f(x)$ 在点 $x = 0$ 处不可导.

【案例 6-6】[①] 已知函数 $f(x) = 2x^3 + 4x^2 - 40x$, $g(x) = 7x^2 - 28x - t$.

(1) $\forall x_1 \in [-3, 3]$, $\forall x_2 \in [-3, 3]$, 使 $f(x_1) \geqslant g(x_2)$ 成立, 求 t 的取值范围;

(2) $\forall x_1 \in [-3, 3]$, $\exists x_2 \in [-3, 3]$, 使 $f(x_1) \geqslant g(x_2)$ 成立, 求 t 的取值范围;

(3) $\exists x_1 \in [-3, 3]$, $\forall x_2 \in [-3, 3]$, 使 $f(x_1) \geqslant g(x_2)$ 成立, 求 t 的取值范围;

(4) $\exists x_1 \in [-3, 3]$, $\exists x_2 \in [-3, 3]$, 使 $f(x_1) \geqslant g(x_2)$ 成立, 求 t 的取值范围;

(5) $\exists x_1 \in [-3, 3]$, $\forall x_2 \in [-3, 3]$, 使 $f(x_1) = g(x_2)$ 成立, 求 t 的取值范围;

(6) $\exists x_1 \in [-3, 3]$, $\exists x_2 \in [-3, 3]$, 使 $f(x_1) = g(x_2)$ 成立, 求 t 的取值范围.

【辨析】 全称命题和特称命题为命题的两种简单基本形式. 涉及全称命题和特称命题的函数问题容易引起混淆.

(1) 若 $\forall x_1 \in D_1$, $\forall x_2 \in D_2$, $f(x_1) \geqslant g(x_2)$ 恒成立 $\Rightarrow f(x)_{\min} \geqslant g(x)_{\max}$;

(2) 若 $\forall x_1 \in D_1$, $\exists x_2 \in D_2$, $f(x_1) \geqslant g(x_2)$ 成立 $\Rightarrow f(x)_{\min} \geqslant g(x)_{\min}$;

(3) 若 $\exists x_1 \in D_1$, $\forall x_2 \in D_2$, $f(x_1) \geqslant g(x_2)$ 成立 $\Rightarrow f(x)_{\max} \geqslant g(x)_{\max}$;

(4) 若 $\exists x_1 \in D_1$, $\exists x_2 \in D_2$, $f(x_1) \geqslant g(x_2)$ 成立 $\Rightarrow f(x)_{\max} \geqslant g(x)_{\min}$;

(5) 若 $\exists x_1 \in D_1$, $\forall x_2 \in D_2$, 有 $f(x_1) = g(x_2) \Rightarrow g(x)$ 的值域 B 是 $f(x)$ 的值域 A 的子集, 即 $B \subseteq A$;

(6) 若 $\exists x_1 \in D_1$, $\exists x_2 \in D_2$, 有 $f(x_1) = g(x_2) \Rightarrow f(x)$ 的值域 A 交 $g(x)$ 的值域 B 不为空集, 即 $A \cap B \neq \varnothing$.

【正解】 $f'(x) = 6x^2 + 8x - 40 = 2(3x^2 + 4x - 20) = 3(3x + 10)(x - 2)$, 令 $f'(x) = 0$, 得 $x_1 = 2$, $x_2 = -\frac{10}{3}$, 且 $f(2) = -48$, $f(3) = -30$, $f(-3) = 102$, 所以函数 $f(x)$ 在 $[-3, 3]$ 上有 $f(x)_{\max} = 102$, $f(x)_{\min} = -48$. $g'(x) = 14x - 28$, 令 $g'(x) = 0$, 得 $x_0 = 2$, 且 $g(-3) = 147 - t$, $g(2) = -28 - t$, $g(3) = -21 - t$, 所以 $g(x)$ 在 $[-3, 3]$ 上有 $g(x)_{\max} = 147 - t$, $g(x)_{\min} = -28 - t$.

(1) 由 $f(x)_{\min} \geqslant g(x)_{\max}$, 得 $-48 \geqslant 147 - t$, 故 $t \geqslant 195$;

(2) 由 $f(x)_{\min} \geqslant g(x)_{\min}$, 得 $-48 \geqslant -28 - t$, 故 $t \geqslant 20$;

---

① 刘成龙, 余小芬, 杨坤林. "形同质异"的函数问题辨析(下) [J]. 理科考试研究, 2017 (8): 13-16.

(3)由 $f(x)_{\max} \geqslant g(x)_{\max}$，得 $102 \geqslant 147-t$，故 $t \geqslant 45$；

(4)由 $f(x)_{\max} \geqslant g(x)_{\min}$，得 $102 \geqslant -28-t$，故 $t \geqslant -130$；

(5)由 $g(x)$ 的值域 B 是 $f(x)$ 的值域 A 的子集，得 $[-28-t, 147-t] \subseteq [-48,$ $102]$，因此 $\begin{cases} -28-t \geqslant -48, \\ 147-t \leqslant 102, \end{cases}$ 解得空集；

(6)由 $f(x)$ 的值域 A 交 $g(x)$ 的值域 B 不为空集，即 $[-28-t, 147-t] \cap$ $[-48, 102] \neq \varnothing$，先算 $[-28-t, 147-t] \cap [-48, 102] = \varnothing$，$147-t < -48$ 或 $-28-t > 102$，得 $t > 195$ 或 $t < 130$. 故满足题意的 $t \in [130, 195]$.

【变式 6-19】 已知 $f(x) = \dfrac{1}{2}x^2 + x + 1$，$g(x) = \ln(x+1) + a + 1$.

(1)若 $\exists x \in [0, 2]$，使 $f(x) = g(x)$，求 a 的取值范围；

(2)若 $\exists x \in [0, 2]$，使 $f(x) > g(x)$，求 a 的取值范围；

(3)若 $\forall x \in [0, 2]$，恒有 $f(x) > g(x)$，求 a 的取值范围；

(4)若 $\forall x_1, x_2 \in [0, 2]$，恒有 $f(x_1) = g(x_1)$，求 a 的取值范围；

(5)若 $\forall x_2 \in [0, 2]$，$\exists x_1 \in [0, 2]$，使 $f(x_1) > g(x_2)$，求 a 的取值范围；

(6)若 $\forall x_2 \in [0, 2]$，$\exists x_1 \in [0, 2]$，使 $f(x_1) = g(x_2)$，求 a 的取值范围；

(7)若 $\exists x_1, x_2 \in [0, 2]$，使 $f(x_1) > g(x_2)$，求 a 的取值范围；

(8)若 $\exists x_1, x_2 \in [0, 2]$，使 $f(x_1) = g(x_2)$，求 a 的取值范围.

【变式 6-20】 (2015 年新课标卷 Ⅱ 理科第 21 题)设函数 $f(x) = e^{mx} + x^2 - mx$. 若对任意 $x_1, x_2 \in [-1, 1]$，都有 $|f(x_1) - f(x_2)| \leqslant e-1$，求 m 的取值范围.

【变式 6-21】 (2005 年大纲卷 Ⅲ 理科第 22 题)已知函数 $f(x) = \dfrac{4x^2-7}{2-x}$，$x \in [0, 1]$.

(Ⅰ)求 $f(x)$ 的单调区间和值域；

(Ⅱ)设 $a \geqslant 1$，函数 $g(x) = x^3 - 3a^2x - 2a$，$x \in [0, 1]$，若对任意 $x_1 \in [0, 1]$，总存在 $x_0 \in [0, 1]$，使得 $g(x_0) = f(x_1)$ 成立，求 a 的取值范围.

变式 6-19~变式 6-21 的解答请读者自行探讨.

【变式 6-22】 已知函数 $f(x) = \ln\dfrac{2}{2x+1} + |a - \ln 2x|$，对任意的 $x \in \left[\dfrac{1}{3}, \dfrac{1}{2}\right]$ 满足 $f(x) > 0$ 成立，求实数 a 的取值范围.

【错解】 由 $f(x) = \ln\dfrac{2}{2x+1} + |a - \ln 2x| > 0$，得 $a > \ln 2x - \ln\dfrac{2}{2x+1}$ 或 $a < \ln 2x +$ $\ln\dfrac{2}{2x+1}$ 对任意的 $x \in \left[\dfrac{1}{3}, \dfrac{1}{2}\right]$ 成立，于是 $a > \left[\ln 2x - \ln\dfrac{2}{2x+1}\right]_{\max}$ 或 $a <$ $\left[\ln 2x + \ln\dfrac{2}{2x+1}\right]_{\min}$. $\ln 2x - \ln\dfrac{2}{2x+1} = \ln x(2x+1)$，当 $x = \dfrac{1}{2}$ 时，$\left[\ln 2x - \ln\dfrac{2}{2x+1}\right]_{\max} =$

0；$\ln 2x + \ln \dfrac{2}{2x+1} = \ln \dfrac{4x}{2x+1} = \ln \dfrac{4x}{2x+1} = \ln 2 - \ln \dfrac{2}{2x+1}$ 在 $\left[\dfrac{1}{3},\ \dfrac{1}{2}\right]$ 上为增函数，

$\left[\ln 2x + \ln \dfrac{2}{2x+1}\right]_{\min} = \ln \dfrac{4}{5}$，所以 $a > 0$ 或 $a < \ln \dfrac{4}{5}$.

【错因分析】"$a > \ln 2x - \ln \dfrac{2}{2x+1}$ 或 $a < \ln 2x + \ln \dfrac{2}{2x+1}$ 对任意的 $x \in \left[\dfrac{1}{3},\ \dfrac{1}{2}\right]$ 成立"

与 "$a > \left[\ln 2x - \ln \dfrac{2}{2x+1}\right]_{\max}$ 或 $a < \left[\ln 2x + \ln \dfrac{2}{2x+1}\right]_{\min}$" 不等价.

【正解】因为 $\dfrac{1}{3} \leqslant x \leqslant \dfrac{1}{2}$，所以 $\dfrac{5}{3} \leqslant 2x + 1 \leqslant 2$，得 $1 \leqslant \dfrac{2}{2x+1} \leqslant \dfrac{6}{5}$，$0 \leqslant \ln \dfrac{2}{2x+1} \leqslant$

$\ln \dfrac{6}{5}$，又 $|a - \ln 2x| \geqslant 0$，所以 $f(x) = \ln \dfrac{2}{2x+1} + |a - \ln 2x| \geqslant 0$，要使得 $f(x) > 0$ 成立，

只需要 $|a - \ln 2x|$ 与 $\ln \dfrac{2}{2x+1}$ 不同时为 0，故当 $x = \dfrac{1}{2}$ 时，$|a - \ln 1| \neq 0$，即 $a \neq 0$，于是

实数 a 的取值范围为 $(-\infty,\ 0) \cup (0,\ +\infty)$.

【变式 6-23】设函数 $f(x) = x^2 - 3x + a$，已知满足 $f(x) < 0$ 的任意 x 至少满足 $x^2 - 2x - 3 < 0$ 或 $x^2 - 5x + 4 < 0$ 之一，求实数 a 的取值范围.

【错解】由题意 $f(x) < 0$ 的解集非空，故 $\Delta = 9 - 4a > 0$，解得 $a < \dfrac{9}{4}$. 又 $f(x) < 0$ 的

解集为 $\left(\dfrac{3 - \sqrt{9-4a}}{2},\ \dfrac{3 + \sqrt{9-4a}}{2}\right)$，$x^2 - 2x - 3 < 0$ 和 $x^2 - 5x + 4 < 0$ 的解集分别为

$(-1,\ 3)$，$(1,\ 4)$，得 $\left(\dfrac{3 - \sqrt{9-4a}}{2},\ \dfrac{3 + \sqrt{9-4a}}{2}\right) \subseteq (-1,\ 3)$ 或

$\left(\dfrac{3 - \sqrt{9-4a}}{2},\ \dfrac{3 + \sqrt{9-4a}}{2}\right) \subseteq (1,\ 4)$，于是 $\begin{cases} \dfrac{3 - \sqrt{9-4a}}{2} \geqslant -1, \\ \dfrac{3 + \sqrt{9-4a}}{2} \leqslant 3 \end{cases}$ 或 $\begin{cases} \dfrac{3 - \sqrt{9-4a}}{2} \geqslant 1, \\ \dfrac{3 + \sqrt{9-4a}}{2} \leqslant 4, \end{cases}$ 解

得 $a \geqslant 0$ 或 $a \geqslant 2$. 又因为 $a < \dfrac{9}{4}$，所以 $0 \leqslant a < \dfrac{9}{4}$ 或 $2 \leqslant a < \dfrac{9}{4}$. 故 $0 \leqslant a < \dfrac{9}{4}$.

【错因分析】"满足 $f(x) < 0$ 的任意 x 至少满足 $x^2 - 2x - 3 < 0$ 或 $x^2 - 5x + 4 < 0$ 之一"意味着满足 $f(x) < 0$ 的部分 x 可能满足 $x^2 - 2x - 3 < 0$，部分 x 可能满足 $x^2 - 5x + 4 < 0$，也可能部分 x 既满足 $x^2 - 2x - 3 < 0$ 又满足 $x^2 - 5x + 4 < 0$，而不是所有的 x 满足 $x^2 - 2x - 3 < 0$ 或者所有的 x 满足 $x^2 - 5x + 4 < 0$.

【正解】由题意 $f(x) < 0$ 的解集非空，故 $\Delta = 9 - 4a > 0$，解得 $a < \dfrac{9}{4}$. 又 $f(x) < 0$ 的

解集为 $\left(\dfrac{3 - \sqrt{9-4a}}{2},\ \dfrac{3 + \sqrt{9-4a}}{2}\right)$，$x^2 - 2x - 3 < 0$ 和 $x^2 - 5x + 4 < 0$ 的解集分别为

$(-1,\ 3)$，$(1,\ 4)$，得 $(-1,\ 3) \cup (1,\ 4) = (-1,\ 4)$，得 $\left(\dfrac{3 - \sqrt{9-4a}}{2},\ \dfrac{3 + \sqrt{9-4a}}{2}\right) \subseteq$

$(-1，4)$，于是 $\begin{cases} \dfrac{3-\sqrt{9-4a}}{2} \geqslant -1， \\ \dfrac{3+\sqrt{9-4a}}{2} \leqslant 4， \end{cases}$ 解得 $a \geqslant -4$，又因为 $a < \dfrac{9}{4}$，所以 $-4 \leqslant a < \dfrac{9}{4}$. 于是

实数 a 的取值范围为 $\left[-4，\dfrac{9}{4}\right)$.

【变式 6-24】 设函数 $f(x)=ax^3-3x+1(x\in\mathbf{R})$，若对任意的 $x\in[-1，1]$，都有 $f(x)\geqslant 0$ 成立，则实数 $a=$ _____.

【错解】 已知 $f(x)=ax^3-3x+1$，令 $g(a)=ax^3-3x+1$，对任意的 $x\in[-1，1]$，都有 $f(x)\geqslant 0$ 成立，于是只要 $f(1)\geqslant 0$ 且 $f(-1)\geqslant 0$ 即可，即有 $a-2\geqslant 0$ 且 $-a+4\geqslant 0$，所以实数 $a\in[2，4]$.

【错因分析】 没有分清主元与次元.

【正解】 $f'(x)=3ax^2-3$，当 $a\leqslant 0$ 时，$f'(x)<0$，故 $f(x)$ 在 $[-1，1]$ 上为减函数，所以 $f(x)_{\min}=f(1)=a-2\geqslant 0$，得 $a\geqslant 2$，这与 $a\leqslant 0$ 矛盾；当 $a>0$ 时，令 $f'(x)=0$，可得 $x=\pm\dfrac{1}{\sqrt{a}}$，当 $x\in\left(-\dfrac{1}{\sqrt{a}}，\dfrac{1}{\sqrt{a}}\right)$ 时，$f'(x)<0$，$f(x)$ 为减函数，当 $x\in\left(-\infty，-\dfrac{1}{\sqrt{a}}\right)$ 或 $\left(\dfrac{1}{\sqrt{a}}，+\infty\right)$ 时，$f'(x)>0$，$f(x)$ 为增函数，$f(-1)=4-a\geqslant 0$，得 $0<a\leqslant 4$，又由 $f\left(\dfrac{1}{\sqrt{a}}\right)=a\cdot\dfrac{1}{a\sqrt{a}}-\dfrac{3}{\sqrt{a}}+1=1-\dfrac{2}{\sqrt{a}}\geqslant 0$，得 $a\geqslant 4$，于是 $a=4$.

【变式 6-25】 (2007 年浙江卷) 设 $f(x)=\dfrac{x^3}{3}$，对任意实数 t，记 $g_t(x)=t^{\frac{2}{3}}x-\dfrac{2}{3}t$. 求证：当 $x>0$ 时，$f(x)\geqslant g_t(x)$ 对任意正实数 t 成立.

【正解】 变换主元，令 $h(t)=g_t(x)=t^{\frac{2}{3}}x-\dfrac{2}{3}t(t>0)$，则 $h'(t)=\dfrac{2}{3}t^{-\frac{1}{3}}(x-t^{\frac{1}{3}})$，由 $h'(t)=0$，得 $t=x^3$. 当 $0<t<x^3$ 时，$h'(t)>0$；当 $t>x^3$ 时，$h'(t)<0$. 所以当 $t=x^3$ 时，$h(t)$ 取得最大值 $h(x^3)=\dfrac{1}{3}x^3$. 因此当 $x>0$ 时，$f(x)\geqslant g_t(x)$ 对任意正实数 t 成立.

【变式 6-26】 (2009 年大纲卷 II 理科第 22 题) 设函数 $f(x)=x^2+a\ln(1+x)$ 有两个极值点 x_1，x_2，且 $x_1<x_2$. 证明：$f(x_2)>\dfrac{1-2\ln 2}{4}$.

【正解 1】 $f(x_2)=x_2^2+a\ln(1+x_2)$，$0<a<\dfrac{1}{2}$，$-\dfrac{1}{2}<x_2<0$. 变换主元，令 $g(a)=a\ln(1+x_2)+x_2^2$. 把 $g(a)$ 看成关于 a 的一次函数. 又因为 $\ln(1+x_2)<0$，所以 $g(a)>g\left(\dfrac{1}{2}\right)=\dfrac{1}{2}\ln(1+x_2)+x_2^2$. 令 $x_2=t\in\left(-\dfrac{1}{2}，0\right)$，则 $g\left(\dfrac{1}{2}\right)=\dfrac{1}{2}\ln(1+t)+t^2$. 令

$h(t) = \frac{1}{2}\ln(1+t) + t^2$，所以 $h'(t) = 2t + \frac{1}{2(1+t)} = \frac{(2t+1)^2}{2(1+t)} > 0$，$h(t)$ 为单调递增函数，

所以 $h(t) > h\left(-\frac{1}{2}\right) = \frac{1}{2}\ln\left(1-\frac{1}{2}\right) + \frac{1}{4} = \frac{1-2\ln 2}{4}$. 于是 $f(x_2) > \frac{1-2\ln 2}{4}$ 成立.

【正解 2】 把 a 看成参数，消去 a.

由题设和 $x_1 = \frac{-1-\sqrt{1-2a}}{2}$，$x_2 = \frac{-1+\sqrt{1-2a}}{2}$，知 $-\frac{1}{2} < x_2 < 0$，$a = -2x_2(1+x_2)$，所以 $f(x_2) = x_2^2 - 2x_2(1+x_2)\ln(1+x_2)$. 设 $g(t) = t^2 - 2t(1+t)\ln(1+t)$，则 $g'(t) = -2(1+2t)\ln(1+t)$，$t \in \left(-\frac{1}{2}, 0\right)$. 当 $t = -\frac{1}{2}$ 时，$g'(t) = 0$；当 $t \in \left(-\frac{1}{2}, 0\right)$ 时，$g'(t) > 0$. 故 $g(t)$ 在 $\left[-\frac{1}{2}, 0\right)$ 上为增函数. 于是当 $t \in \left(-\frac{1}{2}, 0\right)$ 时，$g(t) > g\left(-\frac{1}{2}\right) = \frac{1-2\ln 2}{4}$，即有 $f(x_2) > \frac{1-2\ln 2}{4}$.

【正解 3】 把 x_2 看成参数，消去 x_2.

$f(x_2) = x_2^2 + a\ln(1+x_2)$①，因为 $x_2 = \frac{-1+\sqrt{1-2a}}{2}\left(0 < a < \frac{1}{2}\right)$，把 x_2 代入①，得

到关于 a 的一个函数，即 $g(a) = \left(\frac{-1+\sqrt{1-2a}}{2}\right)^2 + a\ln\left(\frac{1+\sqrt{1-2a}}{2}\right) = \frac{1}{2} - \frac{a}{2} -$

$\frac{\sqrt{1-2a}}{2} + a\ln\left(\frac{1+\sqrt{1-2a}}{2}\right)\left(0 < a < \frac{1}{2}\right)$. 令 $\frac{\sqrt{1-2a}}{2} = t$，所以 $1-2a = 4t^2$，$a = \frac{1-4t^2}{2}$，

$t \in \left(0, \frac{1}{2}\right)$. 令 $h(t) = \frac{1}{2} - \frac{1-4t^2}{4} - t + \frac{1-4t^2}{2} \cdot \ln\left(\frac{1}{2} + t\right)$，则 $h'(t) = -4t\ln\left(\frac{1}{2} + t\right)$.

因为 $t \in \left(0, \frac{1}{2}\right)$，所以 $t + \frac{1}{2} \in \left(\frac{1}{2}, 1\right)$，$\ln\left(\frac{1}{2} + t\right) < 0$，所以 $-4t\ln\left(\frac{1}{2} + t\right) > 0$，即

$h(t)$ 在 $\left(0, \frac{1}{2}\right)$ 上为增函数. $h(t) > h(0) = \frac{1-2\ln 2}{4}$，即 $g(a) > \frac{1-2\ln 2}{4}$，也就是 $f(x_2) >$

$\frac{1-2\ln 2}{4}$ 成立.

【正解 4】 $f(x_2) = x_2^2 + a\ln(1+x_2) > \frac{1-2\ln 2}{4} \Leftrightarrow a\ln(1+x_2) > \frac{1-2\ln 2}{4} - x_2^2 \Leftrightarrow a <$

$\frac{\frac{1-2\ln 2}{4} - x_2^2}{\ln(1+x_2)}$②，又因为 $0 < a < \frac{1}{2}$，要证明②式成立，即证明 $\frac{1}{2} < \frac{\frac{1-2\ln 2}{4} - x_2^2}{\ln(1+x_2)} \Leftrightarrow$

$\frac{1}{2}\ln(1+x_2) + x_2^2 > \frac{1-2\ln 2}{4}$③. ③的证明方法同正解 1.

【案例 6-7】（2018 年全国卷Ⅲ理科第 21 题）函数 $f(x) = (2 + x + ax^2)\ln(1+x) - 2x$.

（Ⅰ）若 $a = 0$，证明：当 $-1 < x < 0$ 时，$f(x) < 0$；当 $x > 0$ 时，$f(x) > 0$.

（Ⅱ）若 $x=0$ 是 $f(x)$ 的极大值点，求 a.

【参考答案存在的问题】①

(1)考试中心提供的答案.

（Ⅱ）(i)若 $a\geqslant 0$，由（Ⅰ）知，当 $x>0$ 时，$f(x)>(2+x)\ln(1+x)-2x>0=f(0)$，这与 $x=0$ 是 $f(x)$ 的极大值点矛盾.

(ii)若 $a<0$，设函数 $h(x)=\dfrac{f(x)}{2+x+ax^2}=\ln(1+x)-\dfrac{2x}{2+x+ax^2}$.

由于当 $|x|<\min\left\{1,\sqrt{\dfrac{1}{|a|}}\right\}$ 时，$2+x+ax^2>0$，故 $h(x)$ 与 $f(x)$ 的符号相同. 又 $h(0)=f(0)=0$，故 $x=0$ 是 $f(x)$ 的极大值点当且仅当 $x=0$ 是 $h(x)$ 的极大值点.

$$h'(x)=\frac{1}{1+x}-\frac{2(2+x+ax^2)-2x(1+2ax)}{(2+x+ax^2)^2}=\frac{x^2(a^2x^2+4ax+6a+1)}{(x+1)(2+x+ax^2)}.$$

如果 $6a+1>0$，则当 $0<x<-\dfrac{6a+1}{4a}$，且 $|x|<\min\left\{1,\sqrt{\dfrac{1}{|a|}}\right\}$ 时，$h'(x)>0$，故 $x=0$ 不是 $h(x)$ 的极大值点.

如果 $6a+1<0$，则 $a^2x^2+4ax+6a+1=0$ 存在根 $x_1<0$，故当 $x\in(x_1,0)$，且 $|x|<\min\left\{1,\sqrt{\dfrac{1}{|a|}}\right\}$ 时，$h'(x)<0$，所以 $x=0$ 不是 $h(x)$ 的极大值点.

如果 $6a+1=0$，则 $h'(x)=\dfrac{x^3(x-24)}{(x+1)(x^2-6x-12)^2}$. 当 $x\in(-1,0)$时，$h'(x)>0$；当 $x\in(0,1)$时，$h'(x)<0$. 所以 $x=0$ 是 $h(x)$ 的极大值点，从而 $x=0$ 是 $f(x)$ 的极大值点.

综上，$a=-\dfrac{1}{6}$.

(2)参考答案存在的问题②.

华罗庚教授指出：数学是最容易辨别是非的. 一线教师们普遍反映该参考答案看不懂，尤其不理解解答中用到的命题(以下简称命题)：$h(x)$ 与 $f(x)$ 的符号相同，$x=0$ 是 $f(x)$ 的极大值点当且仅当 $x=0$ 是 $h(x)$ 的极大值点. 事实上，当 $h(x)=\dfrac{f(x)}{m}$(m 为正常数)时，$x=x_0$ 是 $f(x)$ 的极大值点当且仅当 $x=x_0$ 是 $h(x)$ 的极大值点很容易接受，但是解法中 $2+x+ax^2$ 是一个恒大于 0 的代数式，会不会影响 $h(x)=\dfrac{f(x)}{2+x+ax^2}$的极值点呢？有必要对命题进行证明，但解答中没有. 因此，我们认为参考答案不严谨，有待完善.

① 刘成龙，吕荣春. 对 2018 年全国卷Ⅲ理科 21 题(Ⅱ)的质疑 [J]. 中学数学 (高中版)，2019 (5)：23—24.
② 刘成龙，吕荣春. 对 2018 年全国卷Ⅲ理科 21 题(Ⅱ)的质疑 [J]. 中学数学 (高中版)，2019 (5)：23—24.

【参考答案的完善】[①]

命题：已知函数 $f(x)=(2+x+ax^2)\ln(1+x)-2x$，$h(x)=\dfrac{f(x)}{2+x+ax^2}$，则 $x=0$ 是 $f(x)$ 的极大值点当且仅当 $x=0$ 是 $h(x)$ 的极大值点.

证明：充分性. 若 $x=0$ 是 $f(x)$ 的极大值点，则存在 $\delta_1>0$，使得当 $x\in(-\delta_1,0)$ 时，$f'(x)>0$；当 $x\in(0,\delta_1)$ 时，$f'(x)<0$.

因为 $h'(x)=\dfrac{f'(x)(2+x+ax^2)-f(x)(1+2ax)}{(2+x+ax^2)^2}$，则 $h'(0)=\dfrac{2f'(0)-f(0)}{4}=0$.

又因为 $x=0$ 是 $f(x)$ 的极大值点，所以存在 $\delta_2>0$，使得当 $x\in(-\delta_2,0)$ 时，有 $f(x)<f(0)=0$. 取 $\delta=\min\left\{\delta_1,\delta_2,\dfrac{1}{2|a|},\sqrt{\dfrac{1}{|a|}}\right\}$，则当 $x\in(-\delta,0)$ 时，有 $f'(x)\cdot(2+x+ax^2)>0$，且 $f(x)(1+2ax)<0$，即 $h'(x)>0$.

同理可证当 $x\in(0,\delta_2)$ 时，有 $h'(x)<0$. 于是，$x=0$ 是 $h(x)$ 的极大值点.

必要性. 若 $x=0$ 是 $h(x)$ 的极大值点，则存在 $\delta_3>0$，使得当 $x\in(-\delta_3,0)$ 时，$h'(x)>0$；当 $x\in(0,\delta_3)$ 时，$h'(x)<0$.

假设对任意的 $\delta_4>0$，当 $x\in(-\delta_4,0)$ 时，有 $f'(x)\leqslant 0$，则 $f(x)$ 在 $(-\delta_4,0)$ 上单调递减，即对任意的 $x\in(-\delta_4,0)$，都有 $f(x)>f(0)=0$. 取 $\delta'=\min\left\{\delta_3,\delta_4,\dfrac{1}{2|a|},\sqrt{\dfrac{1}{|a|}}\right\}$，则当 $x\in(-\delta',0)$ 时，有 $h'(x)=\dfrac{f'(x)(2+x+ax^2)-f(x)(1+2ax)}{(2+x+ax^2)^2}<0$，这与 $x=0$ 是 $h(x)$ 的极大值点矛盾. 故假设不成立，即存在 $\delta_5>0$，当 $x\in(-\delta_5,0)$ 时，有 $f'(x)>0$.

同理可证存在 $\delta_6>0$，当 $x\in(0,\delta_6)$ 时，有 $f'(x)<0$，故 $x=0$ 是 $f(x)$ 的极大值点.

【案例 6-7 的深度研究】[②]

【解法分析】

【方法 1】 $f'(x)=\left[2x\ln(x+1)+\dfrac{x^2}{x+1}\right]\cdot a+\ln(x+1)-\dfrac{x}{x+1}$. 由 $x=0$ 是 $f(x)$ 的极大值点，必然有 $f'(0)=0$，且存在充分小的正数 δ，使得当 $x\in(-\delta,0)$ 时，$f'(x)>0$；当 $x\in(0,\delta)$ 时，$f'(x)<0$. $\forall x\in(-1,+\infty)$，有 $2x\ln(x+1)>0$，进而有 $2x\ln(x+1)+\dfrac{x^2}{x+1}>0$.

---

① 吕荣春，刘成龙. 对 2018 年全国卷Ⅲ理科 21 题参考答案的完善 [J]. 中学数学研究，2019 (3)：10-11.

② 吕荣春，刘成龙. 对 2018 年全国卷Ⅲ理科 21 题（Ⅱ）的研究 [J]. 中学数学（高中版），2018 (12)：82-84，86.

① 当 $x \in (0, \delta)$ 时，由 $f'(x) < 0$，得 $a < \dfrac{\dfrac{x}{x+1} - \ln(x+1)}{2x\ln(x+1) + \dfrac{x^2}{x+1}}$ 恒成立. 由 $\delta \to 0^+$，得 $a \leqslant$

$$\lim_{x \to 0^+} \frac{\dfrac{x}{x+1} - \ln(x+1)}{2x\ln(x+1) + \dfrac{x^2}{x+1}} = \lim_{x \to 0^+} \frac{\left[\dfrac{x}{x+1} - \ln(x+1)\right]'}{\left[2x\ln(x+1) + \dfrac{x^2}{x+1}\right]'} = \lim_{x \to 0^+} \frac{-x}{2(x+1)^2\ln(x+1) + 3x^2 + 4x} =$$

$$\lim_{x \to 0^+} \frac{-1}{4(x+1)\ln(x+1) + 2(x+1) + 6x + 4} = -\frac{1}{6}.$$

② 当 $x \in (-\delta, 0)$ 时，$a > \dfrac{\dfrac{x}{x+1} - \ln(x+1)}{2x\ln(x+1) + \dfrac{x^2}{x+1}}$ 恒成立. 由 $\delta \to 0^-$，得 $a \geqslant$

$$\lim_{x \to 0^-} \frac{\dfrac{x}{x+1} - \ln(x+1)}{2x\ln(x+1) + \dfrac{x^2}{x+1}} = \lim_{x \to 0^-} \frac{\left[\dfrac{x}{x+1} - \ln(x+1)\right]'}{\left[2x\ln(x+1) + \dfrac{x^2}{x+1}\right]'} = \lim_{x \to 0^-} \frac{-x}{2(x+1)^2\ln(x+1) + 3x^2 + 4x} =$$

$$\lim_{x \to 0^-} \frac{-1}{4(x+1)\ln(x+1) + 2(x+1) + 6x + 4} = -\frac{1}{6}.$$

综上，可得 $a = -\dfrac{1}{6}$.

【评注】 李邦和院士指出："数学根本上是玩概念的，而不是纯粹的技巧。"[1] 方法 1 正是从极值点的定义出发，将问题转化为两个充分小区间上的恒成立问题，解答思路自然、流畅，回避了构造. 解答中运用了洛必达法则这一高等工具，同时还涉及夹逼的思想，这要求学生具备一定的高等数学知识. 从阅卷场反馈的信息来看，很多考生都会想到洛必达法则，但最后之所以都没有做出来，是因为陷入了套路：分离参数—求新函数的单调性—洛必达法则求最值. 但解答本题套路失效，需要借助极值点定义来处理，这一"首发效应"使得一些考生手足无措.

【方法 2】 引理[2]　极大值点的第三充分条件：若 $f(x)$ 在 $x = x_0$ 处有 n 阶导数，且 $f^{(k-1)}(x_0) = 0$ $(k = 1, 2, \cdots, n-1)$，$f^{(n)}(x_0) \neq 0$，则

① 当 n 是偶数时，$f(x)$ 在 $x = x_0$ 处取得极值，且当 $f^{(n)}(x_0) < 0$ 时取极大值，当 $f^{(n)}(x_0) > 0$ 时取极小值；

② 当 n 是奇数时，$f(x)$ 在 $x = x_0$ 处无极值.

$$f'(x) = (1 + 2ax)\ln(x+1) + \frac{2 + x + ax^2}{x+1} - 2, \quad f'(0) = 0;$$

---

① 李邦河. 数的概念的发展 [J]. 数学通报，2009(8)：1—3.

② 华东师范大学数学系. 数学分析（第一册）[M]. 北京：高等教育出版社，2001.

$f''(x)=(1+2ax)\ln(x+1)+\dfrac{2+x+ax^2}{x+1}-2=2a\ln(x+1)+\dfrac{x(3ax+4a+1)}{(x+1)^2}$，$f''(0)=0$；

$f^{(3)}(x)=\dfrac{2ax^2+6ax-x+6a+1}{(x+1)^3}$，由 $f^{(3)}(0)=0$，得 $a=-\dfrac{1}{6}$．

下证：当 $a=-\dfrac{1}{6}$ 时，$x=0$ 是 $f(x)$ 的极大值点．

因为 $f^{(3)}(x)=\dfrac{-\dfrac{1}{3}x(x+6)}{(x+1)^3}$，所以 $f''(x)$ 在 $(-1,0)$ 上单调递增，在 $(0,+\infty)$ 上单调递减，进而有 $f''(x)\leqslant f''(0)=0$，从而 $f'(x)$ 在 $(-1,+\infty)$ 上单调递减，当 $x\in(-1,0)$时，$f'(x)>f'(0)=0$；当 $x\in(0,+\infty)$时，$f'(x)<f'(0)=0$．从而 $f(x)$ 在 $(-1,0)$ 上单调递增，在 $(0,+\infty)$ 上单调递减，所以 $x=0$ 是 $f(x)$ 的极大值点．

【评注】 方法 2 运用极值的判定定理来解答，这是对方法 1 的进一步深化，解答中涉及 3 阶导数，尽管运算量较大，但思路直接，能缩短思考时间，值得关注．

【方法 3】 由（Ⅰ）知：当 $x\in(-1,0)$ 时，$\ln(x+1)<\dfrac{2x}{x+2}$；当 $x\in(0,+\infty)$ 时，$\ln(x+1)>\dfrac{2x}{x+2}$．

①若 $x\in\left(0,\dfrac{1}{|2a|}\right)$，则 $1+2ax>1-|2a|\cdot\dfrac{1}{|2a|}=0$，有 $f'(x)>(1+2ax)\cdot\dfrac{2x}{x+2}+\dfrac{2+x+ax^2}{x+1}-2=\dfrac{(5ax+6a+1)x^2}{(x+1)(x+2)}$．当 $a>-\dfrac{1}{6}$ 时，对于 $0<x<\min\left\{\dfrac{1}{|2a|},\dfrac{6a+1}{|5a|}\right\}$，有 $5ax+(6a+1)>0$，即 $f'(x)>0$．这与 $x=0$ 是 $f(x)$ 的极大值点矛盾，所以 $a\leqslant-\dfrac{1}{6}$．

②若 $x\in\left(-\dfrac{1}{|2a|},0\right)$，则 $1+2ax>1-|2a|\cdot\dfrac{1}{|2a|}=0$，有 $f'(x)<(1+2ax)\cdot\dfrac{2x}{x+2}+\dfrac{2+x+ax^2}{x+1}-2=\dfrac{(5ax+6a+1)x^2}{(x+1)(x+2)}$．当 $a<-\dfrac{1}{6}$ 时，对于 $\max\left\{-\dfrac{1}{|2a|},-\dfrac{6a+1}{|5a|}\right\}<x<0$，有 $5ax+(6a+1)<0$，即 $f'(x)<0$．这与 $x=0$ 是 $f(x)$ 的极大值点矛盾，所以 $a\geqslant-\dfrac{1}{6}$．

综上，可知 $a=-\dfrac{1}{6}$．

【评注】 方法 3 利用 $\ln(x+1)<\dfrac{2x}{x+2}$（$-1<x<0$）和 $\ln(x+1)>\dfrac{2x}{x+2}$（$x>0$）进行放缩，将 $\ln(x+1)$ 转化为熟悉的分式，再借助"两边夹"来处理．需要特别指出的是，$y=\dfrac{2x}{x+2}$ 刚好是 $y=\ln(x+1)$ 在 $(0,0)$ 点的 $(1,1)$ 阶帕德逼近（在背景分析环节重点介绍）．

【背景分析】

试题背景是指命题时选取素材中含有的知识、模型、问题、文化、思想和方法等. 试题背景凸显试题立意, 引领试题编拟方向. 研究试题背景可以准确把握试题本质, 理解试题设问方式, 拓宽试题解法, 加强试题变式. 常见试题背景有教材背景、现实背景、高考数学背景、高等数学背景、竞赛数学背景、数学史背景等[①]. 下面重点分析试题的帕德逼近这一高等数学背景.

下面是 $\ln(x+1)$ 在 $(0,0)$ 处的 $(3,3)$ 阶帕德逼近表:

m \ n	1	2	3
0	x	$\dfrac{2x-x^2}{2}$	$\dfrac{6x-3x^2+2x^3}{6}$
1	$\dfrac{2x}{2+x}$	$\dfrac{6x+x^2}{4x+6}$	$\dfrac{24x+6x^2-x^3}{24+18x}$
2	$\dfrac{12x}{12+6x-x^2}$	$\dfrac{6x+3x^2}{6+x+6x^2}$	$\dfrac{30x+21x^2+x^3}{30+36x+9x^2}$
3	$\dfrac{24x}{24+12x-2x^2+x^3}$	$\dfrac{90x+57x^2}{90+102x+21x^2-x^3}$	$\dfrac{60x+60x^2+11x^3}{60+90x+36x^2+3x^3}$

从表中可以看出:

$y=\ln(x+1)$ 在 $(0,0)$ 处的 $(1,2)$ 阶帕德逼近函数为 $y=\dfrac{12x}{12+6x-x^2}$ (∗), 将 (∗) 式变形为 $y=\dfrac{2x}{2+x-\frac{1}{6}x^2}$ (※). 显然, 用 a 替换 (※) 式中的 $-\dfrac{1}{6}$ 即为案例 $6-7$ 中 $\ln(x+1)$ 的"系数".

可见, 熟悉帕德逼近这一高等数学背景对案例 $6-7$ 的认识会更加深刻. 顺便指出, $y=\ln(x+1)$ 在 $(0,0)$ 处的 $(1,1)$ 阶帕德逼近函数为 $y=\dfrac{2x}{2+x}$, 这正是解法 4 中所运用的不等式 $\ln(x+1)<\dfrac{2x}{x+2}(-1<x<0)$ 和 $\ln(x+1)>\dfrac{2x}{x+2}(x>0)$. 同时, 由麦克劳林公式, 得 $\ln(x+1)=x-\dfrac{x^2}{2}+\dfrac{x^3}{3}-\dfrac{x^4}{4}+\cdots+(-1)^{n-1}\dfrac{x^n}{n}+o(x^n)$, 这恰好是帕德逼近第一行, 由此可见, 麦克劳林展开式可以视为帕德逼近的特例.

【试题变式】

【变式 6−27】 已知函数 $f(x)=e^x-1-x-\dfrac{1}{2}x^2-ax^3$.

（Ⅰ）若 $a=0$, 证明: $f(x)>0$;

---

① 薛世林, 刘成龙. 2016 年四川卷理科 21 题的多角度分析 [J]. 福建中学数学, 2017(4): 4−6.

（Ⅱ）若 $x=0$ 是 $f(x)$ 的极小值点，求 a.

【变式 6-28】 已知函数 $f(x)=\ln(x+1)-x+\dfrac{1}{2}x^2+ax^3$.

（Ⅰ）若 $a=0$，证明：当 $-1<x<0$ 时，$f(x)<0$；当 $x>0$ 时，$f(x)>0$.

（Ⅱ）若 $x=0$ 是 $f(x)$ 的极大值点，求 a.

【评注】 函数的麦克劳林展开式为多项式函数，从导数运算角度看较为简单. 变式6-27、变式6-28中设置的函数 $f(x)=-1-x-\dfrac{1}{2}x^2-ax^3$ 和 $f(x)=-x+\dfrac{1}{2}x^2+ax^3$ 正好源于麦克劳林级数：$e^x=1+x+\dfrac{x^2}{2!}+\cdots+\dfrac{x^n}{n!}+o(x^n)$，$\ln(x+1)=x-\dfrac{x^2}{2}+\dfrac{x^3}{3}-\dfrac{x^4}{4}+\cdots+(-1)^{n-1}\dfrac{x^n}{n}+o(x^n)$.

【变式 6-29】 已知函数 $f(x)=e^x-\dfrac{x+3}{3-2x+ax^2}$.

（Ⅰ）若 $a=-1$，证明：当 $-\infty<x<-3$ 时，$f(x)<0$；当 $x>-3$ 时，$f(x)>0$.

（Ⅱ）若 $x=0$ 是 $f(x)$ 的极大值点，求 a 的取值范围.

【评注】 $y=e^x$ 在 $(0,0)$ 处的 $(1,2)$ 阶帕德逼近函数为 $y=\dfrac{2x+6}{x^2-4x+6}$，令 $f(x)=e^x-\dfrac{2x+6}{x^2-4x+6}$，由 $f'(0)=0$，$f''(0)=0$，$f^{(3)}(0)=0$，$f^{(4)}(0)>0$，得 $x=0$ 是 $f(x)=e^x-\dfrac{2x+6}{x^2-4x+6}$ 的极小值.

函数 $f(x)=e^x$ 在 $(0,0)$ 处的 $(3,3)$ 阶帕德逼近表如下：

m ＼ n	0	1	2	3
0	1	$1+x$	$\dfrac{2+2x+x^2}{2}$	$\dfrac{6+6x+3x^2+x^3}{6}$
1	$\dfrac{1}{1-x}$	$\dfrac{2+x}{2-x}$	$\dfrac{6+4x+x^2}{6-2x}$	$\dfrac{24+18x+16x^2+x^3}{24-6x}$
2	$\dfrac{2}{2-2x+x^2}$	$\dfrac{6+2x}{6-4x+x^2}$	$\dfrac{12+6x+x^2}{12-6x+x^2}$	$\dfrac{60+36x+9x^2+x^3}{60-24x+3x^2}$
3	$\dfrac{6}{6-6x+3x^2-x^3}$	$\dfrac{24+6x}{24-18x+6x^2-x^3}$	$\dfrac{60+24x+3x^2}{60-36x+9x^2-x^3}$	$\dfrac{120+60x+12x^2+x^3}{120-60x+12x^2-x^3}$

【变式 6-30】 已知函数 $f(x)=\cos x-\dfrac{2}{x^2+a}(a\geqslant 0)$.

（Ⅰ）若 $a=0$，当 $x\in(0,\pi)$ 时，证明：$f(x)<0$；

（Ⅱ）若 $x=0$ 是 $f(x)$ 的极大值点，求 a 的取值范围.

【评注】 $y=\cos x$ 的 $(0,2)$ 阶帕德逼近函数为 $y=\dfrac{2}{x^2+2}$.

令 $f(x)=\cos x-\dfrac{2}{x^2+2}$，由 $f'(0)=0$，$f''(0)=0$，$f^{(3)}(0)=0$，$f^{(4)}(0)<0$，得 $x=0$ 是 $f(x)=\cos x-\dfrac{2}{x^2+2}$ 的极大值.

函数 $f(x)=\cos x$ 在 $(0，0)$ 处的 $(4，4)$ 阶帕德逼近表如下：

m \ n	0	2	4
0	1	$\dfrac{2-x^2}{2}$	$\dfrac{24-12x^2+x^4}{24}$
2	$\dfrac{2}{2+x^2}$	$\dfrac{12-5x^2}{12+x^2}$	$\dfrac{120-56x^2+3x^4}{120+4x^2}$
4	$\dfrac{24}{24+12x^2-7x^4}$	$\dfrac{150+14x^2}{150+89x^2+7x^4}$	$\dfrac{15120-6900x^2+313x^4}{15120+660x^2+13x^4}$

【案例 6-8】 设函数 $f(x)=\left(1+\dfrac{1}{n}\right)^x$（$n\in\mathbf{N}$，且 $n>1$，$x\in\mathbf{R}$）.

（Ⅰ）当 $x=6$ 时，求 $\left(1+\dfrac{1}{n}\right)^x$ 的展开式中二项式系数最大的项；

（Ⅱ）对任意的实数 x，证明：$\dfrac{f(2x)+f(2)}{2}>f'(x)$（$f'(x)$ 是 $f(x)$ 的导函数）；

（Ⅲ）是否存在 $a\in\mathbf{N}$，使得 $an<\displaystyle\sum_{k=1}^{n}\left(1+\dfrac{1}{k}\right)^k<(a+1)n$ 恒成立？若存在，试证明你的结论并求出 a 的值；若不存在，请说明理由.

【（Ⅲ）的错解】[①] 因为 $\displaystyle\lim_{k\to\infty}\left(1+\dfrac{1}{k}\right)^k=\mathrm{e}$，又 $2<\mathrm{e}<3$，所以 $2<\displaystyle\lim_{k\to\infty}\left(1+\dfrac{1}{k}\right)^k=\mathrm{e}<3$，由极限的保号性，可知 $2\leqslant\left(1+\dfrac{1}{k}\right)^k\leqslant\mathrm{e}<3$，即 $2\leqslant\left(1+\dfrac{1}{k}\right)^k<3$. 又因为当 $k=1$ 时，$2\leqslant\left(1+\dfrac{1}{1}\right)^1<3$，当 $k=2$ 时，$2<\left(1+\dfrac{1}{2}\right)^2<3$，所以 $2n<\displaystyle\sum_{k=1}^{n}\left(1+\dfrac{1}{k}\right)^k<3n$，即存在 $a=2$，使得 $an<\displaystyle\sum_{k=1}^{n}\left(1+\dfrac{1}{k}\right)^k<(a+1)n$.

【错因分析】 上述解法确实简单，其论证过程表面上看似天衣无缝，十分在理，但却是错误的，原因在于该证明犯了逻辑错误中的循环论证这一错误. 下面请先看 $\displaystyle\lim_{n\to\infty}\left(1+\dfrac{1}{n}\right)^n=\mathrm{e}$ 的推导过程：

因为 $y_n=\left(1+\dfrac{1}{n}\right)^n<3$ 且 $y_n<y_{n+1}$，可知 $\{y_n\}$ 是单调有界数列，所以 $\displaystyle\lim_{n\to\infty}\left(1+\dfrac{1}{n}\right)^n$

[①] 刘成龙，余小芬. 对一道高考试题的研究 [J]. 中学数学研究，2007（11）：30-32.

存在，通常记作 $\lim\limits_{n\to\infty}\left(1+\dfrac{1}{n}\right)^n=\mathrm{e}.$

从上面的推导过程可知先有 $y_n=\left(1+\dfrac{1}{n}\right)^n<3$，而后有 $\lim\limits_{n\to\infty}\left(1+\dfrac{1}{n}\right)^n=\mathrm{e}$，相当于 $y_n=\left(1+\dfrac{1}{n}\right)^n<3$ 是论据，$\lim\limits_{n\to\infty}\left(1+\dfrac{1}{n}\right)^n=\mathrm{e}$ 是论题，而逻辑学告诉我们："论题的真实性是靠论据来证明的，如果论据的真实性要靠论题来证明，其结果是什么都没有证明。"从而可知上述证明犯了循环论证的错误。

【（Ⅲ）的解法分析】

在 $an<\sum\limits_{k=1}^{n}\left(1+\dfrac{1}{k}\right)^k<(a+1)n$ 中，当 $n=2$ 时，可得 $2a<4\dfrac{1}{4}<2(a+1)$，即 $a<2\dfrac{1}{4}<a+1$，当 $n=3$ 时，可得 $3a<4\dfrac{1}{4}+\left(1+\dfrac{1}{3}\right)^3<3(a+1)$，即 $a<2\dfrac{67}{324}<a+1$，显然 $an<\sum\limits_{k=1}^{n}\left(1+\dfrac{1}{k}\right)^k<(a+1)n$，又 $a\in\mathbf{N}$，则有 $a=2$，否则 a 不存在，于是可以转而求证 $2n<\sum\limits_{k=1}^{n}\left(1+\dfrac{1}{k}\right)^k<3n$，很容易想到若和式中的任意一项 $\left(1+\dfrac{1}{k}\right)^k<3(k=1,2,\cdots,n)$，那么就可得到 $\sum\limits_{k=1}^{n}\left(1+\dfrac{1}{k}\right)^k<3n.$

【正解 1】[①] 对 $m\in\mathbf{N}$，且 $m>1$，有 $\left(1+\dfrac{1}{m}\right)^m=\mathrm{C}_m^0+\mathrm{C}_m^1\left(\dfrac{1}{m}\right)+\mathrm{C}_m^2\left(\dfrac{1}{m}\right)^2+\cdots+\mathrm{C}_m^m\left(\dfrac{1}{m}\right)^m=1+1+\dfrac{m(m-1)}{2!}\left(\dfrac{1}{m}\right)^2+\cdots+\dfrac{m(m-1)\cdots(m-k+1)}{k!}\left(\dfrac{1}{m}\right)^k+\cdots+\dfrac{m(m-1)\cdots2\cdot1}{m!}\left(\dfrac{1}{m}\right)^m=2+\dfrac{1}{2!}\left(1-\dfrac{1}{m}\right)+\cdots+\dfrac{1}{k!}\left(1-\dfrac{1}{m}\right)\left(1-\dfrac{2}{m}\right)\cdots\left(1-\dfrac{k-1}{m}\right)+\cdots+\dfrac{1}{m!}\left(1-\dfrac{1}{m}\right)\left(1-\dfrac{2}{m}\right)\cdots\left(1-\dfrac{m-1}{m}\right)<2+\dfrac{1}{2!}+\dfrac{1}{3!}+\cdots+\dfrac{1}{k!}+\cdots+\dfrac{1}{m!}<2+\dfrac{1}{1\times2}+\dfrac{1}{2\times3}+\cdots+\dfrac{1}{(k-1)\times k}+\cdots+\dfrac{1}{(m-1)\times m}=2+\left(1-\dfrac{1}{2}\right)+\left(\dfrac{1}{2}-\dfrac{1}{3}\right)+\cdots+\left(\dfrac{1}{m-1}-\dfrac{1}{m}\right)=3-\dfrac{1}{m}<3$，又因为 $\mathrm{C}_m^k\left(\dfrac{1}{m}\right)^k>0(k=2,3,\cdots,m)$，故 $2<\left(1+\dfrac{1}{m}\right)^m<3$。又因为当 $k=1$ 时，$2\leqslant\left(1+\dfrac{1}{1}\right)^1<3$，所以 $2n<\sum\limits_{k=1}^{n}\left(1+\dfrac{1}{k}\right)^k<3n$，即存在 $a=2$，使得 $an<\sum\limits_{k=1}^{n}\left(1+\dfrac{1}{k}\right)^k<(a+1)n.$

【正解 2】[②] 因为 $\sqrt[n]{\dfrac{1}{3}}=\sqrt[n]{\underbrace{\sqrt[6]{\dfrac{1}{3}}\cdot\sqrt[6]{\dfrac{1}{3}}\cdots\sqrt[6]{\dfrac{1}{3}}}_{6个\sqrt[6]{\frac{1}{3}}}\cdot\underbrace{1\cdots1}_{n-6个1}}\leqslant\dfrac{n-6+6\sqrt[6]{\dfrac{1}{3}}}{n}(n\geqslant6)$，又因

---

① 刘成龙，余小芬. 对一道高考试题的研究 [J]. 中学数学研究，2007（11）：30—32.

② 刘成龙，余小芬. 对一道高考试题的研究 [J]. 中学数学研究，2007（11）：30—32.

为 $6\sqrt[6]{\dfrac{1}{3}}<5$，所以 $\sqrt[n]{\dfrac{1}{3}}=\sqrt[n]{\sqrt[6]{\dfrac{1}{3}}\cdot\sqrt[6]{\dfrac{1}{3}}\cdot\cdots\cdot\sqrt[6]{\dfrac{1}{3}}\cdot1\cdots1}\leqslant\dfrac{n-6+6\sqrt[6]{\dfrac{1}{3}}}{n}<\dfrac{n-1}{n}=$

$\dfrac{n^2-1}{n(n+1)}<\dfrac{n^2}{n(n+1)}=\dfrac{1}{1+\dfrac{1}{n}}$，于是 $\dfrac{1}{\sqrt[n]{\dfrac{1}{3}}}>1+\dfrac{1}{n}$，化简得 $\left(1+\dfrac{1}{n}\right)^n<3(n\geqslant6)$. 又因为

$\sqrt[n+1]{\left(1+\dfrac{1}{n}\right)^n}=\sqrt[n+1]{\left(1+\dfrac{1}{n}\right)^n\cdot1}<\dfrac{n\left(1+\dfrac{1}{n}\right)+1}{n+1}=1+\dfrac{1}{n+1}$，所以 $\left(1+\dfrac{1}{n}\right)^n<$

$\left(1+\dfrac{1}{n+1}\right)^{n+1}$，即 $\left\{\left(1+\dfrac{1}{n}\right)^n\right\}$ 是单调递增数列，于是有 $\left(1+\dfrac{1}{n}\right)^n<3$ 恒成立. 其余步骤同正解 1.

【正解 3】[①] 伯努利不等式：若 $x>-1$，$n\in\mathbf{N}^+$ 且 $n\geqslant2$ 时，有 $(1+x)^n\geqslant1+nx$，当且仅当 $x=0$ 时等号成立. 伯努利不等式是普通高中数学课程标准（实验）选修课程系列 4 不等式选讲的内容，利用伯努利不等式求解该题也十分方便.

由伯努利不等式得 $\left(1+\dfrac{1}{n}\right)^n>1+n\cdot\dfrac{1}{n}=2$. 下证 $\left(1+\dfrac{1}{n}\right)^n<3$. 在 $(1+x)^n>1+nx$

中，令 $x=-\dfrac{1}{6n+1}$，得 $\left(1-\dfrac{1}{6n+1}\right)^n>1-\dfrac{n}{6n+1}>1-\dfrac{n}{6n}=\dfrac{5}{6}$，得 $\left(\dfrac{6n+1}{6n}\right)^n<\dfrac{6}{5}$，即

$\left(1+\dfrac{1}{6n}\right)^n<\dfrac{6}{5}$. 又由正解 2 可知 $\left\{\left(1+\dfrac{1}{n}\right)^n\right\}$ 是单调递增的，于是 $\left(1+\dfrac{1}{n}\right)^n<\left(1+\dfrac{1}{6n}\right)^{6n}=$

$\left[\left(1+\dfrac{1}{6n}\right)^n\right]^6<\left(\dfrac{6}{5}\right)^6<3$，即 $\left(1+\dfrac{1}{n}\right)^n<3$，综合可得 $2<\left(1+\dfrac{1}{n}\right)^n<3$，于是存在 $a=2$，

使得 $an<\displaystyle\sum_{k=1}^{n}\left(1+\dfrac{1}{k}\right)^k<(a+1)n$.

【正解 4】[②] 由 $\left(1+\dfrac{1}{6n}\right)^n=\left(\dfrac{6n+1}{6n}\right)^n<\dfrac{5n+1}{5n}\cdot\dfrac{5n+2}{5n+1}\cdot\cdots\cdot\dfrac{6n-1}{6n-2}\cdot\dfrac{6n}{6n-1}=\dfrac{6}{5}$，即

$\left(1+\dfrac{1}{6n}\right)^n<\dfrac{6}{5}$，其余步骤同正解 3.

【评注】 正解 1 运用了二项式定理和组合数计算公式，在证明过程中进行了 3 次放缩，这就需要学生具备灵活放缩不等式的技能，虽然这种方法的计算过程较繁，但也不失为一种值得掌握的常规方法；正解 2 利用了高中生熟悉的均值不等式进行求解，解题的关键是把 $\dfrac{1}{3}$ 等价为 6 个 $\sqrt[6]{\dfrac{1}{3}}$ 的乘积以及在证明 $\left(1+\dfrac{1}{n}\right)^n<\left(1+\dfrac{1}{n+1}\right)^{n+1}$ 的过程中再次运用均值不等式进行巧妙放缩；正解 3 的证明过程简捷，充分显示了伯努利不等式的威力；正解 4 的证明过程中涉及了不等式的基本放缩，证明过程也比较简捷.

---

① 刘成龙，余小芬. 对一道高考试题的研究 ［J］. 中学数学研究，2007（11）：30—32.
② 刘成龙，余小芬. 对一道高考试题的研究 ［J］. 中学数学研究，2007（11）：30—32.

【(Ⅲ)的命题背景】

(Ⅲ)中存在着重要极限"$\lim\limits_{n\to\infty}\left(1+\dfrac{1}{n}\right)^n=\mathrm{e}$"这一高等数学背景,至于关键考点 $\left(1+\dfrac{1}{m}\right)^m<3\,(m=1,\,2,\,\cdots,\,n)$ 的证明过程有原版的推导[①].

【案例 6-9】 已知 x_0 是函数 $f(x)$ 的极值点,则 $f(x)$ 在 x_0 处是否连续?

【错解】 $f(x)$ 在 x_0 处连续.

【错因分析】 对极值的概念理解不到位. 当然,学生对极值的概念理解不到位与现行高中教材有一定的关联. 下面对极值定义的相关内容进行深入分析.

(1)极值定义存在的问题[②].

为便于分析极值定义存在的问题,下面先摘录人教 A 版选修 2-2 第一章《导数及其应用》第 1.3.2 节部分内容:

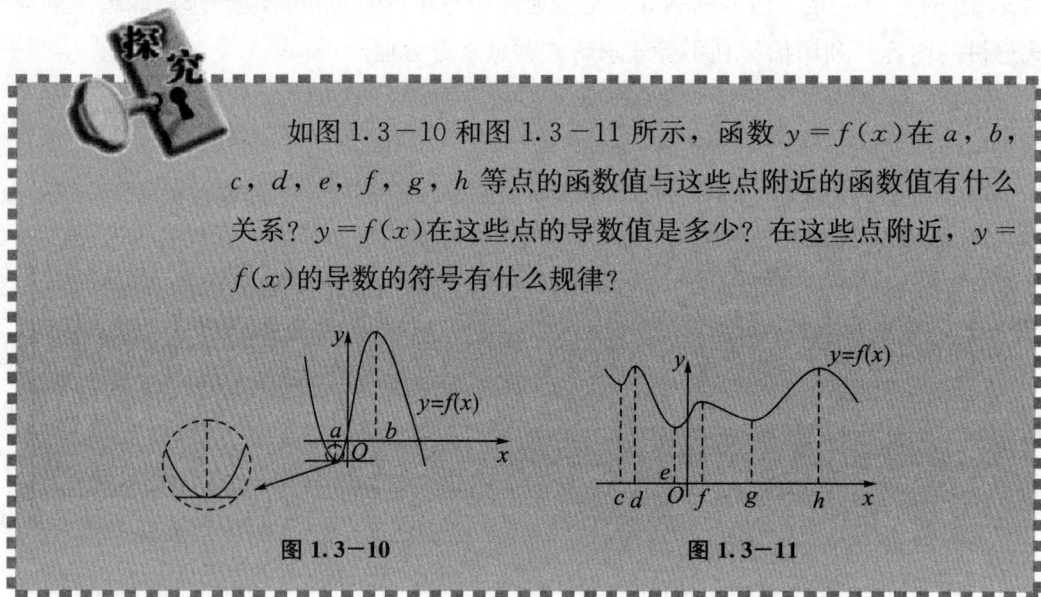

如图 1.3-10 和图 1.3-11 所示,函数 $y=f(x)$ 在 a,b,c,d,e,f,g,h 等点的函数值与这些点附近的函数值有什么关系?$y=f(x)$ 在这些点的导数值是多少?在这些点附近,$y=f(x)$ 的导数的符号有什么规律?

图 1.3-10　　　　　　图 1.3-11

"以 a,b 两点为例,我们可以发现,函数 $y=f(x)$ 在点 $x=a$ 的函数值 $f(a)$ 比它在点 $x=a$ 附近其他点的函数值都小,$f'(a)=0$;而且在点 $x=a$ 附近的左侧 $f'(x)<0$,右侧 $f'(x)>0$. 类似地,函数 $y=f(x)$ 在点 $x=b$ 的函数值比它在点 $x=b$ 附近其他点的函数值都大,$f'(b)=0$;而且在点 $x=b$ 附近的左侧 $f'(x)>0$,右侧 $f'(x)<0$."

"我们把点 a 叫作函数 $y=f(x)$ 的极小值点,$f(a)$ 叫作函数 $y=f(x)$ 的极小值. 点 b 叫作函数 $y=f(x)$ 的极大值点,$f(b)$ 叫作函数 $y=f(x)$ 的极大值."[③]

① 华东师范大学数学系. 数学分析(第一册)[M]. 北京:高等教育出版社,2001.
② 余小芬. 高中极值定义存在的问题及修订建议[J]. 中学数学(高中版),2019(1):92-93,97.
③ 刘绍学,钱佩玲. 普通高中课程标准实验教科书数学选修 2-2(A 版)[M]. 北京:人民教育出版社,2005.

概念的定义是准确揭示一个概念的内涵或外延的逻辑方法. 揭示内涵的定义称为内涵定义, 明确外延的定义称为外延定义. 按照逻辑学的要求, 下定义必须遵守 4 条规则, 即"定义要相称, 定义不得循环, 定义要简明, 定义一般不用否定形式". 其中, "定义要相称"是指定义项的外延与被定义项的外延必须相同; "定义要简明"是指定义应简单、明确, 不能用多余的语词或不独立的本质属性, 不能含混不清①. 根据 4 条规则来考量, 不难发现教材中的极值定义违背了"定义要相称""定义要简明"这两条规则.

①教材中函数极值定义违背了"定义要相称"的规则.

概念的内涵是指所反映的这类事物的共同本质, 是对概念的质的规定. 概念的外延是指概念所反映的这类事物的全体, 是对概念的量的描述. 概念的内涵和外延之间表现为发展中的反变关系. 在概念的定义中, 若定义项的外延大于被定义项的外延, 则定义"过宽"; 若定义项的外延小于被定义项的外延, 则定义"过窄". 从教材中函数极值定义来看, 被定义项是函数极值, 包括连续函数的极值和非连续函数的极值, 而定义项是连续且处处可导函数的极值. 显然, 被定义项的外延不等于定义项的外延, 且定义项的外延小于被定义项的外延, 即定义"过窄", 这违背了定义项与被定义项相称的规则. 下面我们看看两个特殊的极值问题.

图 6-16 中的 $x=0$, 图 6-17 中的 $x=a$ 分别是函数 $y=g(x)$, $y=f(x)$ 的极值点吗? 显然是. 但利用教材中函数极值的定义来考量, 明显 $x=a$, $x=b$ 不是函数的极值点, 这是因为图 6-16 中的函数在 $x=0$ 处不可导, 图 6-17 中的函数在 $x=a$ 处不连续(也有人认为左右两侧单调性不一致). 认识上出现偏差的原因是用"连续可导函数的极值定义"来定义函数极值.

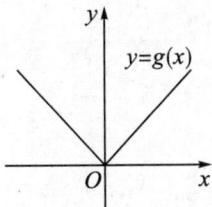

图 6-16

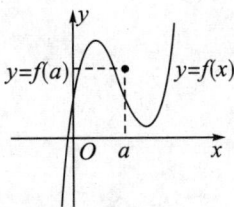

图 6-17

②教材中函数极值定义违背了"定义要简明"的规则.

按"定义要简明, 即定义应简单、明确, 不能用多余的语词或不独立的本质属性, 不能含混不清"的要求, 定义中不能有多余的语词或不独立的本质属性. 教材中的定义有约 120 个文字, 约 50 个符号. 明显教材上的定义不够简明, 短时间内学生很难内化. 同时, 极值定义中对极值点的描述借助的是单调性和极值点处的导数值为零, 但是极值点左右的

---

① 翁凯庆. 数学教育概论 [M]. 成都: 四川大学出版社, 2009.

单调性相反和极值点处的导数值为零并不是极值点的本质属性. 事实上，函数的极值反映了函数值在某一点附近的大小情况，刻画的是函数的局部性质. 因此，将教材中单调性的描述、极值点处的导数值为零改为局部最值的本质描述可以大幅减少叙述，实现定义的简明化.

(2)函数极值定义的修订建议.

基于上述分析，且考虑到高中生没有学习过邻域的概念，不妨将 x_0 的邻域描述为 x_0 附近，于是教材中函数极值定义可以修订如下：

设函数 $f(x)$ 在点 x_0 处及其附近有定义，如果对 x_0 附近的所有点 x，都有 $f(x_0) > f(x)(f(x_0) < f(x))$，则称 $f(x_0)$ 是函数 $f(x)$ 的一个极大（极小）值，点 x_0 称为函数 $f(x)$ 的极大（极小）值点. 极大值与极小值统称函数 $f(x)$ 的极值.

可以看出，修订后的函数极值定义在叙述上简洁、准确，真正意义上揭示了函数极值的内涵. 同时，修订后的函数极值定义既与高等数学中的极值定义一脉相承，又对学生认知结构的完善具有积极意义.

参考文献

[1] 刘成龙，余小芬，赵珂誉. "形同质异"的函数问题辨析（上）[J]. 理科考试研究，2017（7）：19－22.

[2] 刘成龙，余小芬，杨坤林. "形同质异"的函数问题辨析（下）[J]. 理科考试研究，2017（8）：13－16.

[3] 刘成龙，余小芬，何贻勇. 函数图像交点问题的几种类型 [J]. 中学生数学，2011（11）：31－32.

[4] 华东师范大学数学系. 数学分析（上）[M]. 4 版. 北京：高等教育出版社，2010.

[5] 唐世泽，余小芬. 对一个映射问题的认识 [J]. 中学生数学，2012（4）：44.

[6] 余小芬，刘成龙. 巧用图形特性解题 [J]. 数理化学习，2018（5）：19－21.

[7] 余小芬，刘成龙. 对两道分段函数题目的错解分析 [J]. 中学数学研究，2012（3）：36－38.

[8] 余小芬. 全国卷高考数学客观题解题分析 [M]. 成都：四川大学出版社，2018.

[9] 刘成龙，余小芬. 参考答案仅供参考 [J]. 福建中学数学，2013（2）：20－22.

[10] 郭明领，张青. 全国卷 I （理）第 22 题别解 [J]. 中学数学月刊，2009（8）：13.

[11] 刘成龙，余小芬. 2005 年高考全国卷 22 题的多解和推广 [J]. 中学数学研究，2008（6）：39－41.

[12] 李长明，周焕山. 初等数学研究 [M]. 北京：高等教育出版社，1995.

[13] 王先义，刘成龙. 由一道选择压轴题参考答案引起的探究 [J]. 中学数学研究，2017（5）：12－13.

[14] 赵珂誉，刘成龙. 导数定义法求高考压轴题中一类 $\frac{0}{0}$ 型函数极限 [J]. 理科考试研究，2017（6）：6－8.

[15] 中华人民共和国教育部. 普通高中数学课程标准（2017 年版）[M]. 北京：人民教育出版社，2017.

[16] 刘成龙，余小芬. 方程"只有一个实数根"与"有两个相等实数根" [J]. 中学生数学（初中版），2007（8）：8.

[17] 李小强，邓文俊，刘成龙. 对 2018 年全国卷Ⅰ理科 21 题的研究 [J]. 中学数学研究，2019（6）：23－26.

[18] 罗成，费雨晶，刘成龙. 对数平均不等式的证明及应用 [J]. 数学学习与研究，2019（5）：22－23.

[19] 刘成龙，余小芬. 2016 年四川高考理科 21 题的典型失误及教学建议 [J]. 教学月刊，2017（z1）：88－92.

[20] 吕荣春，刘成龙. 对 2018 年全国卷Ⅲ理科 21 题参考答案的完善 [J]. 中学数学研究，2019（3）：10－11.

[21] 刘成龙，吕荣春. 对 2018 年全国卷Ⅲ理科 21 题（Ⅱ）的质疑 [J]. 中学数学（高中版），2019（5）：23－24.

[22] 吕荣春，刘成龙. 对 2018 年全国卷Ⅲ理科 21 题（Ⅱ）的研究 [J]. 中学数学（高中版），2018（12）：82－84，86.

[23] 李邦河. 数的概念的发展 [J]. 数学通报，2009（8）：1－3.

[24] 华东师范大学数学系. 数学分析（第一册）[M]. 北京：高等教育出版社，2001.

[25] 薛世林，刘成龙. 2016 年四川卷理科 21 题的多角度分析 [J]. 福建中学数学，2017（4）：4－6.

[26] 刘成龙，余小芬. 2016 年四川高考数学理科 21 题的解析 [J]. 中学数学研究，2016（10）：36－38.

[27] 刘成龙，余小芬. 对一道高考试题的研究 [J]. 中学数学研究，2007（11）：30－32.

[28] 余小芬. 高中极值定义存在的问题及修订建议 [J]. 中学数学（高中版），2019（1）：92－93，97.

[29] 翁凯庆. 数学教育概论 [M]. 成都：四川大学出版社，2009.

[30] 刘绍学，钱佩玲. 普通高中课程标准实验教科书数学选修 2—2（A 版）[M]. 北京：人民教育出版社，2005.

[31] 余小芬，刘成龙. 一道竞赛题的另证 [J]. 中学生数学（高中版），2012（8）：49.

[32] 刘成龙，唐俊，王检利. 基本不等式的推广及应用 [J]. 中学数学研究，2016（2）：18－19.

[33] 赵凤仪，刘成龙，钟梦圆. 三元重要不等式的推广及应用 [J]. 中学数学研究，2020（7）：34－35.

[34] 刘成龙，余小芬. 对 2009 年全国卷Ⅱ理科第 22 题解法的研究 [J]. 考试（高考数学版），2010（2）：3－4.